经世济民
诚信服务
德法兼修

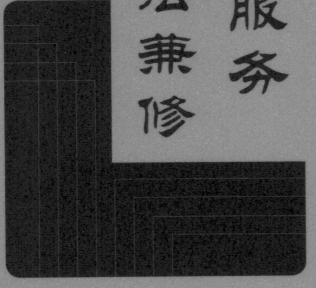

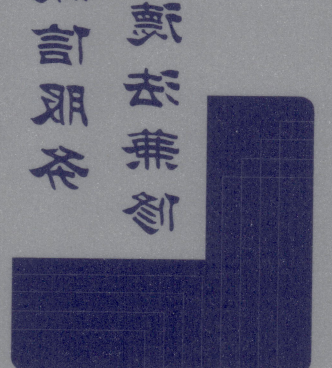

"十四五"职业教育国家规划教材

高等职业教育在线开放课程
新形态一体化教材

国家职业教育连锁经营与管理专业教学资源库配套教材

连锁企业品类管理

（第四版）

中国连锁经营协会校企合作委员会　组织编写

主编　李卫华　郭玉金

中国教育出版传媒集团

高等教育出版社·北京

内容提要

本书是"十四五"职业教育国家规划教材,也是国家职业教育连锁经营与管理专业教学资源库配套教材。

本书以连锁企业实施品类管理的步骤为主线,结合高等职业教育改革的基本要求,设计了四大模块十三个单元的学习内容。本书的重点在于培养学生的品类定义能力、品类角色定位能力、品类评估能力、制定品类目标和选择品类策略的能力,同时使学生熟练掌握品类管理的战术,并能够对品类管理在连锁企业内部的具体实施有所推动。

本书既可作为高等职业教育专科、本科院校和应用型本科院校连锁经营与管理专业的教材,也可作为连锁企业内部以及各企业从事品类管理的工作人员的参考用书。

与本书配套的在线开放课程"连锁企业品类管理",可登录"智慧职教"平台进行在线学习。本书精选了其中具有典型性、实用性的资源,在教材中进行了标注,并将优质资源以二维码的形式加以呈现,供读者即扫即用。其他资源见"郑重声明"页的资源服务提示。

图书在版编目(CIP)数据

连锁企业品类管理 / 李卫华,郭玉金主编. -- 4版. -- 北京:高等教育出版社,2024.1
ISBN 978-7-04-061370-4

Ⅰ.①连… Ⅱ.①李… ②郭… Ⅲ.①连锁企业-商业管理-高等职业教育-教材 Ⅳ.①F717.6

中国国家版本馆CIP数据核字(2023)第211846号

连锁企业品类管理(第四版)
LIANSUO QIYE PINLEI GUANLI

策划编辑	王 沛	责任编辑	贾若曦	封面设计	贺雅馨	版式设计	童 丹
责任绘图	马天驰	责任校对	马鑫蕊	责任印制	刘思涵		

出版发行	高等教育出版社	网 址	http://www.hep.edu.cn
社 址	北京市西城区德外大街4号		http://www.hep.com.cn
邮政编码	100120	网上订购	http://www.hepmall.com.cn
印 刷	三河市骏杰印刷有限公司		http://www.hepmall.com
开 本	787mm × 1092mm 1/16		http://www.hepmall.cn
印 张	17.5		
字 数	320千字	版 次	2012年9月第1版
插 页	1		2024年1月第4版
购书热线	010-58581118	印 次	2024年1月第1次印刷
咨询电话	400-810-0598	定 价	48.80元

"智慧职教" 服务指南

"智慧职教"是由高等教育出版社建设和运营的职业教育数字教学资源共建共享平台和在线课程教学服务平台，与教材配套课程相关的部分包括资源库平台、职教云平台和App等。用户通过平台注册，登录即可使用该平台。

- 资源库平台：为学习者提供本教材配套课程及资源的浏览服务。

登录"智慧职教"平台，在首页搜索框中搜索"连锁企业品类管理"，找到对应作者主持的课程，加入课程参加学习，即可浏览课程资源。

- 职教云平台：帮助任课教师对本教材配套课程进行引用、修改，再发布为个性化课程（SPOC）。

1. 登录职教云平台，在首页单击"新增课程"按钮，根据提示设置要构建的个性化课程的基本信息。

2. 进入课程编辑页面设置教学班级后，在"教学管理"的"教学设计"中"导入"教材配套课程，可根据教学需要进行修改，再发布为个性化课程。

- App：帮助任课教师和学生基于新构建的个性化课程开展线上线下混合式、智能化教与学。

1. 在应用市场搜索"智慧职教icve"App，下载安装。

2. 登录App，任课教师指导学生加入个性化课程，并利用App提供的各类功能，开展课前、课中、课后的教学互动，构建智慧课堂。

第四版前言 <<<<<<<<<<<<

随着大数据、云计算、物联网、区块链等新一代信息技术的快速发展，数字技术和数字经济日益成为新一轮企业竞争的重点领域。党的二十大报告指出：加快发展数字经济，促进数字经济和实体经济深度融合，打造具有国际竞争力的数字产业集群。品类管理作为一种基于数据决策系统持续提升绩效的经营管理方式，对于零售企业的数字化转型愈发重要。品类管理自1997年由中国连锁经营协会引进中国以来，历经了二十余年的传播和实践，已成为很多大型企业的重要战略之一。近年来，受全球经济环境不稳定等因素的影响，连锁行业变得更为复杂，连锁企业应更加深入地挖掘品类管理在企业经营中的核心作用，通过清晰的职责及管理层级设定，夯实以品类为基础的数字化转型策略，提升企业中长期盈利能力。

高等职业院校是连锁行业储备人才的蓄水池，要为连锁行业培养品类管理高端技能型人才。基于这样的背景，作为连锁经营领域唯一的全国性行业组织，中国连锁经营协会组织了一批高校的一线教师和连锁企业带头人，于2012年编写了本教材。转眼间，11年过去了，连锁行业发生了翻天覆地的变化，专业发展也进入一个崭新的阶段。为了适应行业、企业以及专业的新变化，本教材编写组对教材进行了第四次修订。与第三版相比，第四版教材具有如下鲜明的特点：

1. 寓价值观引导于知识传授和能力培养之中，突出中国特色和时代特色

本书以党的二十大报告提出的"全面贯彻党的教育方针，落实立德树人根本任务，培养德智体美劳全面发展的社会主义建设者和接班人"为指导思想，坚持正确的政治方向、舆论导向和价值取向，以社会主义核心价值观为指导，系统体现课程思政特色，增强教材的育人功能，实现对连锁零售行业人才进行社会主义核心价值观、职业道德、法律意识与专业素养全方位综合培养的人才培养目标。

2. 结合教学实际，适当优化了教材结构

从严格意义上讲，国际通用的品类管理的八个步骤缺一不可，但是考虑到品类管理实施与回顾的后两步相对较难，已经涉及企业的战略、架构以及流程再造，超出了学生职业发展与规划的范畴，对学生学习和教师教学难度较大。因此，此次修订将上述两步的相关模块进行了删除。

3. 突出实战基因，针对性凸显数字化元素

修订后的教材主要聚焦于人货匹配和绩效提升两大部分内容，由于精准营销和消费需求的动态变化对企业运营越来越重要，所以，此次修订将门店分组与商品动态规划的内容独立出来，对此进行了进一步强化说明。此外，品类管理战术部分

的内容与连锁经营与管理专业的其他专业课之间有部分交集，所以此次修订对品类管理战术部分做了进一步调整，主要突出基于数据制定决策的品类战术的内容。

4. 探索信息化教学新模式，实现了"一书一课一空间"的新形态一体化教材建设

党的二十大报告指出：推进教育数字化，建设全民终身学习的学习型社会、学习型大国。本书以"连锁企业品类管理"在线开放课程为平台，以"颗粒化分解、结构化组合"为思路，校企双元合作开发配套在线资源，促进本书内容随信息技术和产业升级情况及时动态更新。本书目前在智慧职教、中国大学MOOC等平台建设了类型丰富的数字化教学资源，教师通过使用与本书配套的在线开放课程，可以提高教学效率，提升线上线下混合式教学能力。

本书由江苏经贸职业技术学院李卫华教授和中国连锁经营协会郭玉金负责全书的总体设计和后期的整理统稿工作，各模块具体编写人员如下：李卫华负责模块一单元一、单元二、单元三，模块二，模块三单元二，模块四单元一的编写，大连职业技术学院赵明晓负责模块一单元四的编写，北京财贸职业学院李慧负责模块三单元一的编写，青岛酒店管理职业技术学院牛俊杰负责模块四单元二的编写，成都工业学院潘榆棱负责模块四单元五的编写，安徽商贸职业技术学院宋林负责模块四单元三的编写，广东岭南职业技术学院牛玉清负责模块四单元四的编写。

本书在编写过程中，得到了多位零售业、咨询业、学术界的同行和朋友的积极支持，他们对本书的修订工作提出了许多建设性意见。同时，本书在编写过程中，参考和引用了国内外学者、专家的大量著作，在此一并致以诚挚的感谢。

由于品类管理在国内实践仍处于发展阶段，特别是对数字经济时代的实践经验尚未得到有效地收集和整理，加上编写人员对品类管理的认识和理解也有待进一步提高，因此书中难免存在不妥之处，恳请广大读者批评指正，以使本书日臻完善。

编　者

2023年12月

第一版前言 <<<<<<<<<<<<

我国连锁行业快速发展，竞争日趋白热化，目前已经从规模竞争转向了内涵建设，品类管理作为解决目前连锁零售企业面临问题的手段之一逐渐浮出了水面。品类管理自1997年由中国连锁经营协会引进中国已经经历了15年的传播和实践。在这15年中，品类管理几乎年年被提及，也被很多大企业定为公司的重要战略之一。根据美国的经验，在可预见的5年之内，美国的品类管理人才将仍然是行业所稀缺的专业人才之一；在中国，品类管理人才的缺乏将持续更长的时间，因此通过适当的方式培养本土的品类管理人才将对行业的发展起到巨大的推动作用。人才的培养需要从源头抓起，品类管理人才也不例外。目前，高等职业院校作为连锁零售业的人才储备蓄水池，连锁经营管理作为专门为连锁行业培养高端技能型人才的专业，由其来担当培养品类管理人才的责任更是理所应当。然而，高职教育和连锁行业的发展很类似，快速扩张也带来了一系列问题，高职教育也要加强内涵建设，其中对于课程来讲，"专业要求是否和岗位技能相对接、课程内容是否与职业标准相对接"是我们必须思考的问题。

中国连锁经营协会作为连锁经营领域唯一的全国性行业组织，一直以来积极推动品类管理在中国的实践。中国连锁经营协会基于对连锁行业品类管理主管、品类管理经理、品类管理总监工作内容的深入分析，总结岗位技能并提出了品类管理从业人员的职业标准，且基于该标准推出了"注册品类管理师"资格认证。作为该资格认证的配套教材，本书由中国连锁经营协会校企合作工作小组牵头组织编写，以行业协会推出的品类管理师的职业标准为依据，作为品类管理师资格认证的配套教材，实现了课程内容与职业标准的无缝对接，真正做到了"课证融通"。

本教材在内容设计上以连锁企业实施品类管理的八大步骤为主线，结合高职教学改革的基本要求，科学设计了五大模块十四个项目的学习内容。在深度的把握上，本教材定位于高等职业教育高端技能型人才的培养，重点在于培养学生具有品类定义能力、品类角色定位能力、品类评估能力、制定品类目标和选择品类策略的能力，同时能够熟练掌握品类管理的五大战术，并能够对品类管理在连锁企业内部的具体实施有所推动。

本教材在编写过程中得到了零售业、咨询业、学术界同行和朋友们的积极支持，尤其是中国连锁经营协会秘书长裴亮博士和中国知名品类管理专家、原华润万家有限公司副总裁章百惠老师参与了教材编写的全程工作，并且在本书稿即将杀青之际，提出了许多建设性的意见。在此表示诚挚的感谢。同时本教材在编写的过程中，参考和引用了国内外学者、专家的大量著作，包括通过网络检索大量的文献，因限于篇幅，未能一一注明，在此向原作者深表谢忱。

由于品类管理在国内实践中尚处于发展阶段，特别是由于企业的大量实践经验还无法有效地收集和整理，加上编写人员对品类管理尤其是高职教育阶段的品类管理的认识也有待进一步提高，书中难免有不妥之处，请读者谅解并提出宝贵意见。

编　者

2012年7月

目录 <<<<<<<<<<<<

【学习目标】

素养目标

● 能够在品类管理中树立科学的思维方式

● 能够在品类管理中树立数据意识

知识目标

● 了解品类管理产生的历史背景

● 掌握品类管理的概念和流程

● 掌握零售的本质以及新零售的内涵

● 理解品类管理与新零售的关系

技能目标

● 能够设计品类管理的基本流程

● 能够判断品类管理的实施深度

● 能够关注品类管理发展

案 例导入

　　沃尔玛的一位营销经理对超市的销售数量进行设定跟踪。有一次他发现了一个很奇怪的现象，啤酒与尿不湿的销量在周末总会呈现成比例增长。他们立即对这个现象进行了分析和讨论，并且派出专门人员在卖场内进行全天候的观察。最后，谜底终于揭开，原来购买啤酒和尿不湿这两种产品的顾客多是年龄在25～35周岁的青年男子。由于孩子尚在哺乳期，多数男士奉夫人之命下班后带尿不湿回家，而周末正是美国体育比赛的高峰期，喝着啤酒看着比赛是多么惬意的事！这位营销经理从中受到启发，他对超市的物品摆放进行了调整，将卖场内原来相隔很远的妇婴用品区与酒类饮料区的空间距离拉近，减少顾客的行走时间，将啤酒与尿不湿摆放在一起，同时将牛肉干等一些简便的下酒食品也摆放在一起，这样全年下来，营业额增加了几百万美元。

　　【引思明理】案例中故事的发生并非偶然，其中蕴涵了一个深奥的商业经营之道——品类管理。品类管理自20世纪末被引入我国以来，得到了众多零售企业的关注，他们通过不断学习应用取得了较好的经营业绩。了解、掌握、运用品类管理技术，是连锁经营从业者的必备技能之一。

一、品类管理产生的历史背景

　　20世纪90年代，美国经历了长期的经济繁荣之后，消费市场开始发生变化，消费者变得越来越精明，消费个性化和选择力不断加强。这使得产品的生命周期变得越来越短，整个消费市场面临重大压力，如产品滞销、成本上升等。

　　在这种情况下，美国零售市场从20世纪40年代至80年代的蓬勃发展时期，进入到缓慢增长时期。同时创新型的仓储商店、折扣店以及大型购物中心等高效新业态的涌现，使原有的日杂百货业的零售商之间的竞争更加激烈。这就促使零售商不断想方设法追求效率和利润最大化，于是零售商开始投入巨资开发自有品牌。但是"术业有专攻"，由于缺乏生产制造的专业性，自有品牌很难获得成功；零售商为追求规模优势，快速开店，建立自己的配送中心，购买POS终端，但由于没有共同的标准和IT语言，零售商和供应商的物流与信息彼此难以匹配，规模优势难以独自建立，供应链效率低下，整体成本上升。此时生产商已经在供销关系中处于被动地位，随着零售商把盈利的压力向上游转移，零售商和生产商关系日趋紧张。双方缺乏信任和交流，造成市场信息不对称。生产商无法及时了解和迅速反映消费者的需求，难以制造出适销对路的商品以及提高产品的质量，同质化的产品层出不穷，形成恶性竞争。并且为了获得市场份额，生产商竞相进行直接或间接降价，挤压自身利润，牺牲自身利益。许多有远见的零售商和生产商开始意识到零售商POS终端上的数据非常有价值。他们希望借此数据了解消费者的需求，找到消费者真正想要的产品，从而提高利润和效率。

最初的探索来自1986年沃尔玛和宝洁公司进行的提升效率的尝试，双方从供应链的源头到终端进行分析，发展简单而高效的从工厂至消费者的物流储运体系，建立合作伙伴关系。为了实现这些目标，双方做了大量的工作，包括采集沃尔玛大量的销售信息，建立持续的补货体系以保证合理的订单、运输、安全库存和高效的库存周转。通过基于数据的科学的量化分析，双方致力于拓展供应链，从而降低运输和仓储成本，减少库存及脱销情况的发生。最终，宝洁和沃尔玛的多部门合作取得了巨大的成果：双方的供应链成本降低了；销售额上升了；库存下降了；沃尔玛采购的宝洁产品的库存保持在很低的水平，库存周转速度提高了；供应商到货率保持在较高的水平。这是一个"破冰"的合作，双方不但实现了信息共享，而且通过合作取得共同的效益，为整个行业树立了榜样。20世纪90年代初，沃尔玛在美国本土市场的发展迅速，而宝洁作为行业领头羊的地位也不断得到巩固。

他们不断创新的实践以及品类管理的成功案例，唤醒了零售商和生产商，使他们开始追随宝洁和沃尔玛，全面实践品类管理。1993年，美国食品营销协会（Food Marketing Institute，FMI）与宝洁、可口可乐以及Safeway等16家生产企业、零售企业和咨询公司一起组成了研究组，对食品业的供应链进行调查分析，提出了改进供应链的详细报告。在该报告中首次系统提出高效消费者回应（Efficient Consumer Response，ECR）和品类管理（Category Management）的概念。而后TPG咨询公司（The Partnering Group）提出了品类管理整套流程，即品类管理八部曲。这套流程的提出对于零售商和生产商进行品类管理的实践提供了更加具有实践性的指导。因此，一些大型的零售商和生产商相继开展品类管理的测试和实施，品类管理很快成为很多零售商和生产商之间合作的必然流程。

随着电子商务、网络购物的井喷，各电子商务企业之间的竞争日益加剧，它们也开始关注品类管理，并寄希望于品类管理给它们带来竞争优势。品类管理对于B2C业务的促进作用是明显的，如设计结构化电子目录、开展策略性服务、发掘潜在消费需求、分析购买行为、区分相关需求与独立需求、有效利用页面空间、实现高效响应等。为了支持品类管理工作，虚拟货架技术在商品陈列方面提供的支持，不再局限于简单电子目录展示，而是提供基于多媒体的商品陈列，并进一步优化B2C界面，激发消费需求。同时，品类管理与虚拟货架技术的搭配应用也将为个人消费者、电子商务门户与供应商三方提供建立关联关系的必要手段。目前品类管理在线上零售领域无论是类目树的构建、门店模型分析、线上 App 设计、品类均衡、全渠道选品池建设等方面都发挥着底层逻辑方面的指导作用。

二、品类管理的概念

（一）品类管理的概念

品类管理是以消费者为中心，以品类为战略业务单元，以数据为依托，通过零售商与供应商等的有效合作，发现并满足消费者需求从而持续系统地提高业绩的零售管理流程。

品类管理的重点在于：① 品类管理是需要供应链的多方合作，不是单独一方可以完成的；② 品类管理需要零售商和生产商共同推进，既可以提高彼此的利润和效率，又可以促进交易伙伴之间的关系；③ 品类管理是一系列流程支持的工作；④ 品类管理需要一套完整的计划，需要了解市场信息、消费者习惯，需要具备成本效益分析的能力；⑤ 合作双方必须彼此互信，而且有提供给消费者更好产品和服务的共同意愿。所以实施品类管理的商店采取的是"拉"式管理方式，而传统商店采取的是"推"式管理方式。

（二）品类管理的流程

品类管理不是一次性的项目，而是一个流程。该流程包括 8 个步骤，即品类定义、品类角色、品类评估、品类评分表、品类策略、品类战术、品类计划实施和品类回顾。

虽然高层管理者达成一致不在品类管理这 8 个步骤之中，但它是品类管理中相当重要的一个环节。高层管理者对品类管理的认识直接影响这 8 个步骤的实施效果。品类管理是供应商和零售商全新的合作方式，是建立在相互信任基础上的协同合作，与传统买与卖的关系有本质的不同。对供应商来讲，必须从以自身品牌为核心的经营理念转变为以品类为核心的经营理念；对零售商来讲，必须从简单的采购商品转变为售卖商品。而这一切只有在得到双方高层管理者的认同后才能得到有效的实施。

1. 品类定义

品类定义是指对品类的结构进行分类并描述，包括次品类、大分类、中分类和小分类等。品类定义通常以消费者需求为出发点，将杂乱无章的产品或服务进行归类，让它们按照消费者的分类找到自己的归属，每个产品或者服务"有家可归"。品类定义会随购物者购物习惯的变化而改变，如婴儿用品传统上分散于食品、服装、纸品等品类，为方便怀孕的妈妈或带孩子的妈妈购物，出现了婴儿街、宝宝屋等购物区域，所有的婴儿用品集中陈列，一个新的品类（婴儿用品品类）应运而生。

2．品类角色

零售商经营的商品成千上万，小分类也有好几百个。而零售商营业场所、人员配置、资金等资源有限，所以也不可能对所有品类给予平等的支持。那么，哪种品类该投入较多资源，哪种品类该投入较少资源呢？品类角色便是用于确定资源投放的衡量依据。品类角色的设定要充分考虑消费者的需要，反映消费者的购买行为，同时要关注品类对供应商、市场及竞争对手的重要性。在描述时应将品类角色描述成一种期望的状态，目的是要它在品类经营中扮演这样的角色。

3．品类评估

品类评估是对品类现状的大检阅，是对品类机会的挖掘。充分的品类评估将促使企业的经营战略和营销活动得到全方位的改进，所以品类评估必须全面，不能只局限于销售量、利润等财务指标，还要考虑市场发展趋势、品类发展趋势、零售商品类相对于市场和竞争对手的表现、品类库存天数等。通常品类评估都按照确定衡量指标、获取信息、信息分析、导出结论4个步骤进行。

4．品类评分表

品类评分表是一个综合平台，是衡量品类管理的有效性和跟踪品类管理执行情况的重要工具，主要包括零售商和供应商双方共同关心的指标，如销售额、利润增长等。因零售商机会的不同，评分表指标可能不同，如有些零售商当前的机会是客流量较低，那么渗透率便成为其关注的指标。但评分表指标不应太多，否则便没了重点。而且品类管理是一种科学系统的管理方法，但不是速效药，不可能指望它在短期内迅速解决各种问题。

5．品类策略

品类策略是企业为实现品类经营角色和评估目标而制定的策略。品类策略的制定要做到因地制宜，根据零售商的自身目标和特点，基于顾客群分析、竞争对手分析、市场分析来制定。常用的品类策略有提高客单价、增加客流量、提升利润、强化商店形象等。

6．品类战术

品类战术是为实现品类策略以达到目标所采用的具体操作方法，主要包括四个方面，即商品组合、商品陈列、商品定价、商品促销，也有人将供应链管理加入作为第五个方面。这些具体操作方法应该由品类策略导出，因为简单地凭经验来决定很可能会适得其反。例如，营业额下降了，大部分采购人员都会找一个单品来做促销，但营业额下降的真正原因可能是购物者来此采购的次数少了。这段时期的品类策略应该是强化该品类的形象宣传或优化产品组合。盲目促销很可能会白白浪费资源。

7. 品类计划实施

品类管理最重要的一步是品类计划实施。前面的步骤靠几个人就可以完成，但这一步需要采购、营运、后勤、财务等部门的有效协作。执行好的项目，品类管理作用会很快显现；执行差的项目，品类管理会因为执行走样而经受挫折。

8. 品类回顾

品类回顾是品类管理流程的最后一步，也是承前启后的一步。通过品类回顾，一方面评估目标的达成率，另一方面为下一次品类评估提供借鉴，进而调整品类评分表指标、品类策略和品类战术，完成新一轮品类管理。建议每个月跟进实施情况、追踪品类表现，每三个月对品类进行一次全面的评估。

品类管理的八步骤既可以自成体系还前后关联，如果进一步总结还可以为三大部分。第一个部分主要是品类定义与品类角色主要围绕"卖什么"展开。第二部分包括品类评估、品类评分表、品类策略和品类战术，主要解决经营诊断和业绩提升问题，可以简单地说是"怎么卖"的问题。第三部分品类管理实施与回顾从经营层面上升到管理层面，重点围绕前面所谈的所有内容如何在企业落地实施的问题。考虑到篇幅问题以及难度问题，本教材重点围绕前两部分展开。

三、品类管理的成功要素

品类管理的成功要素有六个，这也反映了品类管理的实施必须得到高层领导的支持。品类策略及相应的业务流程是实施品类管理的必要条件，是完成品类管理的必需过程。但只有品类策略和业务流程并不能保证品类管理的成功实施。品类评分表、合作伙伴关系、信息技术和组织能力是成功执行品类管理的保障性要素。

1. 品类评分表

品类管理实施之前，需要对商店和品类现状进行评估；品类管理实施之后，需要对效果进行评估。评估还必须有深度，必须进行跨门店评估、跨年度评估。品类评估可以帮助我们认识品类的强项和弱项，从而发现品类机会并确定品类策略。同时，品类评分表中的各项指标也为实施品类管理的各部门指引了方向。

2. 合作伙伴关系

品类管理的一个重大突破是改变了生产企业（供应商）与零售商的关系，将零售商与供应商之间的买与卖的关系上升到战略性合作伙伴关系。传统的零售商与供应商的关系侧重于讨价还价，零售商只关心进价是否低廉，供应商只关心自己的产品在商店是否卖得更多，这样的结果很可能是库存的积压和品类的无方向性。而品类管理将供应商和零售商的关系看成供应链上的两个联系密切、唇齿相依的上下游关系。供应商如同某个大集团公司的生产部门，而零售商如同销售部门，两个部门只有充分发挥双方优势，以消费者为中心，以开放的心态互利互助，才能达成让消费者满意这个终极目标，才能提高消费者对零售商和供应商的满意度。在品类管理的六个要素中，合作伙伴关系是技术含量最低、最易于着手开展的一个要素。它是依靠人的因素把品类管理的其他要素组织在一起并使之运转的。实践证明，那些在向顾客提供超值商品与服务时能够相互合作的企业，比没有进行合作的企业取得了更大的成功。

3. 信息技术

品类管理是以品类为单位、以数据为基础的科学管理方法。品类的单品数少则 100 个，多则 500~1 000 个。数据包括实点销售数据（POS）、市场数据、竞争对手数据和购物者研究数据。数据分析需要细化到子品类和小分类等。面对大量的数据，如果没有一个好的信息系统进行整合，没有适合的分析软件的支持，仅靠人工进行分析是难以实现的。旧式的信息系统也能容纳支持品类管理所需的大量数据，但其大部分应用软件都是为日常营运和管理设计的，缺乏由这些数据产生的对各种信息采集和分析的功能，制约了品类管理的发展。因此，为满足品类管理需要而设计的决策支持系统的应用成为品类管理成功的必要条件。在目前的大数据时代，信息技术的进步直接催生了大数据的应用。零售企业的大数据分析是与云计算、移动和社交化紧密结合的系统工程，需要从战略层面系统规划。零售大数据分析主要应用在智慧的购物体验、智慧的商品管理和供应链网络，以及智慧的运营三个领域，这恰恰是品类管理重点关注的领域。大数据分析通过打造智慧的购物体验，构建智慧的商品管理和供应链网络，以及实现智慧的运营，来帮助零售企业实现价值。可见，信息技术的支持作用越来越重要。

4. 组织能力

品类管理涉及产品选择、货架陈列、促销制定、联合促销活动和人员调整等，需要跨部门的配合，包括采购部、营运部、信息部、储运部，甚至人力资源部。项目经理多半来自采购部，因为他们对品类和产品有更深入的了解。而其他相关部门对品类管理的认识和理解，直接影响品类管理实施的到位程度。相关部门不仅需要知道做什么，而且需要知道为什么要这样做，这样才能使品类管理成为各部门的共识。所以，在项目初期，就要对相关人员实施培训。因此，在这里引入项目管理的概念以提高执行效率，设立品类管理项目委员会及项目组，可以以保障和引领品类管理的全面实施。

四、品类管理与新零售的关系

品类管理诞生于线下零售，线下零售的生产要素是"人、货、场"，线上零售的生产要素是"人、货、场"，新零售的本质也是"人、货、场"，三者并没有本质区别，新零售只不过是对前两者的商业要素进行了重构。未来的零售业态将会借助人工智能等数字化技术，以提升消费体验为核心，来重构线上线下的"人、货、场"三要素，真正发挥"线上+线下+物流+数据"的系统化优势，为未来的零售企业打造更为全面的竞争力。在新零售时代品类管理与新零售之间有哪些联系呢？

第一个品类管理是基于数据做决策，尤其是品类评估和品类评分表就是零售运营全方位的数据诊断，这一点和新零售完全吻合，只不过由于以互联网技术为代表的信息技术的进步，新零售的数据来源以及数据挖掘的主体有变化，品类管理的数据主要来源于零供双方以及市场调研公司，而新零售所谈的数据，增加了大数据，同时数据挖掘主体不仅仅是更多地依靠供应商，分析主体更加多样化，有的分析报告更多地来源于生态系统的平台商如阿里、腾讯等，以及专业的数据分析公司。

第二，品类管理在品类定义、高效商品组合环节以消费者为中心，进行用户识别和洞察，并非常深入地研究人和货匹配的问题，这和新零售的"人、货、场"思维一脉相承。

第三，品类策略在20世纪90年代首次系统性地提出了客流量、客单价、购买率、回头率的商业运营思维，在新零售领域换叫作流量、转化率、客单价和复购率，其实就是品类策略。在具体的战术环节，品类管理的4P（或者说4C）依然在新零售时代存在，只是操作方法有了更多的线上手段以及更加智能化。

所以，从一定程度上讲，品类管理的很多运营思路在新零售的逻辑里面得到了完全的体现。当然，必须承认新零售的范畴是远远超越品类管理的，也正是因为品类管理的实战基因，所以2005年开始，当中国的连锁零售业从扩张期进入精细化管理阶段之后，品类管理成为连锁企业精耕细作降本增效的一剂良方，在连锁行业得到了大面积的推广应用。但是受限于当时的技术条件，尤其是受限于数据、算法、算力等原因，还做不到品类管理所设想的理想目标，现在随着信息化技术进步，基于数据决策，精细化管理，品类管理所提出的经营管理目标可以向前大踏步推进了。所以说品类管理在新零售时代，依然是连锁企业运营管理的一个非常有价值的，持续的系统性提升业绩的管理工具，而且随着数字技术在品类管理的八个步骤中越来越多地使用，品类管理会更加富有生命力。

品类定义与品类角色

思维导图

学习计划

● 素养提升计划

_____

_____

● 知识学习计划

_____

_____

● 技能提升计划

_____

_____

【学习目标】

素养目标

● 通过中国居民消费生活的变化提升学生的爱国情怀

● 通过商品消费需求的分析提高学生的生活情趣和审美观

● 通过了解连锁行业的职能增强学生的职业自豪感

知识目标

● 熟悉品类定义的概念及其影响因素

● 熟悉品类定义与商品结构之间的关系

● 掌握从"场景—痛点—需求—产品"出发的系统分析方法

● 熟悉业态差异及战略定位对商品结构定位的影响

● 了解购物者购买决策树对商品组织结构搭建的影响

技能目标

● 能够确定商品结构的宽度与深度

● 能够确定商品结构层级

● 能够为小型门店制定简单的商品组织结构表

引 导案例

　　FF公司是一家总部位于东南沿海地区的连锁零售企业，目前旗下有大大小小300多家门店，其业态主要是便利店、标准超市、社区店，门店主要分布在江苏、安徽两个省。小王从进入该公司工作至今已经两年了，从今年开始，他被公司从门店营运部门调整到商品管理部门工作，目前他每天的主要工作是作为助手，协助非食品部经理进行该部门的商品规划、采购和业绩提高。公司规划下一阶段要在某地级市的大学城开设一家面积为2 000平方米的社区店，需要商品部门研究制定商品组织结构表，小王作为团队的一员参与该项工作。令他比较疑惑的是，公司已经开设了不少门店，直接利用现有社区店的商品组织结构表即可，为什么还要再次制定新的商品组织结构表？

　　【引思明理】无论是线上网店还是线下门店，都面临着经营什么商品、提供什么服务的问题，行业内一般把它称作商品规划。根据商品规划工作的详细程度，有的门店仅仅停留在业态规划层面，有的就做得比较详细，在业态规划的基础上，还需要进一步制定该门店的商品组织结构表。从理论上讲连锁企业有多个统一，如统一标识、统一着装、统一商品等，其中，统一商品是否意味着所有门店的商品都一样呢？事实上，除了少数公司做到了门店的商品完全统一，大部分门店都需要根据门店所处区域的消费需求以及竞争情况的特殊性，进行商品结构的重新考量，尤其是商品结构要在公司原有规划的基础上进行调整。这就要求工作人员一定要明确常见业态主要满足的消费者需求类型是什么，主要经营哪些商品，如何发现消费者需求，如何基于消费者需求规划商品结构，并进行商品结构的宽度、深度和层级设计。尤其是在消费者需求与商品结构对接的过程中，如何细化到品类的层级进行细致分析，这些都是制定商品组织结构表过程中面临的问题。

一、商品结构的基本概念

（一）商品结构

　　商品结构指特定商品的经营范围、商品的分类组织、商品的具体组合。从整体来说，商品结构有高、中、低三个层次，如图1-1所示。

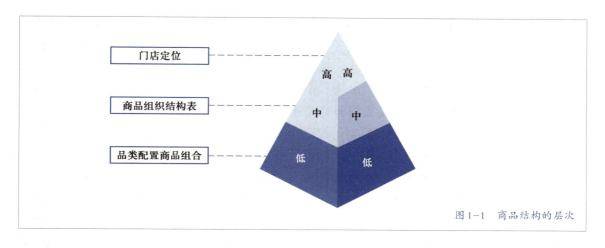

图1-1　商品结构的层次

第一，从高层次来看，是门店定位，也就是企业在营业执照中已明确规定的经营范围，在一定程度上就是指业态定位，业态定位的不同决定了商品经营范围的不同。第二，从中层次来看，是根据企业的经营范围而确定商品分类构成。一般而言，分类细至商品的基础类别——小分类。简单来说，就是指企业使用的商品组织结构表。第三，从低层次来看，是基础类别——小分类之间的比例和基础类别内部的具体组合。

（二）商品分类

商品分类按照设定的原则，对企业经营的产品进行归类，划分成各个不同的组别和部门，便于对口管理，如图1-2所示。

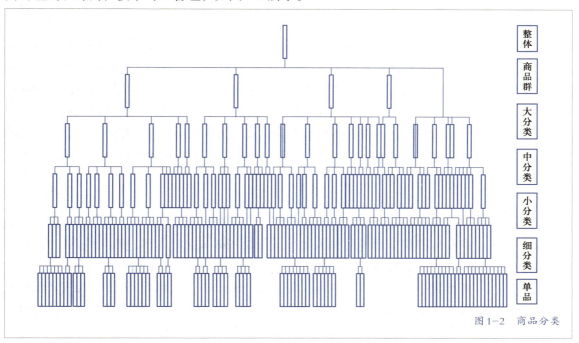

图1-2　商品分类

商品分类是指根据一定的管理目的，为满足商品生产、流通、消费活动的全部需要或部分需要，将管理范围内的商品集合，以所选择的适当的商品基本特征作为分类标志，逐次归纳为若干个范围更小、特质更趋一致的子集合体(类目)，例如大分类、中分类、小分类、细分类，直至单品等，从而使该范围内所有商品得以明确区分与系统化的过程。

有些商品分类原则是按照商品自身的材料属性来划分的；有些商品分类原则是按照商品生产加工的流程顺序来划分的，并且把同一类商品陈列在一起，而这种商品分类更多的是从商品(或者供应商)的角度来划分，在商品匮乏的时代，企业生产什么，顾客就购买什么，生产主导了顾客的需求，其特点就是以商品自身的管理便利为出发点。这种分类法必然会出现下面这种令顾客感到不便的情况。例如，由于纸杯的供应商往往同时供应卷纸、盒纸等商品，大部分连锁企业为了便于管理，就将所有这些商品归入"纸制品"的品类里，并陈列在一起，而这种方法并不利于顾客找到自己想要的商品，因此，为了方便消费者购买，有利于商业部门组织商品流通，提高企业经营管理水平，需对众多的商品进行科学分类。

（三）品类

品类是指消费者认为是相关联的或可以相互替代的、便于一起管理的一类商品，如洗发护发品类、口腔护理品类。品类也是一种商品分类，只不过它是把商品按照消费者的购买需求进行归类的。一个小品类就代表了一种消费者的购买需求，如饮料代表了满足消费者解渴、美味好喝、营养健康需求的商品分类，饮料分类如图1-3所示。

对于某个品类来说，需要重点关注的不是企业认为它属于哪一类商品，而是消费者认为它属于哪一类商品，这就是现代分类法所关注的焦点。品类立足于市场，顺应消费者的购买需求，它可以使企业在有限的空间资源和成本的条件下，尽可能多地满足消费者的需求。同时，它也可以帮助企业进一步认清和跟踪消费者的真实需求，及时把握市场的发展趋势。企业若想成功地定义品类，就不能仅从自身管理的角度和销售系统数据出发，而要在整个市场环境下考虑。

（四）品牌

品牌是指商品的生产者、经营者或服务的提供者为了将自己生产经营的商品或提供的服务与他人区分，而使用的文字、图形、数字或其组合标志。品牌是无法脱离品类而存在的。对消费者的购买决策过程进行分析，可以清晰地看出消费者因口渴而产生购买一瓶饮料的欲望时，通常会优先考虑购买可乐、水、绿茶或果汁品类，而一旦确定了购买水，他才会说出自己心目中代表水品类的品牌名称，如农夫山泉或娃哈哈。因此，表面上消费者常常指

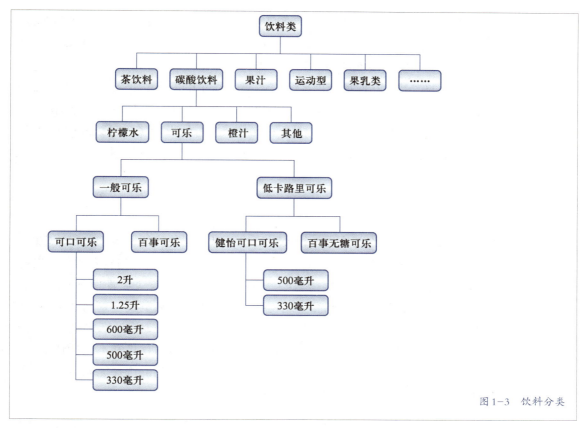

图1-3 饮料分类

明购买的是某个品牌，但真正引起消费者购买欲望，推动其做出购买决策的并非品牌，而是品类。只有在消费者决定了购买某个品类之后，他才会说出该品类的代表性品牌，消费者的这种购买行为特征，被业界称为"用品类思考，用品牌表达"。一个品类的高市场覆盖率使得这个品类的代表性品牌成为最大的获益者。品牌无法脱离品类而独立存在，当一个品类消失以后，代表这个品类的品牌也将消亡。例如，打字机这个品类消失以后，其代表性品牌也随之消失。

在营销品类和品牌时，零售商和供应商的方向往往不同。零售企业在做促销时，往往注重整个品类的业绩提升让消费者对门店的整体购物体验感到满意；供应商在做促销时则更加关注自身品牌的销售业绩和市场份额的提升。

（五）单品

一种商品可以包含多个单品，如农夫山泉饮用天然水，它是一种商品，但它有不同的包装规格，如380 mL、500 mL、1000 mL、5 L等。单品是商品分类中不能进一步细分的、完整独立的商品，是零售企业商品经营管理的最基本单位。例如，200 mL装飘柔滋润去屑洗发水，就是满足头发护理要求的一个具体单品。单品也常常被称作SKU(Stock Keeping Unit，最小存货单位)，是零售商为了实施精准的商品管理，把每一个不同规格、不同口味、不同款式及花色的产品，在信息管理系统（Management Information System，MIS）记录的库存档案中都一一对应为一个条码，便于跟踪每只单品的进销存情况，业内也俗称其为货架单品。在一个10000 m²左右的大卖场内可以陈列和销售3万多个品种，多数是指系统中SKU的数量，即货架单品的数量。

二、品类概述
（一）品类的定义

品类是指购物者认为是相关联的或可以相互替代的、便于一起管理的一类商品，如洗发护发品类、口腔护理品类。定义品类要从消费者的角度出发，以满足消费者的购物需求为核心，同时适当考虑零售企业管理方面的需求。品类定义包括品类描述和品类结构两方面的内容。品类描述是用文字高度概括品类的商品属性和消费特性。有时为了界定品类，避免重叠和遗漏，以增加准确性，对容易误解之处要特别加以说明，如包括什么和不包括什么。品类结构是将该品类的商品进行分类管理，以确保商品的选择能满足目标购物群的需求。品类定义示意如图1-4所示。

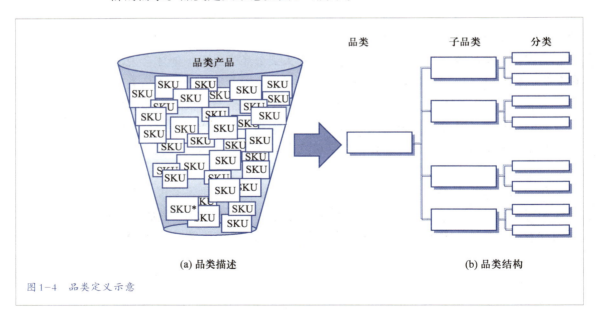

(a) 品类描述　　　　　　　　　　　(b) 品类结构

图1-4　品类定义示意

1. 品类定义的特点

品类定义是品类管理的基础，品类定义将杂乱无章的商品或者服务按照最符合逻辑的方法进行归类，按照消费者的分类找到自己的归属。同一品类的商品具有以下两个主要的特点：

（1）可替代性。可替代性属于相同商品的范畴。其商品在满足消费者使用功能上往往相同，一般情况下（按商品属性分类时）相当于同一种商品。最明显的特征是此消彼长，即在销售额一定的情形下，可替代性商品之间具有排他性，即相互反向影响，如不同品牌的洗衣粉的销量此消彼长。不论消费者个人对商品的偏好如何，一般都认同这些商品具有相似的用途。

（2）互补性。互补性属于不同商品的范畴，如具有不同的用途、不同的功能，但它们之间在满足消费者使用功能上具有互补性，在特定情况下（以顾客为导向，按消费特性分类时）往往又属于同类商品。其明显的特征是相互促进，在顾客数一定的情形下，互补性商品之间具有包容性，即相互正向影响，如口腔护理类中的牙膏和牙刷。

遵循物以类聚的原理，一个品类的商品，它们之间的关系或者是具有可替代的，或者是具有互补性的，这样才会被归在一起。如果既不能替代，也不能互补，就不会被归为一个品类。但要注意，可替代性是商品分组的充分不必要条件，而互补性是商品分组的非充分非必要条件。

案 例分析

婴儿奶粉品类定义

1. 品类描述

婴儿奶粉品类定义：适用于3岁以下消费人群的，以动物乳为原料，经浓缩、干燥制成的粉状即溶饮品。

2. 品类结构

婴儿奶粉品类的结构如图1-5所示。

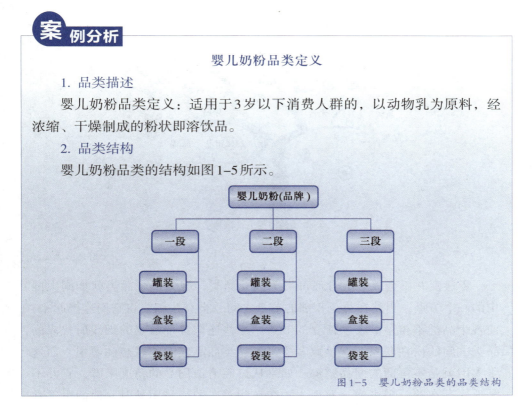

图1-5　婴儿奶粉品类的品类结构

2. 从品类结构到商品结构

品类定义是体现零售企业品类管理水平的一个重要衡量标准，正确的品类定义来自对顾客购买需求的准确理解，尤其是顾客在购买各个品类的商品之间的需求和习惯。比如，顾客在选择牙膏时，一般情况下，他们还会考虑到与牙膏相关的其他品类吗？答案是肯定的。顾客在购买牙膏的同时也会想到牙刷是否需要购买，还有些顾客会想到漱口水、牙线和其他一些口腔清洁用品是否需要购买。从顾客的角度看，以上这些品类就有了较强的关联性，则它们组合在一起并形成一个更大的类别就是合理的，也是符合顾客的购买需求和习惯的，可以称它为口腔清洁用品，其下有牙膏、牙刷、爽口液、牙线和其他刷牙附属品等五个小分类或者子品类。

如图1-6是品类结构大树，图中的大树表示口腔清洁用品，最大的两个树枝和一个小枝分别代表了三个子品类：牙膏、牙刷和附属用品。当然，如果细心观察就会发现，这棵大树与前面例子中提及的情况稍有不同，缺少了牙线和漱口水两个子品类，那是因为目前牙线和漱口水在国内市场的销量较小，零售商完全没有必要对它们进行单独的分析和管理，将其全部放入刷牙的附属用品中会更加合理。然后在大树上看到，在那三个树枝的外围是一些更小的树枝，它们就是每个子品类下的品牌。

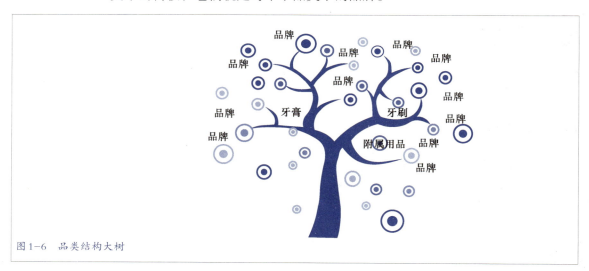

图1-6 品类结构大树

零售商并不会孤立地管理每一个独立品类，因为每个品类就如同大网中的一个节点，当然在每个相邻的节点之间总会有些细线将它们连接起来，使各个品类不再是一个个孤立的节点。这些连接各个节点的细线所代表的品类之间的内在联系，就是顾客购买各品类商品之间的联想和习惯，而这张大网就是零售商的商品结构。如果从口腔清洁用品的角度来看，它并不是孤立存在的，零售商会发现，顾客在购买口腔清洁用品时，他们也常常会选择洗发水、香皂、洗手液、护肤品、剃须刀和面膜等。因为顾客会认为这些品类都是对人的身体各个部位进行清洁所使用的商品，它们之间存在很强的关联性，所以可以将其组合在一起构成卫生清洁用品类别。如果继续遵循这样的思路，那么顾客在购买卫生清洁用品时，还会考虑其他几个与之相关的品类，如美容化妆品和纸类用品等。很显然，美容化妆品和纸类用品同样是对人身体的护理，因此卫生清洁用品、美容化妆用品和纸类用品可以组成零售商的一个基础部门，如很多零售商将其称为化妆品部门。

作为一个完整的商品结构，到此并没有结束，也就是说，不同的部门之间也会有不同的关联性。其实，部门也是商品类别之上一个更大的类别。比如熟食部门与鲜肉部门、蔬果部门和面包部门等有较强的关联性，因为它们都是提供食品给顾客。当然食品与文化用品或电视机的关联性较小，顾客一般是不会将它们联系在一起的，很少会决定在买食品时顺便买回一台电视机。因此零售商不同的运营部门依据其关联程度将会组成更大的部门，如生鲜处往往包含以上提及的几个部门，即熟食、鲜肉、蔬果和面包，一般还会有水产等。在这种思维的指导下最终可以引申出零售商的整个商品经营范围，也就是其商品结构，如图1-7所示。

图1-7　某零售商商品结构

（二）品类定义的影响因素

1. 零售商定位

市场上能生产某品类商品或者提供某种服务的零售商众多，消费者对产品也拥有多样的需求，零售商不能满足所有消费者的所有需求，只能满足一部分消费者的一部分需求。作为零售商，不可能销售市场上所有的商品。那么，如何从不计其数的商品中选择自己应该销售的产品呢？首先要考虑的是零售商的定位，包括业态定位和战略定位。

对大卖场而言，由于其一次性购足目标的需求和经营空间的许可，因此可以经营较多的商品；对便利店而言，其目的是满足消费者的即时性需求且经营空间有限，所以一般只选择能满足消费者基本需求的商品进行销售。如对洗发护发品类而言，便利店只需选择满足消费者基本洗发需求的洗发水，如去屑产品、营养产品等，而超市和大卖场可以选择能满足消费者进一步需求的商品，如黑发产品、防晒产品等。其次考虑的是目标客户群的定位，如购物中心中的超市，其目标客户群收入较高且讲究时尚，可以考虑销售较多高档系列和时尚系列的产品，如防晒产品、烫发产品、修复产品等，如图1-8所示。

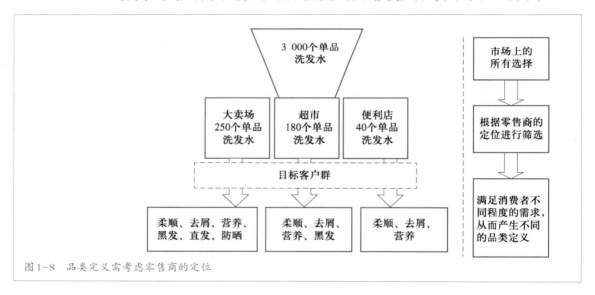

图1-8 品类定义需考虑零售商的定位

2. 消费者需求

品类管理一直强调其核心是以消费者为导向，因此在品类管理的第一步进行品类定义时，首先要考虑消费者的需求。因为只有更好地了解消费者需求，对有消费需求潜力的商品品类做进一步细分，并加以有针对性的品类定义、策略制定、评价和回顾，才能使得零售商所销售的商品真正满足其目标客户群的需求。随着人们生活水平的不断提高，消费者更深层次的需求被不断挖掘，为满足消费者需求的新产品、新门类被生产商不断开发出来。零售商需要详尽盘点消费者的各种潜在需求，并结合商圈内的消费者特征深入分析。

需求分析是零售商必须具备的基本的能力之一。不只是品类经理，包括运营人员、市场人员、销售人员等都必须对消费者需求有所了解，才能知道怎么去定义品类、运营用户、推广产品，最后把用户或流量转化成企业的收入。一般来说，做需求分析会有一个基本思路——"场景—痛点—需求—产品"，具体而言就是目标顾客会在什么场景下工作或者生活，在工作或者生活的过程中，他们会遇到什么问题，这个问题会使他们产生哪些不服务或不适应的体验，这就是痛点。这些痛点会产生一种驱动力，驱使顾客产生对某种商品或者服务的需求，基于这种需求，零售商才能进一步规划具有针对性的解决方案或者说规划商品和服务。

在工作中，发现痛点是挖掘需求的第一步，怎么发现痛点，每个企业有不同的方法，但是总结起来只有一个词"体验"。痛点是一种由体验得出来的结果，也唯有凭借体验才能发现痛点。这个体验分为两种，一种是直接的体验，另一种是间接的体验。直接的体验就是自己的体验，在体验的过程中发现痛点。比如，某旅游企业计划推出一款旅游的产品，想要找到好的切入点，最好的办法就是自己亲自旅游，在旅游过程中，发现有哪些方面不足，哪些方面可以改进的，找到这些痛点，将其作为改良产品的切入点。另一种是间接的体验，就是通过别人的体验结果来挖掘痛点，别人的体验结果有多种呈现方式，比如周围人的评论，网上的体验报告、用户的留言、异常的数据等，这些都是别人体验结果的展示形式。

不同形态便利店商品结构分析

请利用上述"场景—痛点—需求—产品"的分析方法，仔细分析不同形态便利店出现的原因，以及目前不同形态便利店存在的问题。另外，便利店可能开设的位置有：大学门口、医院附近、繁华商业区、办公区、居民社区、客运站、火车站、酒店集中区域，利用该分析方法分析处于不同位置的便利店在商品结构上应该有哪些不同。

我国消费领域的四大变化

改革开放以来，我国消费领域主要发生了四个根本性变化。

第一个变化是居民生活从温饱不足走向了小康甚至富裕水平，消费结构不断升级。改革开放初期，我国城乡居民的恩格尔系数普遍较高，农民的食品支出占商品总支出的67.7%，城镇居民的食品支出也占商品总支出的57.5%以上。城乡居民生活经历了耐用品消费，住房、汽车以及服务消费的不断升级。现在，城乡居民的恩格尔系数已下降到40%以下，交通、通信、教育、文化娱乐等服务支出的占比不断增加，消费质量大幅度提升。

第二个变化是消费品从短缺到丰富，消费商品更加多元化。改革开放初期，我国各类消费品都非常短缺，饮食结构单一，各类工业消费品都是凭票购买，按照计划供应。经过40多年的发展，我国从商品短缺的国家一跃成为世界制造业大国，不仅能充分满足国内的消费者需求，而且助力我国成为工业品出口大国。从饮食、穿衣到各种日常用品都极大丰富了人民群众的物质生活。进入新时代，随着新一轮产业结构调整、供给侧结构性改革和对外开放的深入推进，国产消费品质量在不断提升，进口商品消费更加便捷，城乡居民的消费选择空间更大，且更加多元化。

第三个变化是消费方式从单一到多元，更加现代化。过去，商业设施不完善，供销社和百货公司是最主要的消费场所，消费者排队购物，消费方式单一。现在，从社区便利店到各种大型购物中心，从丰富多样的实体商店到无所不在、无时不在的网上商城，给人们提供了丰富、便利的消费选择，越来越多的人从实体店消费转移到网络消费。特别是电子商务和网络支付的发展和普及，使得偏远农村和城市一样，都能尽享经济发展带来的消费便捷。另外，外出就餐以及各种精神文化、体育健身等消费领域也越来越多元化、平民化，城乡居民消费变得越来越便利、丰富和现代化。消费方式发生了实质性变化。

第四个变化是我国从生产社会转变为消费社会，消费日益成为影响经济社会发展的关键力量。长期以来，我国社会主要矛盾一直是人民群众日益增长的物质文化需要与落后的社会生产之间的矛盾。扩大生产一直是我国经济生活的重中之重。改革开放以来，生产不足的问题得到解决，扩大国内消费需求成为经济发展的新引擎，我国也从过去的生产社会转变为消费社会。消费社会的表现之一是消费在经济生活中的地位越来越重要，消费成为拉动经济增长的一个关键变量；表现之二是消费在个人生活中的地位越来越重要，逐渐从满足基本生活需求转变为满足多元化需求，消费所带来的享受、体验和意义变成消费的价值目标。党的二十大报告指出：健全宏观经济治理体系，发挥国家发展规划的战略导向作用，加强财政政策和货币政策协调配合，着力扩大内需，增强消费对经济发展的基础性作用和投资对优化供给结构的关键作用。因此，如何提供更高质量的产品和服务，不断实现人民对美好生活的向往已成为新时代生产领域的新任务。

3. 购物者购买决策树

在分析购物者购买决策树之前，需要先留意消费者和购物者的区别。需要注意的是，消费者不一定是购物者，用最直观的例子来解释，婴儿是纸尿裤的消费者，但是婴儿的父母及家人才是真正的购物者。

品类购买决策树可以有助于深入了解某品类的购买行为/习惯，找出购物者做出购买决策的主要因素及重要性排序。首先零售商必须明确，购物者有许多细分品类的方法，这些因素决定购物者细分品类的例子及其决定因素，购买决定因素举例如图1-9所示。

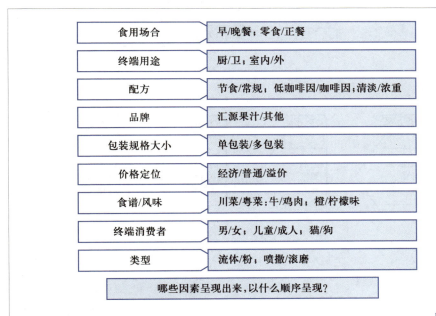

食用场合	早/晚餐；零食/正餐
终端用途	厨/卫；室内/外
配方	节食/常规；低咖啡因/咖啡因；清淡/浓重
品牌	汇源果汁/其他
包装规格大小	单包装/多包装
价格定位	经济/普通/溢价
食谱/风味	川菜/粤菜；牛/鸡肉；橙/柠檬味
终端消费者	男/女；儿童/成人；猫/狗
类型	流体/粉；喷撒/滚磨

哪些因素呈现出来，以什么顺序呈现？

图1-9　购买决定因素举例

其次，购物者在选择商品的过程中，其思维模式是有先后顺序的。决策树将购物者的购买决策层级铺开，就形成了树状结构图，品类购买决策树举例如图1-10所示。

为确保品类定义能更好地满足目标购物群的需求，可以将所选择的商品按购买决策树的内容进行分类，以检查是否在每一个需求点都有合适的商品，洗发水的购买决策树如图1-11所示。购买决策树不仅影响零售商对品类的定

　　义，其各种需求的排列顺序同时还会影响到商品的陈列，所以不能简单地根据个人喜好决定，而应通过市场调查进行判断。

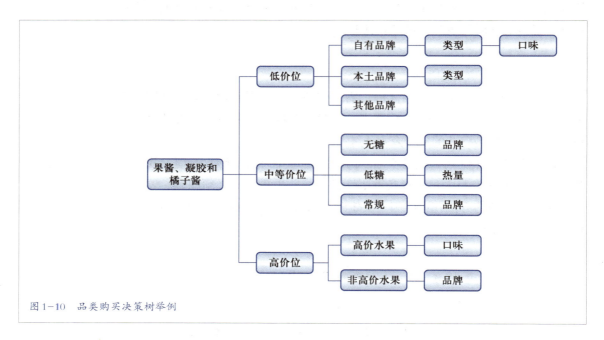

图1-10　品类购买决策树举例

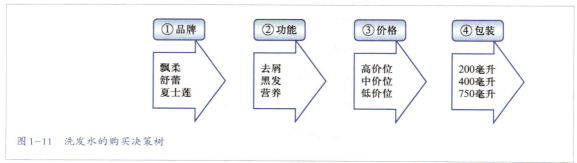

图1-11　洗发水的购买决策树

4. 品类发展趋势

　　零售商要具备品类发展的前瞻性，在确定现有品类定义的同时，还要关注到该品类的长远发展。某些品类/子品类目前发展尚未成熟，但其增长迅速，未来几年会有良好的发展前景，如果能在早期给予其较多的支持，不但能为零售商带来利润，更重要的是能提高顾客的忠诚度。作为顾客忠诚度的回报，该品类很可能成为未来的目标性品类。例如，零售商发现中国人特别关心呵护孩子，这对于婴儿用品部门是一个潜在的机会，因此很多大型零售商连同专业的品类顾问建立了宝宝中心，改变了过去孕妇在购买婴儿用品时需分别去服装部门购买婴儿服装，去食品部门购买婴儿食品，去个人护理用品部门购买婴儿护理用品的状况。这种方式节约了顾客的时间，满足顾客一站式的购物体验，提高了顾客满意度，最终婴儿用品部门成为购物者的目标品类。

5. 零售商的管理需求

零售商需要管理成千上万个单品，因此在进行品类定义时，也考虑管理的便利性。如果对消费者的影响不大，那么可以将某种商品放在管理方便的品类中。例如，许多消费者认为冷冻的、冷藏的和常温储存的果汁是可互相替代的商品。如果零售商将它们作为单一的果汁品类来管理，而实际上它们在门店是由干货、冷藏、冷冻部门来分别管理的，那么如果信息系统不够灵活，不能有效地将这些商品联系在一起，零售商在管理及分析财务数据时则是相对困难的，将它们作为一个品类管理不可行。还需注意的是，消费者通常更容易在摆放位置相近的商品品项中挑选替代商品。

三、商品组织结构表

（一）商品组织结构表的概念

商品组织结构表，是按照商品的不同属性，进行分类汇总并给予对应编号而形成的一个结构表。它的特点是依照商品属性和购物者购买决策逻辑为商品划定不同分类，从大分类到中、小分类，最终为单一商品定位，商品组织结构表示例如表1-1所示。

（二）商品组织结构表必备要素

1. 多级分类编号

从现有的资讯管理来说，要实现计算机化的自动管理，就必须借助数字语言，所以要用编号来代替具体的文字描述。商品编号到单品层级后就成为商品条形码。按适用区域，商品条形码大致分为两种，一种是通用码，另一种是店内码。通用码是在所有商店都是通用的，同一个通用码在不同商店对应的是同一种商品；而店内码是商店为便于店内商品的管理而对商品自行编制的临时性代码及条码标识。因此，同一编码对应的商品在不同商店可能完全不同，因此只能在本企业下属门店/仓库内使用。在分类编号中建议采用多级分类原则，从部门分解到小分类，这样的代码是清晰、易记且唯一的。商品组织结构多级分类编号示例如表1-2所示。

表1-1　商品组织结构表示例

分类编号	组织分类名称	预估单品数				实际单品数				单品数差异				供应商数目/个
		总数量/台	高 10 000元以上	中 5 001~10 000元	低 2 000~5 000元	总数量/台	高 10 000元以上	中 5 001~10 000元	低 2 000~5 000元	总数/台	高 10 000元以上	中 5 001~10 000元	低 2 000~5 000元	
45	计算机部	417				316				101				5
450	计算机硬件	63				55				8				3
4501	计算机	15				12				3				6
45010	台式计算机	10	3	5	2	8	3	3	2	2	0	2	0	5

表1-2   商品组织结构多级分类编号示例

第1个数字	第2个数字	第3个数字	第4个数字	第5个数字	简称
处	课	大分类	中分类	小分类	
1					杂货
1	0				饮料
1	0	0			碳酸饮料
1	0	0	0		可乐
1	0	0	0	1	低糖可乐

从表1-2中看到的信息是:

(1)1——杂货(食品)这个部门;

(2)10——杂货(食品)部门里的饮料这个课(组);

(3)100——杂货(食品)部门里的饮料这个课里的第一个大分类:碳酸饮料;

(4)1000——杂货(食品)部门里的饮料这个课里的第一个大分类碳酸饮料里的第一个中分类:可乐;

(5)10001——杂货(食品)部门里的饮料这个课里的第一个大分类碳酸饮料里的第一个中分类可乐里的第一个小分类:低糖可乐。

(6)接下来就是各个具体的单品了。图1-12是一个具体商品的代码及意义,依照这样的分类,就看到编号代码就知道对应的是什么类别的商品了。

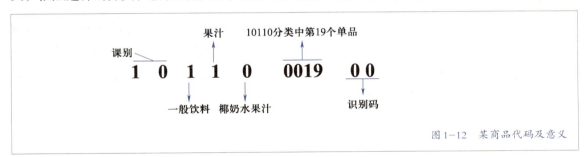

图1-12   某商品代码及意义

2. 多级分类名称

将其与前面的编号代码结合使用,分类名称应该是对应并且唯一的。

3. 单品数量与结构

单品数量是单品的总数量,结构主要指价格结构。当然,如果进一步细化还包括品牌、包装、规格、功能、材质等结构,食品中应考虑口味等,在纺织类中还应考虑款式、颜色等。之所以要有单品数量和结构的规定,是因为如果不事先做好每个分类的单品设定，就会出现采购人员因为个人专业程度和喜好不同，有的商品进得多有的商品进得少，有的干脆就没有进货，这样没有标准就无法控制，不能很好地满足顾客需求。所以一定要预先形成一个框架，只能在该框架里做有规律的变动调整。

4. 供应商数量

每个小分类因为其下的单品不会很多，在供应商的选择上要避免两种情况：供应商数量过多，稀释了销售量，每个供应商业绩都不大，积极性都不高，而且增加管理难度和成本；供应商数量太少，销售过于集中，削弱了采购对大型供应商的控制力，所以要根据分类大小和特性设置合理的供应商数量。

（三）商品结构的整体设计

1. 商品结构的宽度与深度设计

商品的宽度是指经营的商品类别的数量，表示商品对整个类别的覆盖度以及基本功能的覆盖度。在商品组织结构表中主要体现为大分类与中分类的数量。商品的深度是指同一类商品中不同质量、不同尺寸、不同花色等因素的商品的数量，表示某种功能的商品在该类别的品牌覆盖度以及相关功能的细化和延伸。在商品组织结构表中主要体现为小分类以及小分类中的单品的数量。一般来说，宽度比深度重要，即宽度优先于深度。因为宽度方面往往互补性比较强，相互替代性比较弱，如果宽度不够，意味着基本需求得不到满足，对满意度的影响显然比较大。而深度方面往往互补性比较弱，反而相互替代性比较强，即使深度不够，也仅仅是选择性不够强，基本需求还是可以得到满足的。所以，宽度优先于深度。

如果在坐标图上表示，横坐标是从窄到宽，纵坐标是从浅到深。两种因素有四种可能的组合：宽且深、窄且深、窄且浅、宽且浅。我们假设有甲、乙、丙三个子品类，而每个子品类下又各有A、B、C三个小分类，这样一共有九个小分类，如图1-13所示。

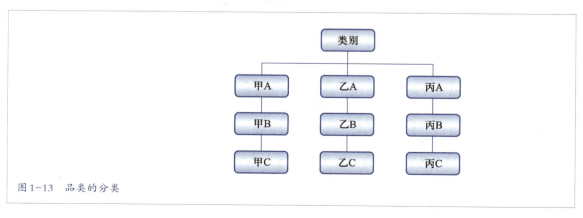

图1-13　品类的分类

（1）宽且深。第一种情形是宽且深，选全9个小分类，如图1-14所示，商品非常齐全。

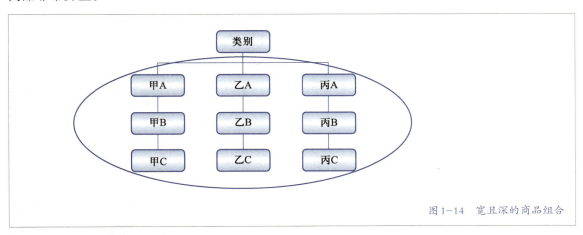

图1-14　宽且深的商品组合

（2）窄且深。第二种情形是窄且深，只选甲的3个小分类，如图1-15所示。

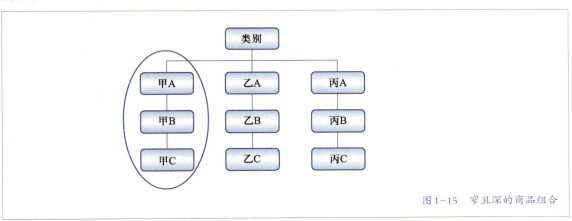

图1-15　窄且深的商品组合

（3）窄且浅。第三种情形是窄且浅，只选1个小分类，如图1-16所示。

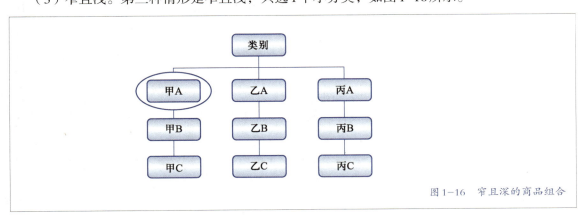

图1-16　窄且深的商品组合

（4）宽且浅。第四种情形是宽且浅，有3个小分类，如图1-17所示。每项都做到了，但都是"蜻蜓点水"。

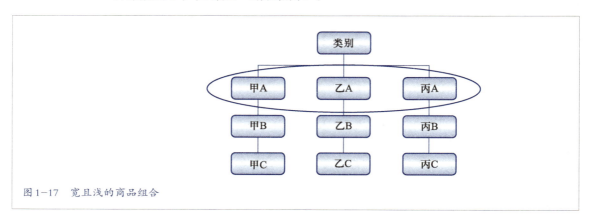

图1-17　宽且浅的商品组合

值得注意的是，同样是3个小分类，但"宽且浅"的情形就优先于"窄且深"的情形。所以，先要给品类一个定位，再决定做成哪一种情形。以母婴门店为例，母婴门店的类型通常有社区店、医院店、商圈店或者综合店、高端店。社区店的深度和宽度均低于其他四类门店。医院店要有深度，集中以新生儿用品为主，从宽度上讲，适用于3岁以上儿童的用品是不经营的，80%的SKU集中在0~1岁婴儿的用品，有可能只做1岁以下婴儿的用品。医院店新生儿用品的深度要超过高端店和综合店，可能奶瓶就有50个SKU。所有商品都是齐全的，比如隔尿垫，其他类型的门店可以只有两三种，而医院店可能有10种。深度代表着专业性。高端店就应该做精做专，专业性更强，最大限度满足消费者需求。至于开在繁华商业区的商圈店或者综合店，它们的宽度相对较大。

2. 商品结构层级设计

商品组织结构表，是按照商品的不同属性进行分类汇总而形成的一个商品结构表，这个结构表是分层级搭建的，这就是商品结构层级。商品结构层级设计给零售商提供了一个机会，即分层管理商品，实际上就是分层管理顾客的利益，或者说进一步细分管理顾客的利益。零售商可以对大分类下的各个中小分类之间的经营变化进行分析和管理，这就为零售商对每个分类的经营提供了更加明确的方向。

商品结构层级设计并没有统一的标准，并不是每家零售商的商品结构层次都是一样的，各零售商的层级设计并不完全相同。

以软饮料的结构层级为例。A超市的软饮料结构层级为三层，见表1-3。在软饮料大分类项下，有碳酸饮料和果汁两个中分类。首先，把关注的焦点放在果汁中分类上。从表1-3中看到，在果汁中分类下含有纤维果粒、橙汁、苹果汁、其他果汁和浓缩果汁五个小分类，它们是果汁中分类下的小分类，顾客可以在这五个小分类中挑选他们喜欢的口味。而在果汁中分类的层次上，顾客还可以考虑选择不买果汁饮料，而购买碳酸饮料，以及在软饮料大分类之下其他中分类的商品，因为无论如何不同类型的饮料都可以解渴。在软饮料大分类中，从各个中分类再到各个中分类下的小分类，构成了一个完整的结构层级，或者说这是一个完整的分类结构单元，它是零售商整体商品层级结构中一个能代表顾客一类完整购物利益的商品组合单位。

表1-3　A超市软饮料的商品结构层级

分类	商品
100 1000	软性饮料 碳酸饮料
10000 10001 10002 10003	可乐 无色（柠檬）汽水 橙味汽水 其他口味汽水
1001	果汁
10010 10011 10012 10013 10014	含纤维果粒 橙汁 苹果汁 其他果汁 浓缩果汁

注：在软饮料的大分类中，并不是只有这两个中分类，这里只是节选了这两个分类作为例子，以便解释。

　　并不是每家零售商的商品结构层级都像上面提到的是三层，有很多零售商采取了两层的结构层级，如零售商B就更类似于一种两层结构层级，它们的结构层级有可能只到果汁和碳酸饮料等中分类就停止了，而没有继续细分出果汁、苹果汁等小分类。如表1-4所示，这是零售商B果汁饮料的结构层级。从表1-4中可以看出，零售商B结构层级中的饮料大分类类似于A超市的饮料部门，它们的小分类近似于A超市的中分类，因此可以看到A超市的小分类，即橙汁、苹果汁等在零售商B的结构层级中并不存在。

表1-4　零售商B的果汁结构层级

大类号	大类描述	中类号	中类描述	小类号	小类描述
1	饮料	2	果汁饮料	0 1 2 3	果汁 纯果汁 浓缩果汁 其他果汁

很显然，商品结构层级的不同体现在零售商的经营管理中有很大的区别，而且细致地划分商品结构，能给零售商带来一个更大的益处，那就是零售商可以更加细致地分析并满足顾客的利益，即顾客的购买需求。例如，如果零售商的商品结构层级只划分到果汁中分类即告结束，那么他们将无法对橙汁、苹果汁等小分类进一步分析，也就是说，他们不知道橙汁和苹果汁小分类的销售趋势如何，它们在部门中的销售占比是多少，它们的平均毛利率是多少并有什么变化，顾客是如何看待橙汁和苹果汁分类的，橙汁和苹果汁分类的陈列原则应该是什么，等等。在这种情况下，零售商就很容易忽视某些顾客的利益。也就是说，零售商没有对这些顾客利益进行分析和管理，当然也就谈不上获得顾客在这个结构层级上的满意度。因此，从某种角度上来看，零售商商品结构层级划分的细致程度往往也代表了这家零售商商品管理水平的高低。换句话说，在设计商品结构层级时，零售商的品类管理水平已出现高低，这将成为影响各零售商之间竞争态势的一个重要因素。另外，不同品类层次的粗细划分，还与该企业在商品经营上的重点、企业/门店的经营定位有关。如果定位为重要的商品，层次结构就要细化，以便强化该品类的经营管理。还有一点不能忽略的是，商品结构的层次越多，零售商的经营管理就越趋于复杂，零售商将不得不管理更多的细节，对更多的小类做出经营决策，这必然会增加零售商的管理成本和经营管理难度，所以对这个标准要灵活掌握。

（四）商品组织结构表制定步骤

零售商在制定商品组织结构表的时候，面临着两大问题：一是基本的经营范围划定。门店业态一旦确定，门店的经营范围即所经营的商品大类基本上就确定。二是作为商品结构组成部分的品类结构如何进一步确定，即需要做的品类定义。一般情况下商品组织结构表制定步骤如下：

1. 通过业态定位确定基本的商品结构大框架

一家门店，如何选定自身的商品组合，首先受自身业态特性的影响。由于业态很大程度上是以经营商品重点的不同而划分的营业形态，所以业态决定商品定位，一旦选择了经营的业态，就在一定意义上确定了商品组织结构表的大致框架。从商品组织结构表来看，基本上能够确定商品组织结构表的中分类层次，同时也可对进一步的小分类和单品配置进行原则性的指导。

2. 门店目标顾客轮廓描述及需求分析

无论有没有品类顾问或者第三方公司的协助，零售企业都要考虑商圈范围内消费特性的影响。同样是便利店业态，开在医院门前的便利店要考虑来此的客户大多以病人和看望病人的亲属为主，这两种人的需求是药品、鲜花、营养品等，所以便利店一定会以鲜花和营养品为主打；开在学校门前的便利店由于面向学生群体，所以会突出文化用品；开在社区附近的便利店会考虑日常生活用品。同样是交通枢纽附近开设的便利店，由于每个交通枢纽所起的作用不同，客流的购买特点也不同。如在城市地铁的中心车站开设便利店，由于客户大多是当地的上班族，所以经营要突出快捷、便利的特点，上午可经营速食、糕点饼干、方便面、报纸书刊，下午可供应速冻肉食品、方便蔬菜供下班职工选择；在城市火车站开设的便利店，则经营的商品要以旅游休闲食品、礼品、土特产为主，另外还可以供应其他旅游用品（箱包等）。所以同样的业态，目标客户不同，商品结构也会有差异，关键是明确目标客户的类型。

规范的目标顾客轮廓描述一般需要从地理因素、人口因素和心理因素三方面进行。地理因素，指门店所处的地理位置（闹市区、城乡结合部、居民住宅区、交通枢纽、中央商务区等），这些因素都会影响目标客户的购物习惯。人口因素，指目标客户的性别、家庭规模、收入水平、职业习惯、文化程度、年龄等，这些都形成不同的购物习惯。心理因素，是指目标客户的生活方式、价值观念、个性等。在收入水平和受教育程度都提高的情况下，目标客户的心理因素对消费习惯的支配作用在增强，较多地影响到门店商品定位。

明确了目标客户的类型，还需要进一步明确目标客户在门店所经营的商品的需求情况。一种方法是问卷调查法，事先设定好问卷，调查商圈内的家庭、企事业单位，从而设定出消费者的需求，并推测出其消费倾向。另一种方法是座谈会法，将商圈内性别、年龄、职业、收入不同的消费者请来座谈，征求他们对商品供应的意见，有意识地同与会者探讨商品设定。当然还可以用观察法，如观察消费者的购买时间、购买的商品类别、购买频率、价格等。现在有了大数据之后，不同于传统的数据，现在的数据可能不涉及顾客的具体姓名、联系电话、地址等敏感信息，更多的是基于设备（PC端或移动端），通过营销技术采集的互联网行为。数字数据对客户的识别是基于这些设备的编码，如Cookie ID、IP地址等。在大数据时代，顾客轮廓描述也被称为"用户画像。"

3. 从品类头部供应商或者专业的市场调查研究公司获得品类定义的协助

确定商品结构大框架之后，商品结构内部各个类别之间的关系需要仔细梳理，处于头部的供应商在开发产品之前之后都会对消费者和购物者做全面的市场调查和研究，因此它们是最佳的信息提供者。同时零售商也可寻求专业的市场研究公司提供相关指引来获取相关信息，如AC尼尔森市场研究公司[①]可提供日化类产品及食品类的品类定义及结构给零售商作为参考。

4. 商品组织结构整体设计

第四步主要是根据前三大步骤的准备工作对门店商品结构的宽度和深度进行设计，同时确定商品结构层级。在具体品类定义时，考虑和选择这个品类由哪些商品组成，它们之间是否具有消费者认可的可替代性和相关性，把它们放在一个品类中是否会受到营运管理条件的限制。例如，液体和粉末的洗衣产品虽然是不同形态及不同包装的，但具有高替代性，因此属于同一个品类。可乐和果汁都属于软饮料品类，因为它们有很高的相关性。鲜牛奶和成人奶粉因为有不同的营运管理要求，所以它们分属日配类——鲜乳制品和冲调饮料类——奶粉类。对同一品类进行进一步细分至子品类、小分类，这一步是品类定义的关键一步，要充分考虑以下问题：购物者在该品类内选购商品时是什么判断逻辑(购买决策树)？购物者为什么进行这样的细分？商品之间有哪些关联性/可替代性？每个细分类包含哪些商品和品牌？在别的品类中是否有可以调整到这个品类的商品？

5. 根据竞争情况适当调整并最终确定商品组织结构表

在零售商的商圈范围内，常常会有竞争门店存在，因此一定程度上还可以参考竞争对手的商品结构。某大型超市在设计门店的商品组织时，非常重视对当地竞争对手的调查，这是其设计商品组织非常关键的一环。该大型超市会在各个分类中寻找自己原有的商品组织结构与当地竞争对手的商品组织结构的差异，即在各个分类中，竞争对手有的商品而自己没有的商品，然后他们将会对这些商品进行简单分析，最终经过确认将会在商品组织结构表中加入必要的新商品。当然，该大型超市的这种做法是基于其对各个区域市场是有差异性的这一认识和理解的，并且认为本地的超市经过多年的经营，其货架上剩余的商品应该是经过当地顾客检验的，是能适应当地顾客需求的商品，因此有必要对它们进行认真的调查和分析。经过调查、研究，最后给予各部门、大分类、中分类、小分类唯一能供计算机系统和人工识别的代码，并在有关的信息、表单及组织划分上予以调整确定。

最后需要注意的是，没有统一的适合每个零售商的品类定义和商品组织

---

① 原"AC尼尔森市场研究公司"现已改名"尼尔森公司"，但考虑到原AC尼尔森市场研究公司的行业影响以及大家的认知习惯，在书中仍采用了公司的原名"AC尼尔森"。

结构表，因为每个零售商的战略定位不完全相同。如茶叶蛋，在便利店把它归为即食商品类，而在超市把它归为熟食品类。零售商要根据自己的业态定位以及目标客户群来确定所要满足的消费者的需求点，确定自己特有的商品组织结构表。

同步测试 <<<<<<<<<<<<<<<<<<<<<<<<<<<<<<<<<<<<<<<<<<<<<<<<<<<<<<

一、单项选择题

1. 确定商品结构大框架的是（   ）。

    A. 业态定位   B. 用户画像

    C. 竞争对手调研   D. 咨询公司建议

2. 一般的超市将饮料归入（   ）。

    A. 生鲜部门

    B. 杂货（食品）部门

    C. 非食品部门

    D. 快速消费品部门

3. 品类结构和商品结构的关系是（   ）。

    A. 品类结构包含商品结构

    B. 商品结构包含品类结构

    C. 两者是并列关系

    D. 两者没有关系

4. 在设计商品结构层级时，（   ）将成为影响各零售商之间竞争态势的一个重要因素。

    A. 零售商的品类管理水平   B. 门店定位

    C. 品类配置商品组合   D. 单品

5. 便利店中可能的洗发水单品数是（   ）个。

    A. 250   B. 400   C. 180   D. 30

二、多项选择题

1. 同一品类内部的商品具有的主要特点包括（   ）。

    A. 可替代性   B. 包容性   C. 互斥性   D. 互补性

2. 纸尿裤的消费者是（   ），购物者可能是（   ）。

    A. 婴儿   B. 爸爸   C. 妈妈   D. 家人

3. 火车站附近的便利店会把（   ）当作重心。

A. 速冻食品　　B. 当地特产　　C. 保健品　　　D. 零食饮料

4. 家电卖场在空调产品的陈列方面按照品牌分区的原因是（　　　　　）。

A. 购物决策树　　　　　　　B. 管理的便利性

C. 消费者需求　　　　　　　D. 零售商的定位

5. 一般来说，零售商品类定义的协助可以来自（　　　　）。

A. 专业的市场调研公司　　　B. 品类旗舰

C. 大学商学院　　　　　　　D. 政府部门

三、简答题

1. 什么是品类定义？

2. 简述品类的影响因素。

3. 简述商品组织结构表必备要素。

4. 简述商品组织结构表制定的步骤。

5. 简述改革开放以来我国消费领域的四大变化。

【学习目标】

素养目标

● 通过了解商品知识加深对人民美好生活理念的理解

● 通过品牌组合分析增加对新国货、民族品牌的认同感

● 通过价格带分析强化学生价格欺诈等相关法律法规的合规意识

知识目标

● 熟悉单品数量确定的影响因素

● 熟悉商品价格带定位方法

● 熟悉商品的规格型号定位方法

● 熟悉商品的品牌倾向及组合方法

技能目标

● 能够合理确定门店小分类的单品数量

● 能够确定小分类中单品的价格带配置

● 能够确定小分类中单品的包装规格配置

● 能够确定小分类中单品的品牌配置

引导案例

经过商品部门和开发部门的多轮沟通，FF公司最终确定了大学城社区店的商品组织结构表，但目前只是细化到了小分类。比如，门店只规划了牙膏这个类别，但是牙膏类别之下还需确定，牙膏做多少个品项，分别是什么价格、什么品牌、什么规格等一系列问题还需要进一步确定。果然，非食品部的经理第二天就来找小王，要求小王协助他继续完成下一个阶段的工作，同时为了锻炼小王，将洗发水品类的单品配置工作让小王独立完成。

【引思明理】单品组合配置是品类规划第二阶段的任务，当一个小分类确定之后，还面临着一系列细节问题，商家必须确定所经营的SKU，这又涉及商圈特点、业态定位、品类角色、空间分配等一系列因素。同时确定总量之后，门店还需要确定结构问题，无论是覆盖率、价格结构、品牌结构、规格结构还是其他因素，都需要结合目标顾客的具体需求特征做好严丝合缝的对接工作，在这个过程中还必须考虑竞争因素的影响，只有这样才能真正确定所经营的商品结构。零售商必须意识到，商品结构来源于消费者需求和竞争对手，一旦这两者发生变化，商品结构尤其是单品配置自然应该进行或多或少的调整，而且商品自身也有生命周期的变化，所以商品结构必然是一种不断调整的动态结构。

一、小分类单品数量确定

（一）单品数量需要管理的原因

零售商在考虑每个小分类中的商品结构时，首先需要界定一个问题，即每个小分类中的单品数量是多少。

1. 供应商价值取向导致单品数量过剩

如果每个小分类中的单品数量是无须管理的，那么必然会出现小分类中的单品数量越来越多的现象，而且这种趋势几乎是零售商无法自我控制的。这是因为供应商的新产品层出不穷，有很多供应商一直努力研究消费者的需求，从而努力发现更多的新产品以满足顾客的潜在需求，几乎没有哪个供应商不把开发新品视为企业的重要工作。而且，供应商为了获得市场份额，或者担心自己原有的市场份额被竞争对手抢走，一旦发现竞争对手开发出新品，通常会马上模仿开发类似新品并将其摆上零售商的货架。而且，供应商并不愿随意终止自己的一些老产品，他们希望在产品的衰退期能让产品为自己贡献最后的利润，分摊企业的一些生产费用和物流费用等。因此，从供应商的角度来看，小分类中的产品数量是一直呈增长趋势的，供应商不会想到要保持小分类中的产品数量相对固定，毫无疑问这也不是供应商的责任。另外，还有很多供应商依然沿袭一种营销思路，即开发更多的产品抢占零售商的货架空间，从而阻止并侵蚀小分类中其他供应商所占的货架空间。很显然，这将导致产品的开发有可能并不完全是以消费者需求为导向的，而这种以竞争为导向的产品开发思路无疑更加剧了小分类中产品过多的现象。

2. 单品数量过剩对消费者的不良影响

小分类中过多的产品对消费者来说并不是一件好事，有时甚至是不公平的。供应商开发的满足消费者新需求的产品会受到消费者的欢迎，但是蜂拥而至的跟随品牌同时涌到消费者面前，会让消费者无所适从。对于任何一个细分市场或者独特的产品定位来说，消费者并不需要很多的选择。比如，在某个细分市场上，消费者只需要三个不同的品牌就已足够，但是市场上却存在十个不同品牌。其实，在各个分类中几乎都存在类似的情况。更不用说那些本来就是为了抢占货架空间而开发的产品，以及那些没有做过市场和消费者分析，不适合市场需求的新产品，更无法给消费者带来任何价值。此外，那些处于衰退期的产品在零售商货架上，同样浪费了消费者的选择时间，而且在很多情况下这种选择时间的花费对消费者来说是没有价值的。因此，从消费者的角度来看，他们在市场上几乎在各个小分类中都面临着产品和品牌过多的困扰，即便是消费者对此没有明显的察觉和反应。

3. 零售商必须控制单品数量

零售商作为供应链中的一个环节，其重要的职能就是帮助消费者选择他们需要的产品，并将这些产品组合后放到货架上。零售商的货架空间是有限的，因此也意味着每个小分类中所能容纳的单品数量是有限的，所以他们必须在每个小分类中有节制地选择供应商的产品。也就是说，零售商必须控制每个小分类中的单品数量，否则会给自己的日常经营带来很大的麻烦。比如，如果某个小分类中的单品数量过多，那么会使每个单品所占的货架空间和库存空间太小，而给小分类中的商品订货带来很大的难度，当然最后的结果是小分类中商品缺货的增加。因此，零售商为了保证小分类中的单品数量不出现逐渐增加的现象，必须保持单品数量的相对固定。事实上，很多经验丰富的零售商都采用小分类中的商品"进一退一"的商品政策，保持各个小分类中单品数量的稳定。当然"进一退一"的商品政策并不一定完全局限于小分类层次上，以部门为单位执行"进一退一"的商品政策有时也是适合的，只不过在这种情况下，部门中各个小分类的单品数量会有小幅的变动。

对于线上零售而言，单品数量不受门店面积的限制，所经营的单品数量理论上可以无限放大，但是在整个供应链运作的过程中，由于仓库的面积限制、资金预算的约束、管理成本的攀升以及顾客体验等因素，事实上也需要控制单品数量。

（二）单品数量计算

正确制订SKU计划门店的经营者首先需要考虑商圈特点，对商圈环境进行分析判断，先根据自己所擅长零售业态的市场定位、顾客的需求情况判断未来的销售预期，然后根据其周边情况计划未来门店的经营面积和各个区域的可陈列面积，再根据可陈列面积以及品类角色计算每一个品类SKU数量的基数，从而确定门店数量以及每一个品类的单品数量。一般而言，单品数量的计算要考虑以下因素：

1. 业态定位与营业面积的影响

首先，小分类中的单品数量与不同的零售业态具有直接关系。如果是大卖场业态，那么它们在文具行业中的单品和品牌选择要远远少于文具专业卖场；同样，电器零售商的电视小分类的单品数量远远大于大卖场电视小分类中的单品数量。其次，零售商各个门店小分类中的单品数量也是不同的。

门店面积的大小意味着货架空间的大小，差异很大的货架空间是不可能容纳相同数量的商品的，即便减少每个单品的陈列空间，有时也无济于事。比如，一家20 000平方米的大卖场与一家5 000平方米的大卖场，在各个小分类的单品数量上应该有明显差异。所以，零售商往往会根据自己门店面积的不同，划分出不同的门店等级，然后根据门店等级规定每个小分类中的单品数量。

2. 商圈内的顾客需求分析

当零售企业进入某个区域时，首先要对该区域的顾客特性和行为进行调查，了解当地居民的人口统计特性、收入水平、购物习惯、饮食习惯等等。当然连带还要考虑陈列、库存等细节。商圈内顾客的需求情况是决定该商圈范围内需求能力的关键，根据总体的市场需求情况对未来门店的销售预测进行分析和评估。在分析当地消费者消费习惯的时候，不可盲目地复制其他商业环境的成功范例。前期市场调查结果的反馈信息将会决定未来门店所经营的商品，如果前期市场调查有误，门店所销售的商品也必然出现偏差。

即学即练

SKU 数计算训练

FF连锁企业计划开设一家面积为500平方米的社区店，其中大致规划生鲜区域占30%面积，收银区域占10%面积，货架占35%面积，请根据行业常识计算该门店常见的SKU数量范围。

3. 品类定位

品类定位是决定各个小分类中单品数量的关键因素，这是因为品类定位决定了零售商对各个小分类的资源分配，以及各个小分类为顾客提供商品的可选择性。

对于目标性品类来说，如果零售商希望把该品类打造成消费者的首选，则零售商应该尽量提供更多的单品，给顾客更多的选择性，那么零售商完全可以选择小分类中满足更多细分市场的商品和品牌，尤其是小分类中的各种品牌，有必要尽快引进市场上的新兴产品。

如果是常规性品类，零售商希望这些小分类为顾客提供不少于其主要竞争对手单品数量的可选择性，那么竞争对手的单品数量就成为零售商设计这些小分类单品数量的重要依据。如果零售商发现其主要竞争对手在葵花籽油小分类中的单品数量是10个，那么这家零售商就可以考虑在葵花籽油小分类中也设计选择10个左右的单品数量。

如果是满足一站式购物的便利性品类，零售商完全可以根据自己门店的业态和定位选择小分类中的部分单品，满足顾客对此小分类最基本的需求。比如，假设上海的一家大卖场认为在上海市场上花生油是一个便利性的小分类，那么其可以只选择两个品牌进入超市，如可以选择一家全国性的花生油供应商品牌，以及一家本地的花生油供应商品牌，并只选择小分类中销量最大的两个规格，如5 L和2.5 L，那么实际上在花生油小分类中它选择了四个单品。

4. 竞争对手的单品数量

在进入一个未知市场的时候，仅了解了消费者需求是不够的，当地市场的商品供给能力和价格水平也会影响和决定门店未来的商品销售情况。如果在一个成熟的商圈环境中，已经密布大型购物中心、综合超市、百货店、便利店等多个业态，且与自己的经营业态和定位相似或者重复的门店较多的时候，零售商就应当考虑在这个地方开设新店的可行性。如果决定开设新的门店或者经营新的品类，以及获得每个小分类更加准确和合理的单品数量，参照当地竞争对手在各个小分类中的单品数量是非常有必要的。其原因是，当地的竞争对手对周围的消费者需求有更加确切的了解，而且在长期的营运中，小分类中的商品表现出不同的销售绩效，他们通过逐步淘汰和选择不断调整各个小分类中的单品，从而始终使小分类中的单品数量保持在合理的水平上。竞争对手在各个小分类中积淀下来的商品和品牌往往是受当地顾客喜欢的，而那些不能适应当地顾客需求的商品和品牌由于绩效较差，早已随着经营结构的优化和调整而慢慢被淘汰了。

5. SKU 数量的确定

对于零售商来说，制订 SKU 计划前需要对商圈范围内本企业业态的门店、其他企业的同业态的门店、主要竞争对手门店的经营数据进行收集，其中包括：经营品类、SKU 数量、品类毛利率、销售额、品类货架数量和经营面积。然后根据上述的商圈环境情况，制订自己的 SKU 计划。某门店的 SKU 计划如表 1-5 所示。

表 1-5 某门店的 SKU 计划

品类名称	最少的 SKU 数量 / 个	SKU 数量 / 个	参考店每平方米陈列 SKU 数量 / 个	最小点经营面积 / 平方米	建议营业面积 / 平方米
高档品	170	260	2.9	59	90
保健食品	70	105	2.4	29	44
饮料	300	450	0.6	500	750
奶制品 / 婴儿食品	190	290	1	190	290
冲饮	120	180	0.8	150	225
粮油、粉、面	210	315	0.8	263	394
酱料、调味品	230	350	1.8	128	194
罐头	40	60	2.8	14	21
农产品干货	90	130	2.8	32	46
糖、巧克力	550	800	3.5	157	229
休闲食品	280	430	4	70	108
散装食品	200	300	1.6	125	188
小计	2 450	3 670	1	1 717	2 587

通常情况下，SKU 计划的制订和下达采取的是自上而下和自下而上两种方式，即采购中心根据门店的市场调查报告选择与其定位相似的门店，参照其经

营品类和SKU情况制订初步的SKU计划，然后由参与市场调查的门店管理人员根据真实商圈的环境提出SKU计划的相关建议。对于零售企业来说，虽然门店作为顾客的代言人有权利提出希望经营的商品，但是长期与制造商进行协商的采购商也有一套自己的经营模式，因此最终的SKU计划的确认环节需要双方的协调和努力。每一个门店所处的商圈可能都有所不同，不可能完全复制其他门店的商品结构，制订符合当地消费者购买习惯的SKU计划才是商家最终的目的。

6. 调整运营中门店的SKU数量

虽然门店在开业前已经制订了详细的SKU计划，但是随着门店在该地区影响力的扩大，对商圈环境的了解以及对目标顾客群体的确认，SKU计划还会随着商圈环境和目标顾客群体的变化而有所调整。为了保证商品结构SKU数量的科学性和准确性，提高零售企业对顾客和市场的适应性和灵活性，零售企业可以根据年度内每个月的各分类中SKU数量制定年度SKU目标。零售企业SKU计划的后期调整周期会定期进行，通常情况下不会超过一个季度。SKU计划调整的周期，一方面能够反映出企业对于外部环境的应对能力，另一方面有助于门店进行更好的市场定位。然而，SKU计划的频繁或者大幅度的调整也会影响目标顾客群体的购物行为，可能会造成顾客群体流失的现象发生。

门店制订月度SKU计划主要出于商品的季节性和促销计划的考虑，而年度的SKU计划则是为了更好地进行SKU计划的整体控制。因此，在很多门店中，一个部门某个品类SKU清单并不是1个，而是12个。在有些跨国零售企业甚至还会对重要的节假日分别制定单独的SKU清单。某企业年度SKU清单如表1–6所示。

表1–6 某企业年度SKU清单

名称	月份											
	1	2	3	4	5	6	7	8	9	10	11	12
可乐												
无色汽水												
橙味契税												
其他口味汽水												
含纤维果汁												
橙汁												
苹果汁												
浓缩果汁												

二、小分类单品配置的基本思路

基本上业态定位和商圈顾客的分析就把大分类、中分类和小分类的框架确定了，但是从小分类到单品组合还需进一步分析。

（一）需求点覆盖分析

一般来说，可以把一个小分类的商品分为若干个小组，几个、几十个、几百个小组都可，可视单品数量的多少而定，同一个小组内的单品应具有相同、相近的性能，能够共同满足消费者的某一需求。这样的一个小组称为消费者的一个购物需求点，如"价格比较低（如低于5元）的具有防蛀功能的牙膏"。每一个需求点代表消费者的一种购物需求，需求点作为小分类与单品之间的中层分类，从而在小分类与单品之间架设一道桥梁，理清不同单品之间的关系，使每一个单品按照其使用价值以及其他属性，归入一个小组（即需求点）。归入同一个小组中的若干个单品是相似的，相互之间具有较强的替代性，这样就使得单品之间纷繁混杂的关系变得条理清晰、井然有序。通过这样的方法可以把消费者对某一小分类商品的总需求分解为一个一个的需求点。所有需求点的组合就构成了消费者对这一小分类商品的全部购物需求。如果一个门店陈列的某一小分类商品覆盖了该小分类中消费者的全部需求点，那么这个门店就可以满足消费者对此小分类商品的全部购物需求。但通常受卖场空间的限制，需求点覆盖率总是小于100%。这样通过需求点覆盖率的高低就可以直观地看出一个门店商品结构状况的差异化。

把一个门店现有的消费需求点与当地全部的需求点相比较，可以发现该门店所缺少的需求点，把缺少的需求点补齐就可以提高需求点的覆盖率，改进门店的商品结构状况，从而实现商品结构与消费者需求的良好吻合。这里有两个技术细节，即需求点的录取与单品的录取。第一，需求点的销售额有大小，在需求点覆盖率不能达到100%的情况下，存在一个需求点取舍的问题。解决的原则是需求点取大舍小，使录取的需求点中销售额最小的一个大于舍弃的需求点中销售额最大的一个。第二，一个需求点内包含的若干个单品的销售额有大有小，在需求点内单品覆盖率不能达到100%的情况下，存在一个单品取舍的问题。解决的原则是单品取大舍小，使录取的单品中销售额最小的单品大于舍弃的单品中销售额最大的单品。另外，在一个需求点内，单品数也不能太多。研究结果表明，减少选择有利于提高销售业绩，在一个明确的需求点内，每种型号的商品提供3种选择已足够了，而任何商品提供7种以上的选择都会产生反效果。

由此小分类单品配置工作的核心可以概括为三句话：将每一个小分类的所有单品划分为若干个消费者购物需求点，使每一个需求点代表消费者的一种购物需求；依据门店营业面积及周边消费者的消费特点，确定每一个小分类的需求点覆盖率，即录取多少个需求点，然后按需求点销售额高低进行取舍；确定每一个需求点内的单品覆盖率，并按单品销售额高低进行取舍。以表1-7为例，会发现该门店在"低价位、中小规格的防蛀牙膏"的需求点上未能覆盖，有待引进。在低价位的儿童牙膏方面由于商圈内市场较小的原因，决定不需要覆盖。

表1-7　小分类需求点覆盖表

功能	价位		
	低	中	高
美白	高露洁草本美白牙膏90g 上海防酸美白牙膏120g	中华健齿白牙膏155g 佳洁士盐白牙膏90g	黑人超白青柠薄荷牙膏140g 黑人超白矿物盐牙膏90g
草本	高露洁草本牙膏90g 中华中草药牙膏170g	佳洁士草本水晶牙膏140g 佳洁士草本水晶牙膏90g	黑人茶倍健杭菊龙井牙膏140g
防蛀		佳洁士防蛀牙膏薄荷140g	高露洁全面防蛀牙膏（清新）140g
清新	高露洁超强牙膏90g	佳洁士茶爽牙膏120g	黑人茶倍健牙膏90g
功能性	上海防酸牙膏加强型100g	中华多效牙膏沁醒薄荷味90g	高露洁三重功效牙膏90g
儿童		高露洁儿童牙膏水果香型40g	黑人儿童苹果味牙膏40g

（二）人货匹配精准营销

1. 人货匹配精准营销产生的背景

实际上在分析需求点的时候，也是在考虑顾客需求与商品属性之间的关系，也就是在做人货匹配。因此，如果有一种方法可以预先告诉每个顾客他们有可能要买的商品或者他们有可能感兴趣的商品，是否可以在很大程度上帮助消费者节省时间的同时能够帮助商家提高销售额呢？这种方法就是人货匹配精准营销或者称为个性化推荐。人货匹配精准营销在一个需求驱动的市场前提下，结合互联网、电子商务平台、社交平台这类的信息触达平台才有可能实现。

2. 人货匹配精准营销背后的技术要求

（1）数据积累。精准营销的技术前提之一就是数据的积累，无论是个性化推荐还是猜测自己的偏好都是基于对个体的历史数据的总结和群体的历史数据的规律提炼。所以如果没有长期的数据积累，大量的用户数据精准营销就无法实现。

　　首先是用户数据需要的维度。这需要每个用户的可追踪性，所以电子商务是非常适合精准营销的，这是因为每个用户都是会员，可以追踪其购物行为，而线下零售商也在慢慢积累会员数据。然后要对用户行为进行分析，建立起人与商品之间的关系。这种关系可能是曾经购买过，也可能是浏览过，或者加入购物车等行为；也可能是对促销的敏感度，以及对进口商品的偏好等。这就是通过标签体系搭建人与商品之间的关系。

　　其次是数据的时间价值。数据是有时间价值的，其价值随着时间的推移而贬值，所以数据的时效性是很重要的。一般来说，用最近一年的数据来分析消费者行为，所以要充分利用最近的数据进行推荐和营销。最极端的情况是实时数据的推荐，比如一个消费者刚刚在一个电子商务网站上注册，他之前在该网站上是没有消费历史记录的，但是这个消费者身上还是有标签可以借鉴的，比如年龄、性别等。那么可以实时推荐其最有可能购买的商品，电商平台可以基于对于一位忠实消费者最近的购买、访问、加入购物车等信息进行实时推荐，这种方式在各大电商网站都得到了广泛的应用。比如某消费者昨天刚买了一件白衬衣，或者加购了一件白衬衣，那么他今天再访问该网站的时候就会有很多类似衬衣的推荐。

　　（2）精准营销的基本思路。精准营销用到的算法非常繁杂，需要形成一个算法的体系，基于不同的问题和需求需要用到不同的算法模型包。比如一些经典的统计学算法：逻辑回归法、时间序列法、随机森林法等；同时也会用到一些深度学习的方法，比如：循环神经网络（RNN）、长短期记忆网络（LSTM）等，比较常用的推荐系统的方法是协同过滤。

　　什么是协同过滤？如果两个用户（A、B）有相似的购买偏好：他们过去购买过类似的商品，那么他们在之后的购买行为也会相似。比如用户A最近买了一个商品M，而用户B尚未购买，那么零售企业可以将商品M推荐给用户B。这类基于用户之间的相似偏好而推荐商品的算法称为协同过滤法。

　　在协同过滤方面有三种推荐系统，如图1-18所示，这三种推荐系统本质上都是一个"顾客—特征—商品"的系统：第一种是推荐与顾客喜欢的商品相似的商品，第二种是推荐相似顾客喜欢的商品，第三种则是推荐具有顾客喜欢的特征的商品。此外，还可以融合以上三种推荐系统，以加权或者串联、并联等方式进行融合，以达到更好的效果。

　　以上三种推荐系统的方法，各自具有各自的优缺点，因此主流推荐方法往往是利用多种方法之间的优势，采用混合推荐的方法，达到规避劣势，提高推荐效果的目的，而这更多的是需要基于业务经验与产品设计需求做出判断。

图1-18　协同过滤推荐系统原理

三、商品结构的价格带定位

门店的商品定位一定程度上体现在商品价格的高低上，所以经营者通过商品组合中价格结构的不同来体现不同的经营定位。衡量价格结构的方法是商品价格带。

（一）价格带的基本含义

价格带是指同类商品或一种商品类别中的最低价格和最高价格的差别范围，一般会分成多个不同的价格区间段。价格带的宽度决定了门店所面对的消费者的受众层次和数量。在同样的商品类别中，由于门店的经营定位不同，其商品在价格带的分布上也会有所不同。在安排价格带上的单品数量时，一定要把握住门店最恰当的价格卖点，即PP（price point）点，尽量增加在该PP点上的商品品种数目，使PP点价位附近的商品种类或者单品数最多，形成该小分类上的高峰点（区）。而顾客正是根据PP点来判断该门店的商品价格是昂贵还是便宜，品种是丰富还是贫瘠，而与价格带的宽度大小无关。这才是商品价格带分析的精髓所在。不同购买力的市场对价格的接受程度不同，如表1-8所示。

表1-8　目标市场与价格接受程度

目标市场	第一购物诉求	质量	价格
高收入群体	质量	A＋	A
中高收入群体	性价比	A	B

续表

目标市场	第一购物诉求	质量	价格
中收入群体	相对性价比	A –	B –
中低收入群体	相对价格	B	C
低收入群体	价格	C	D

注：由A到D表示程度由高到低。

（二）分类中最低价格的确定

对于任何一个分类来说，总有一个价格是分类中的最低价格，当然这个最低价格可以理解为单位最低价格（如折合每克价格），也可以理解为商品的整体价格（如一包价格）。单位价格和商品的整体价格应该结合起来考虑。比如，某个商品的单位价格在分类中最低，门店也将其定义为分类中的最低价格，但是如果这个商品的包装过大，就有可能导致此商品的绝对价格较高，进而使顾客认为该分类的整体价格过高。这是门店不愿意看到的结果。当然，对于每个分类来说，情况是不一样的。对某些分类来说，顾客是依据单位价格来判断分类的价格形象的，而对另一些分类来说，顾客是依据商品整体价格来判断其价格形象的。

分类中的最低价格代表了一个分类的价格入口，它会限定一些顾客群体。实际上这也代表了一个门店在市场上的总体定位。如果大润发在大部分分类中的最低价格总是低于永辉超市，那么就说明大润发的市场定位要低于永辉超市，也表明大润发比永辉超市能吸引更多的低端顾客群体。当然，大润发是依靠在分类中选择品质更低的商品来达到比永辉超市更低的价格的，否则同样质量的商品大润发也很难做到在各个分类中都比永辉超市价格低。不过对于门店来说，最低价格的商品一般不会有很大的销量，它们只是门店在价格上向顾客提供的一种象征性含义，在各个分类中给顾客一个价格参考的基础，当然也会吸引少数更关心低价的顾客，而它们并不是分类中顾客最关心的价格范围。

（三）分类中不同价格带的单品配置

从价格带的角度组合商品时，门店还要考虑到商品在市场价格两端的分布情况会影响到门店在市场上的价格定位。由于目标市场对价格的接受程度不同，所以针对不同的目标市场，门店所提供的单品数量在不同收入群体中所占的比例不同，如表1-9所示。

表1-9　目标市场与单品数比例

单位：%

收入群体	超低端	低端	中低端	中端	中高端	高端	超高端
高收入群体	—	—	5	15	30	40	10
中高收入群体	—	5	15	30	35	10	5
中收入群体	5	15	20	35	20	5	—
中低收入群体	5	18	35	30	10	2	—
低收入群体	20	35	25	15	5	—	—

　　也就是说，如果门店在市场上的总体定位是服务于中高端顾客群体的，那么他们应该选择更多分布在市场平均价格以上的价格带内的商品；如果门店定位于服务中低端的顾客群体，那么他们选择的商品应该更多地集中在最低价格和市场平均价格之间的价格带内。这样的考虑对门店来说不仅是非常必要的，而且是明智的。如果门店缺乏价格分布的管理，那么很可能本来市场定位是中高端，但是在很多分类中却出现了大部分商品集中在市场平均价格以下的局面，这无疑是一家经营失败的门店，至少它的市场定位与其所执行的商品组合政策是相悖的。更糟糕的是，很多门店既没有清晰的市场定位，也没有科学而细致的商品价格组合策略。

（四）分类中的商品性价比

　　在组合商品时，分类中的商品性价比是一个重要的考虑因素。所谓低价，一般都是相对于竞争对手而言的，单纯的低价格与低品质带来的低价格是不同的。也就是说，同样是高露洁牙膏而比其他门店价格更低，这与提供竞争对手没有的芳草牙膏而带来的低价格是不同的。其给门店带来的意义是，在根据价格因素来选择分类中的商品时，要结合商品和品牌的价值和价格综合考虑。如果门店在大部分分类中，在与竞争对手一样的商品上给顾客提供了相对的低价格，与另外一家门店以选择低品质的商品而带来的低价格，这两者给顾客带来的感受是不一样的。相同商品的低价代表了门店的绝对价格形象，顾客会认为那里的商品比较便宜，而提供低质量的商品获得的低价格代表了门店的市场定位，顾客会根据自己的收入水平考虑去哪家门店购物。

四、商品结构的包装规格定位

（一）包装规格与需求的关系

　　在考虑商品的包装规格时，要先从营销角度考虑一个问题，即顾客购买某种包装容量是谁来使用以及如何使用的。比如，顾客购买 500 ml 的可口可乐可能是在路上解渴；而如果他购买了 2.5 L 的可口可乐，那么很可能是要拿回去与家人一起享用。顾客购买了 2.5 L 金龙鱼调和油可能是因为他目前是一个人生活；如果另一名顾客购买了 5 L 金龙鱼调和油，显然他家中有更多的人。从零售商的角度来看，在商圈内一般都会存在各种不同的顾客群体，不同顾客群体对商品有不同的使用目的。

（二）包装规格上下限的确定

门店在充分了解周围商圈的顾客后，首先需要考虑到各个分类中最小和最大的商品包装容量是多少，而最小和最大商品包装容量之间的空间构成并限定了顾客在这个分类中的选择宽度，也就是说顾客能够在这个分类中买到多少种的商品包装容量。而且，包装边界实际上也限定了目标顾客群体及其对商品的使用方式。如果一家便利店中没有销售 2.5 L 的可口可乐，那么其有可能将失去大家庭的顾客群体，当然，这也许刚好符合了便利店的经营定位。但是，如果便利店没有提供 500 ml 的可口可乐，那么其将失去在路上即饮的顾客群体。在门店的实际经营中存在许多与上述情形类似的实例。比如，某大卖场在复印纸分类中，没有提供 A4 规格 80 g 的商品，那么这家超市将失去希望购买高端办公耗材的顾客。因此，各个分类中的最小包装和最大包装在商品组织设计中非常重要，它直接限定了门店所希望吸引的顾客群体。

（三）不同包装规格的单品数量配置

门店还要考虑另外一个问题，即在各个分类中不同的包装容量应该引进多少商品。它将构成分类中顾客对商品选择的深度。如门店需要考虑在调和油分类中，选择多少件 2.5 L 包装的商品。如果这家门店附近的商圈中单身居民较多，那么 2.5 L 包装的调和油应该多选择几个单品；如果门店周边商圈内的大家庭的顾客比较多，那么 5 L 包装的调和油应该多选择一些。显然，门店要得到更加合理的商品选择深度，同样依赖于门店对周边商圈内顾客的了解。但是，门店在考虑各个包装容量下容纳多少单品时，必然有一种包装容量是顾客购买量最大的，那么它就是这个分类中的核心包装容量。

当然，门店应该在分类的核心包装容量及其类似包装上根据目标消费者喜爱的品牌以及陈列资源提供最多的商品数量，因为核心包装代表了大多数顾客最关心的商品类型，如果门店没有提供更多的单品数量，那么门店在这个分类上就失去了对顾客的吸引力，顾客会非常明显地感觉到商品的可选择性受限。而且，各个分类中包装容量的发展趋势也同样值得门店的关注。在很多分类中，尤其在一些食品分类中，大包装容量的商品变得越来越重要，不管是单独的包装容量增加，还是将原来的小包装组合成一个更大的包装。因为在一般情况下，大包装容量的商品为顾客带来了更高的性价比，顾客总是能从包装的增大中不断获得实惠，而供应商也往往由于销售大包装的商品而获得更大的销售额，当然这同样代表着更大的市场份额。使用大包装的商品延长了顾客的消费时间，也就减少了竞争品牌的使用量。当然对门店来说，大包装商品的销售也许并没有增加整个分类的营业额，但是，门店必须迎合这种包装发展趋势，因为这来源于顾客的需求。

即学即练

某门店瓜子小分类，有恰恰、徽记、大好大、阿里山、阿明、天喔等品牌，单品数有134个，一共陈列有三组货架，其中有一个品牌的煮瓜子有800g、500g、227g、150g、135g、100g、80g、50g等各种规格，请问合理不合理？请结合该练习进一步分析，在价格带定位中是否也存在此类问题，并进一步分析价格空间问题。

五、商品结构的品牌组合

（一）分类品牌的认知程度分析

对于每个分类来说，顾客并不完全是关注品牌的，而且顾客对各个分类中的品牌关注程度也不尽相同，这是个容易被很多门店忽略的事实。比如在很多非食品部门的各个分类中，如餐具、一次性纸杯等，大多数顾客在购买时并不特别关注品牌，即在这些分类中他们不会有强烈的品牌偏好。在另外一些如中性笔等的分类中，顾客在选择高端定位的商品时趋向于选择品牌，而在购买低端商品时并不是特别在意品牌。

顾客对分类中品牌的认知程度对门店的品牌组合有着至关重要的影响。如果在某个分类中，顾客缺乏对品牌的认知，也就是说顾客在购买此分类中的商品时不是非常关注品牌的差异，那么门店在这个分类中就应该考虑减少品牌的提供数量，而将商品组合的关注点放在商品的款式或者价格定位的区别上。

但是相反，对于消费者有强烈品牌认知度的分类，门店不得不考虑为顾客提供更多的品牌，这同样是消费者需求，具有强烈商业思维的门店不会做出其他的选择。那么，即便在某个分类中有多个品牌为顾客提供了完全一样利益的商品，门店仍然要全部选择它们，否则就会降低顾客的满意度，因为顾客认为虽然商品提供的利益是完全一样的，但是他们会对不同的品牌有各

动画：小分类品牌选择

自的偏好。比如，355 ml可口可乐和百事可乐从商品外观上来看并没有多大的区别，但是消费者更加看中的是两个品牌之间的不同含义，也许消费者会认为百事可乐更能代表时尚和年轻活力，那么门店必须认识到在可乐型饮料分类中，对顾客来说，品牌之间已经构成了最大的差异性，而不是商品的口味、包装和价格等因素。

（二）品牌的不同定位对品牌组合的影响

品牌定位是供应商品牌管理中的一个核心部分，品牌管理经验丰富的供应商将会给自己的每个品牌一个非常明确的定位，如定位于年轻时尚、沉稳老练、清新自然、技术领先等，它们就像一个个具有鲜明个性的个体。每个具有不同定位的品牌会专注于满足一个相应的消费群体的需求，或者叫细分市场，那么分类中的其他供应商在各自的品牌定位下服务于不同的消费群体，即不同的细分市场。当然，在某些分类中的某些细分市场上，经常存在具有同样定位的多个品牌，它们在争夺同一个消费群体。门店在每个分类中，尤其是其目标性品类中，都希望能满足更多消费群体的需求。那么，门店用什么来吸引不同的顾客群体呢？

具有不同定位的供应商品牌为门店提供了更多的机会，正是这些品牌吸引着具有鲜明特征的不同消费群体，零售商利用制造商品牌来吸引消费者光顾，引导他们对门店产生偏好。在某种程度上，制造商品牌就像组成门店定位的各种成分，把对应的消费者拉进卖场。因此，如果在门店商品组织中的一些分类中，缺少了某些定位的品牌，那么就会使其相应的那部分目标消费群体无法在门店中买到自己喜欢的品牌，门店很可能会失去这部分顾客。不同品牌有不同的定位，不同的定位意味着不同的目标消费群体。

（三）一线品牌、二线品牌和三线品牌的组合

不同的品牌有不同的市场地位，以快速消费品为例，大体可以分为三大类：一线品牌、二线品牌和三线品牌。一线品牌包括一些国际上一流品牌，诸如可口可乐、达能、雀巢、德芙等；也包括一些国内知名品牌，诸如娃哈哈、伊利、蒙牛等。一般来说，一线品牌的投资回报率不高，而且通常实行不退货政策。扣除仓储与配送成本、人员工资、制造费用、损耗及税金后，净利润并不高。但是，一线品牌具有多方面的优势：有强大的品牌支持，产品畅销，品牌商又提供庞大的终端市场维护队伍，经营这种品牌比较省心。二线品牌通常指的是具有较高的产品品质，没有大规模品牌运作，但提供主动、成熟渠道促销支持的品牌。二线品牌的投资回报率比较高，但是市场管理水平较低，也不完全合乎规范，对合作伙伴的要求较高。三线品牌知名度较低。一般通过对一些低收入人群或一些狭小的市

场进行定位，或用远低于同类产品一二线品牌的价格冲击市场。由于品质一般，且没有系统的市场策划，因此营业额一般不大，容易发生滞销的现象，退货量及损耗也较大；零售商需承担市场投入费用的风险；产品生命周期较短。

从以上分析可以发现，单独经营一线品牌，尽管无须担心销售额和销售风险，但收益不高，单独投资三线品牌每月收益是最高的，但是消费者认可度低。所以零售商需要对上述三类品牌分别选取若干个品牌进行组合经营，就可以将这三类品牌的优势进行互补，降低机会成本，实现最佳的收益和经营稳定性。一线品牌的任务主要包括：承担企业基本运营成本，保证企业正常运行；分摊二三线品牌的运营成本、工资及管理费用；一定的纯利贡献。二线品牌的任务主要包括：在一线品牌支付基本运营成本后，二线品牌成为利润的贡献主体；保证企业的正常生存，大大提高了企业抗击风险的能力。三线品牌的任务主要包括：有一、二线品牌作为后盾，三线品牌进一步提高利润率，只需注意损耗的控制即可产生较高的获利。三线品牌由于单品营业额很小，销售权重不能太大，否则容易因单品过多产生管理问题，反而降低获利能力。

（四）全国性品牌和区域性品牌对品牌组合的影响

门店在考虑分类中的品牌组合时，全国品牌和当地品牌之间的组合是第二个非常重要的因素。虽然门店在货架上经常同时陈列很多全国品牌和当地品牌，但是在进行商品组合设计和管理时，将它作为一个明确的考虑因素予以特别强调却未必是所有门店都能理解的。对于国内市场来说，这一点显得更为重要。国内各个区域的消费习惯有很大的不同。这些不同的消费习惯使国内市场出现了很多区域性供应商，他们了解当地的消费习惯，并能更好地开发和生产适合当地消费习惯的商品，以满足区域市场中的消费者需求，而他们的品牌就是当地市场上在此分类中的区域代表性品牌。

虽然由于供应商的战略、实力和企业经营能力等因素的差异，这些区域供应商并不都能成为全国性供应商，但是他们在当地的区域市场上却占有很大的市场份额，并拥有很多忠诚的消费者。在很多分类中，消费者对当地品牌的认可度非常高，这些当地供应商通过生产适应当地消费者需求的商品，经过较长时间的经营积累形成了一定的品牌价值，虽然这个品牌价值只是局限在某些区域内。

因此，门店在设计商品组合时，不应忽略或者遗忘这些区域性品牌，尽管它们在企业实力和品牌知名度上无法与那些分类中的大型全国性品牌相比。事实上，很多门店总是缺乏对当地区域性品牌的重视，忽略了对它们的专门管理，而更多地关注全国性的大品牌，这也是门店品类管理水平不高的体现，因为它们无法更加准确和细致地了解各个区域市场上顾客的需求。对当地区域性品牌的优先选择正是很多当地门店取得竞争优势的最佳机会，因为外资门店和全国性门店在短时间内无法像本地门店那样细致、准确地了解当地顾客的消费习惯和特征，因此很容易忽略对各个分类中当地品牌的选择，这样自然就会无意中流失很多顾客。

（五）零售商自有品牌战略

零售商自有品牌是指大型零售企业拥有的且由特定零售渠道所经营的品牌。当顾客对某个分类中的品牌认知度不高时，门店就有更多的机会引入自己的自有品牌。另外，即使某些分类中顾客的品牌认知度已非常高，当顾客对这个分类的价格非常敏感时，由于它们往往是那些与顾客的日常生活关系最紧密的商品，如油盐酱醋、洗衣粉等，这也为门店推出自有品牌提供了一个良好的机会。因为自有品牌的低价更容易获得顾客的青睐，从而门店有可能获取分类中的一部分市场份额。

实施零售商自有品牌战略是需要有一定条件的。首先要求零售商具有相当的规模和足够的实力。在实施零售商自有品牌战略过程中，零售商不仅要负责品牌的开发设计与管理，进行市场调查并确定产品项目，还要自行组织生产或委托厂家定牌加工生产、确定商品的价格和商品的市场促销策略，没有足够实力的中小型零售商是无力承担所有相关工作的。所谓相当的规模，是指零售商的经营面积、经营项目和销售量要达到一定的规模，只有具备相当的规模，才能体现出规模效应。其次，实施自有品牌战略要求零售商具有良好的商誉。良好的商誉是培养自有品牌的价值内涵中最重要的一部分，如果某零售商在消费者心目中树立起了良好的企业形象，具有相当高的商誉，那么该零售商创立的自有品牌从其诞生之日起就具备了名牌的许多特征，容易被广大消费者认可和接受。另外，零售商要选择恰当的商品项目。零售商应当选择最能凸显其营销优势的商品项目实施自有品牌战略，这些商品项目主要包括：时尚类商品、科技含量不高的非专业性产品、售后服务程度高的商品、保鲜与保质要求程度高的商品等。

行业洞察

国货品牌崛起

传承千年的陶瓷餐具、最新款电动水翼冲浪板……20 000平方米的展区内，1 200多个国内品牌精彩纷呈，另有国货精品馆面积达5 000平方米。在

2022年7月第二届中国国际消费品博览会上，一批国产消费品牌非常亮眼，它们的发展之路给人留下了深刻的思考。国货精品馆馆长说，国货精品馆紧跟"00后"消费新趋势，展示了国货从"中国制造"到"中国智造"的转变，彰显老字号传承与创新。

值得关注的是，我国制造业向产业链高端跃升，为国货崛起奠定基础。中国社会科学院发布的《2022国货市场发展报告：新媒介、新消费与新文化》指出，我国工业产业内部结构转型升级，制造业尤其是高端制造业占比快速增长。随着科研投入的加大，光伏、新能源汽车、智能家电、智能手机等重点产业跻身世界前列。

在"中国制造"向"中国创造"转变过程中，国货品牌的品质不断提升，涌现出很多原创品牌。这些品牌强调质量和设计，开拓了发展空间。例如，在户外运动用品领域，与价格不菲的国外大牌相比，国货品牌成为高性价比选择。思凯乐、牧高笛等本土露营品牌备受消费者青睐，这些本土品牌在产品设计上注重创新和个性化，以满足不同消费者的需求。例如，思凯乐品牌的水壶在设计中融入了冬奥和国潮元素，受到了消费者的好评。思凯乐成为2022年北京冬奥会和冬残奥会特许生产商。科大讯飞翻译机4.0在展会首发首秀，新产品支持83种语言在线翻译，能识别用户手势，实现"拿起就说、放下就译"。

国货品牌进一步拓展市场需要持续做好品质文章，要在工艺、服务等方面提高标准，让"中国制造""中国服务"成为品质的保障。做好品牌建设同样重要。不少国货承载独特的文化内涵，品牌传播要进一步适应受众特点，抓住年轻群体的特征和消费偏好。

同步测试

一、单项选择题

1. 如果每个小分类中的单品数量是无须管理的，那么必然会出现分类中的单品数量（　　）的现象。

　　A. 越来越多　　　B. 越来越少　　　C. 保持不变　　　D. 不能确定

2. 价格带的PP点是指（　　）。

　　A. 门店的最低价格卖点　　　　　　B. 门店的最高价格卖点

　　C. 门店的平均价格卖点　　　　　　D. 门店的最恰当价格卖点

3. 适合家庭消费的包装是（　　）。

A. 500 mL可乐　　　　　　　B. 5 L色拉油

C. 200 mL洗发水　　　　　　D. 2.5 L可乐

4. 区域性供应商与全国性供应商的差异不包括（　　　）。

A. 供应商战略　　　　　　　B. 供应商实力

C. 企业经营能力　　　　　　D. 市场份额

5. 对于目标性品类而言，与竞争对手相比单品数应该（　　　）。

A. 少于竞争对手　　　　　　B. 多于竞争对手

C. 与竞争对手持平　　　　　D. 无须参照竞争对手

二、多项选择题

1. 供应商导致零售商货架单品数量过剩的原因是（　　　）。

A. 供应商努力开发新产品满足消费者需求

B. 供应商模仿竞争对手开发的新品

C. 供应商不愿终止自己的老产品

D. 供应商为了占领竞争对手的货架空间

2. 对消费者来说，货架上处于衰退期的产品对消费者的影响是（　　　）。

A. 不良影响

B. 良性影响

C. 没有价值

D. 耗费了消费者的选择时间

3. 分类中的最高价格和最低价格意味着（　　　）。

A. 分类的价格入口有多大

B. 目标市场的跨度有多大

C. 价格形象的好坏

D. 商品整体价格的高和低

4. 零售商自有品牌战略需具备的条件包括（　　　）。

A. 相当的规模和足够的实力　　B. 适当的价格

C. 良好的企业形象　　　　　　D. 恰当的商品项目

5. 下列可以选择开发自有品牌的商品有（　　　）。

A. 时尚化商品

B. 售后服务程度高的商品

C. 保鲜与保质要求程度高的商品

D. 技术含量高的商品

三、简答题

1. 简述小分类单品数量确定的影响因素。

2. 简述人货匹配精准营销的基本方法。

3. 简述商品结构的价格带定位法。

4. 简述商品结构的包装规格定位法。

5. 简述商品结构的品牌组合定位法。

【学习目标】

素养目标

● 培养学生的动态思维，用发展的眼光看问题

● 增强学生对中国节日等中华优秀传统文化的认同

知识目标

● 熟悉门店分组背后的原因

● 掌握门店分组的常见方法

● 掌握门店分级的常见方法

● 熟悉商品需求年度变化的影响因素

● 掌握生活行事历的分析方法

● 熟悉上货波段和销售周期控制的经营理念

技能目标

● 能够基于门店目标客层及销售表现的差异进行门店分组

● 能够基于门店分级和门店分组进行品类结构的一致化/群组化调整

● 能够通过门店分组的形式平衡商品的敏感度和连锁的集采优势

● 能够根据生活行事历制定商品运营规划

● 能够合理规划商品的上货波段

案例导入

　　FF公司是一家总部地处东南沿海地区的连锁零售企业，目前该公司旗下有大大小小300多家门店，小王是商品管理部的品类主管，他把部门讨论制定做好的商品组织结构发给各位店长，征求一下反馈意见。结果各位店长意见各异。有的店长说："我的门店靠近高档社区，需要突出高端商品，目前看，相关商品太少了。"还有的店长说："我的门店靠近老年社区，需要突出有关老年人的营养品和保健品。"还有的店长说："我们这边购买力有限，价格带需要主打低端商品。"大家各说各的道理，都在坚持商品结构应该以自己商圈的消费特征为依据，可是这样一来管理的难度大大提高，无法发挥连锁经营标准化的优势，同时在和供应商谈判的时候无法发挥集中采购带来的低价优势，小王感到很困惑。在小王困惑的同时，FF公司开设在南京HJ大厦底商的HJFF购物广场的店长王总也在沉思。10月4日，来自西伯利亚的一股冷空气，突然之间席卷全国，南京也不例外。南京的市民早晨一出门感到非常寒冷，衣服还可以找去年穿过的应急，但是适应不了的是面部皮肤，去商场购买秋季护肤品的人抖然增多。可是由于前期温度一直接近20℃，HJ购物广场的洗护用品区大量充斥的是夏季护肤品，到目前为止几乎没有秋季护肤品。门店总经理王总迅速联系同在南京的50多家兄弟门店，看看是否可以临时调货，发现大家所面临的情况一样，唯一能做的就是迅速向总部分管洗护用品的品类主管小王阐述目前的困难与需求，要求总部快速配货。这样的情况已经不是首次发生了，一年总会发生好几次。小王一直在思考，想找出更好的办法来实质性地解决上述问题。

　　【引思明理】在连锁经营中，不同的商品组合可满足消费者对商品需求的地方化差异，但是这种理想状况仅仅适用于连锁门店规模十分有限的情况。对连锁门店数量较多的企业，不同门店使用不同的商品组合就变得十分困难。这是因为虽然这样做满足了消费者对商品的个性化需求，但是增加了企业的管理难度和管理成本，抑制了企业的持续扩张，在实际操作中难以实现。商品敏感度提升要求不同门店拥有不同的商品组合以满足消费者的地方化需求，但降低管理难度需要企业在不同门店使用同一商品组织结构表。不难看出，零售商需要一种工具来实现商品组合地方化需求和合适的企业管理难度之间的平衡，门店分组可以帮助零售商来实现这种平衡。门店分组要求零售商先根据区域的地理位置和人口的信息对门店进行分组，然后才能根据不同的门店分组进行地方化的商

品组合计划。至于商品调查不及时的问题，最好的解决办法就是预判
需求。

一、门店分组的方法

（一）门店分组的模式

如何来完成门店分组？零售企业对门店商品划分组群一般采用以下三种
模式：

1. 总部—层级计划

该模式是指零售企业的所有门店只有一个总部层级计划的相同的商品组
合。这种商品组合不能体现不同门店当地消费者的需求差异，其结果会导致
库存成本增加，销售额损失，产生更多的被迫降价行为。

2. 门店—层级计划

该模式是指每家门店根据自己区域消费者需求特征采用不同的商品组
合。这种商品组合过分强调和关注区域消费者需求差异的满足，形成了较多
不同的商品组合，使得总部很难有效地控制和实施。一家门店的模式不能作
为不同层级门店的样板，其结果会使人力成本上涨，总部对门店的管理失去
控制。

3. 门店群组—层级计划

该模式是指产生一个可以进行管理的、由一定数量的门店组成的统
一商品组合，门店群组所划分的不同计划群来提供有限的、能满足多数
消费者需求的商品组合。其结果是既可以满足不同区域消费者对商品的
喜好，也可以适当地控制人力成本，同时总部可以实现对门店的管理和
控制。

基于以上考虑，大部分零售商会选择门店群组—层级计划的模式来进行
管理。通常，进行精确的门店群组管理，需要考虑以下方面的属性信息：门
店位置/区域属性（市场驱动）；库存量/季节性；人口信息；地理/气候带。
此外，还需要考虑当地消费者的基本需求（需求驱动）。在地方消费者需求
方面，需要考虑以下因素：第一，品类在每个不同的门店所产生的业绩；第
二，不同的品类在不同的门店可以归入不同的组合；第三，通过对需求驱动
的分析，往往可以更好地平衡不同品类、不同商品在不同门店的被喜好程度
和库存，获得最优机会、保持最小库存。

（二）门店分组的传统方法

门店分组的传统方法是采用矩阵的分析方法，将不同的门店按不同区

域、大小或业绩的形式进行填充。

通过该方法可以简单地看出不同面积大小、不同规模和销售的联系，该方法提供了基本的信息和门店的简单划分层级，但不难发现，该分组方法并没有联系到实际的品类和品类中商品组合的数量。同时，该方法从零售业绩数据和零售的门店数据出发，没有考虑到本区域消费者需求和消费习惯，因此和实际情况往往存在一定的差距。

（三）以购物者为中心的门店分组

为门店分组，需要了解不同区域的消费者需求，进而把门店分组从传统的划分方式过渡到"以购物者为中心"的门店分组方式。过去，门店分组是营运主导型的——把店群进行分区，在分区内进行较为公平的门店对比分析，而不是用全部门店进行对比分析。随着大数据技术的日渐成熟，开始过渡到购物者主导型：贯彻"以购物者为中心"的理念，从战略、战术、策划到执行都能一脉相承。

二、门店分组的步骤

（一）数据准备工作

品类经理需要准备该品类长期的单店级别的业绩数据（如销售金额、销售数量等），并且数据中应该删除由于促销、季节性等因素而产生的销售业绩。

（二）按销售数量进行门店分组

根据该品类各细分类的业绩表现进行分组。这里使用的是按不同门店品类销售数量贡献率进行比较分组（见表1-10）。销售数量通常比销售金额更能代表消费者对产品的喜爱程度。

表1-10 不同门店品类销售数量贡献率

品类	门店	小分类1	小分类2	小分类3	……	累计
清洗类	1	15%	2%	8%		100%
清洗类	2	8%	10%	15%		100%
清洗类	3	15%	3%	7%		100%
清洗类	4	2%	5%	6%		100%
清洗类	5	7%	12%	16%		100%
清洗类	6	16%	3%	8%		100%
清洗类	7	6%	9%	13%		100%

续表

品类	门店	小分类 1	小分类 2	小分类 3	……	累计
清洗类	8	2%	6%	5%		100%
清洗类	平均	8.88%	6.35%	9.75%		100%

对于数据中的异常点，应该暂时排除在外，待门店分组确定以后对门店重新评估，再放入相应的门店组合之中。

为了提高准确性，利用销售数量属性进行分组后，还需要利用其他业绩属性来重新分组，比对分组是否有差异。如果有差异，需要协调改进，以便形成该品类最终的门店分组。有了门店分组，就可以根据细分类的业绩表现，将优化的产品组合分配到不同的门店组，满足门店商品组合的区域性需求。需要强调的是，门店分组工作因为涉及大量的数据分析和支持，手工门店分组只能顾及简单的分析层面，而很难结合门店分组的所有相关因素进行考虑，通常可以使用专业的信息化工具来辅助实现门店分组。

三、门店分级

与门店分组有关的另外一个概念是门店分级。门店分级是根据连锁企业的若干家门店所处的不同地理位置、不同功能定位，对门店进行分级管理，在商品组合的过程中有所侧重。

（一）形象店的定位与商品要求

树立形象店的目的一方面就是在特定的市场树立品牌形象，当然另一方面也是带动本品牌的其他门店在周边市场的销售，也有人称之为"旗舰店"。形象店可能盈利也可能亏损，其通常共有的特点是经营面积大、处于黄金地段、门店形象和服务水平代表了本品牌的最高水平。宽敞舒适且装修精美的大型门店，不仅为顾客提供舒适的购物环境，也能起到良好的品牌和广告宣传效果，有助于提高企业品牌形象的辐射与渗透力。对于形象店来讲，其一般拥有最好的位置，最新的货品、最好的员工。在这几个因素中，首先要注意的是位置的选择，也就是形象店开到哪里才能起到品牌推广、形象建设的作用。对于形象店而言，所规划的货品一般是最新的、最全的、最好的。

（二）销售店的定位与商品要求

在建立好形象店之后，企业就需要考虑第二类功能的门店。企业不能只推广品牌做形象，终究是要靠利润生存的，所以第二类门店出现了，它被称之为销售店。这里主要讲述销售店，而且是以正价销售为主的门店，可能面积未必大，形象未必很好，但是销售额很高。销售店在销售过程中，由于其销售额比较高，所以它的商品需求量往往非常大，而且主要商品齐全、数量充足，在商品的新颖上可以略低于形象店。问题在于按照正常的零售规律，门店不可能把所有的商品都卖出去，一般会有库存剩余。按照正常的15%～20%的库存剩余率来看，盘子越大，库存剩余的绝对值越大。因此，如果企业经营者做一次门店效益评估，便会发现，销售店往往没有获取利润，这种门店产生的库存过多。所以主力销售店越多，最后退回总部的商品会越多，由此应运而生了第三类门店，那就是专门处理库存的促销店。

（三）促销店的定位与商品要求

促销店往往不以销售正常商品为主，促销店的主要工作内容，就是处理销售店留下来的库存，当然这批货品往往还在销售季内，只是由于企业没有大量的商品去供应主力销售店，以保证它的完整性，出现了缺码断号等情况，这批商品要撤下来，撤下来后去向如何？放在库房里名副其实就是库存。但是如果企业在建立连锁网络系统的过程中，建立一些专门处理库存的促销店的话，退回的这些商品并没有退回库房，而相反进入到了促销店。这些促销店，目的就是消化库存，正常的促销店，对企业的库存处理起到正面的影响。

（四）网络店的定位与商品要求

在连锁体系中还有一种门店，既不是主力销售店，也不是旗舰店，还不是促销店，这种店被称之为网络店。这种店盈利的空间很小，但是不可或缺，原因是建立这种店的目的是抢占市场份额。毕竟零售店址或者说空间是一种稀缺资源。有些时候，网络店还可以与主力销售店进行互动配合，形成更强的整体竞争力。但是网络店也有基本原则，那就是尽量不能亏损，出于与竞争对手抗衡的维度，短期亏损可以考虑，但是出现长期亏损就要谨慎，看是否真的有利用价值，毕竟开店是为了盈利。对于网络店而言，对盈利的要求不高，商品配置水平介于销售店和折扣店之间，或者说更偏向于折扣店的商品配置。

（五）培训店的定位与商品要求

随着连锁体系的扩张，人力资源必然会成为问题，招聘的新员工不能马上适应工作，因此连锁企业需要一个人才培养基地，鉴于此，更强大的一个店产生了，这是门店的第五个功能。培训店的根本目的既不是盈利，也不是建立品牌形象，它是公司内部的一个培训基地，当这个店成型以后，可以源源不断地向其他门店输送经过严格培训的合格的店长、主管等，无论其他门店缺乏何种人才，都可以直接从培训店中直接抽调。在商品配置方面，培训店由于承载着员工培训功能，所以一定会有企业最新款的商品。

形象店侧重于树立品牌形象，销售店侧重于清库存，促销店侧重于变现赚取利润，网店侧重于占领市场份额，培训店侧重于人才培养。这五类门店各司其职，互相支撑，在连锁体系中应该建立好这五类门店。在现实中，各门店的分界线相对比较模糊，尽管在设立目标上各有侧重，但还是存在一定程度的重叠。也就是说，有些功能是可以考虑合并的，比如形象店和培训店可以合并，网络店和促销店也可以合并；但是，有些功能也不方便合并，如形象店与促销店。而且越是功能复合的门店，对店长的要求越高，这一点尤其重要。无论门店的功能合并与否，作为连锁企业一定要明确各类门店的功能，只有功能明确，才能在品类管理中做到有的放矢。

四、生活行事历认知

在商品规划方面，一定要预判消费者需求的变化，尤其是零售行业所针对的消费者需求很多时候是以年为单位的周期性变化，在这个过程中需要考虑商品的季节性和季节性商品有所区别。但是无论是哪一种情况，最核心的因素是消费者需求的变化，企业根据消费者需求的变化来调整商品结构。

（一）生活行事历

预判消费者需求变化的工具是生活行事历，企业需要提前梳理消费者细化到每年52周的年度生活行事历，基于生活行事历制订相应的MD（Merchandising）计划（即商品业态分布计划），并根据MD计划与供应商提前谈判签约，做好提前录入和商品上架的规划。在这个过程中尤其要注意跨区域的门店，由于南北方的变化时间不同，所以MD计划需要结合门店分组和地理区域进行微调。

生活行事历指将做事情的计划，按日期记录在日历上，形成的计划表。行事历多以日期或时间形式排列，在相应日期或时间周期处，列出计划的行动，也可以达成时序排列。生活行事历是消费者一年52周的所有生活动向。消费者的购买行为深受节令、季节、月份、天气等种种因素影响，因此如何把握这些机会，是店铺商品规划成功与否的关键之一。制作生活行事历必须明确如何把握销售时机，一般来说企业至少需要做如下分析：

1. 节令

节令常常是很好的"促销"时机，不可忽视，需准确把握以争取提高绩效。所谓的"节令"以三种类型来表示，即法定假日（元旦、春节、妇女节、清明节、国际劳动节、儿童节、端午节、中秋节、国庆节等），非法定假日（如重阳节、元宵节等）和民俗节令（七夕、冬至等）。

2. 天气

连锁企业门店受天气影响较大，这是因为门店经营是需要先有顾客上门，然后才有生意做，而一般的顾客一碰到恶劣的天气时，就不愿意出门，所以天气恶劣时，营业额往往降低。同时，一般顾客在不同的天气所购买的商品也会改变，如在下大雨、天气寒冷时希望买的商品是热食、热饮，而在天气酷热时希望买的商品则是凉食、冰品和饮料等。因此经营者对天气的变化要时时留意。

3. 季节

门店的促销商品大致上还是以生活用品为主，所以季节的更替所引起的天气冷热对于商品的销售产生立即性影响。除了将一年分为春、夏、秋、冬四季外，更需将其分为"暖季"及"寒季"，以作为商品销售时间调整的参考及确定重点销售商品的依据。比如，以经营食品为主的商店，则在寒季（11月至次年3月）以经营暖性商品为主，而暖季（4月至10月）以经营饮料、冰品、果汁等清凉食品为主。

4. 月份

"月份"是指一年中的12个月份，每个家庭在门店的消费，不管其性质或金额多少，皆会受到月份等因素影响，因此就会产生淡季与旺季。而门店如何在淡季提升业绩，在旺季如何使顾客买得更多，这些都是制订促销计划时所应考虑的问题。以9月份为例来分析：在8月底9月初的换季折扣优惠活动结束后，门店经营者大多会利用夏季和秋季交替之际，以改装、调整柜位等方式，让消费者产生新鲜的感觉。因此，秋装新品上市后，并不急于销售，而是侧重于柜位的宣传和流行信息的告知。不过，为了弥补业绩，很多门店在此时举办过季商品特卖会来吸引消费者。此外，传统的中秋节是另一个重点，推出时令礼盒、开展趣味活动，则是必备的基本活动。

（二）生活行事历应用

企业需要将一年分成52周，每周都要根据可能影响需求的因素，如公历、农历、二十四节气、自然环境变化、节假日、时事动向、生活动向、整体市场状况、区域市场状况等各因素，来分析对应周的消费生活动向，进一步推断所需商品的变化，以便确定企业年度的商品运营周期、企业活动提案、营销活动提案和业绩分配。

（1）分析生活主题。以9月份为例，9月份一般会考虑如下促销主题：中秋节礼品展销、开学季学习用品促销、敬老礼品展销、盘存商品大清仓、秋装上市、改装开幕、全店同庆等。

（2）列出该月份应该推荐的商品。还是以前文中的9月份为例，9月份可以考虑主推如下商品：① 中秋节商品，其一般会发行中秋礼品特刊，内容包括高档名店的手工月饼、葡萄酒、南北货、香皂礼品盒、餐具、瓷器、小家电等，并配有中秋烤肉串料、烤具用品来应景；② 过季商品，此时四季商品杂陈，不但有春夏商品最后出清，还有过季秋冬商品特卖；③ 新品。其通常以服饰、内衣、彩妆、保养品等流行度较高的新品为主上市，如服饰、内衣举办秋冬新款动态秀、彩妆举办秋冬咨询发表会；为提高试穿试用比率，还有秋冬新品体验会，凡试穿即送精美小礼。

（3）进一步列出该月份常开展的活动。

（4）完善每个月的生活行事历，进而制定年度行事历。

五、产品生命周期分析

（一）典型的产品生命周期曲线

不仅仅消费者的需求随着时间的变化而变化，产品本身也是随着时间的变化而变化，也有生命周期。产品生命周期（Product Life Cycle，PLC），是指产品的市场寿命，即一种新产品从开始进入市场到被市场淘汰的整个过程。产品要经历导入期、成长期、成熟期、衰退期四个周期。

1. 导入期

导入期是指产品从设计投产直到投入市场进入测试的阶段。新产品投入市场，便进入了导入期。此时产品品种少，顾客对产品还不了解，除少数追求新奇的顾客外，几乎无人实际购买该产品。生产者为了扩大销路，不得不投入大量的促销费用，对产品进行宣传推广。该阶段由于生产技术方面的限制，产品生产批量小，制造成本高，广告费用大，产品销售价格偏高，销售量极为有限，企业通常不能获利，反而可能亏损。

2. 成长期

当产品经过导入期，销售取得成功之后，便进入了成长期。成长期是指产品通过试销效果良好，购买者逐渐接受该产品，产品在市场上占有一席之地，并且打开了销路。这是需求增长阶段，需求量和销售额迅速上升。生产成本大幅度下降，利润迅速增长。与此同时，竞争者看到有利可图，将纷纷进入市场参与竞争，使同类产品供给量增加，价格随之下降，企业利润增长速度逐步减慢。

3. 成熟期

成熟期是指产品开始大批量生产并稳定地进入市场销售，经过成长期之后，随着购买产品的人数增多，市场需求趋于饱和。此时，产品普及并日趋标准化，成本低而产量大。销售额增长速度缓慢直至转而下降，由于竞争的加剧，导致同类产品生产企业之间不得不加大在产品质量、花色、规格、包装服务等方面加大投入，在一定程度上增加了成本。

4. 衰退期

衰退期是指产品进入了淘汰阶段。由于科技的发展以及消费习惯的改变等原因，产品的销售量和利润持续下降，产品在市场上已经衰退，不能适应市场需求，市场上已经有其他性能更好、价格更低的新产品，足以满足消费者的需求。此时成本较高的企业就会由于无利可图而陆续停止生产，该类产品的生命周期也就陆续结束，导致最后完全撤出市场。

在产品开发期间，该产品的销售额为零，企业的投资不断增加；在导入期，销售缓慢，初期通常利润偏低或为负数；在成长期，产品的销售额快速增长，利润也显著增加；在成熟期利润在达到顶点后逐渐下降；在衰退期，产品销售额显著减少，利润也大幅度下降。典型的产品生命周期曲线如图1-19所示。

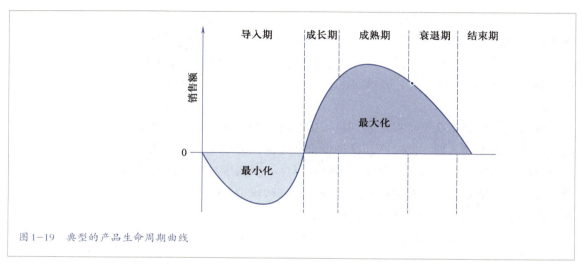

图1-19　典型的产品生命周期曲线

（二）特殊的产品生命周期曲线

并不是所有的产品生命周期曲线都是S型。特殊的产品生命周期包括风格型产品生命周期、时尚型产品生命周期、热潮型产品生命周期、扇贝形产品生命周期四种特殊的类型。

1. 风格型产品生命周期

风格型（Style）是一种人类生活中基本但特点突出的表现方式。风格一旦产生，可能会延续数代，根据人们对它的兴趣而呈现出一种循环再循环的模式，时而流行，时而不流行。风格型产品生命周期曲线如图1-20所示。

2. 时尚型产品生命周期

时尚型（Fashion）是指在某一领域里，目前为消费者所接受且欢迎的风格。时尚型的产品生命周期特点是，刚上市时很少有人接纳（称之为独特阶段），但接纳人数随着时间慢慢增长（模仿阶段），终于被广泛接受（大量流行阶段），最后缓慢衰退（衰退阶段），消费者开始将注意力转向另一种更吸引他们的时尚。时尚型产品生命周期曲线如图1-21所示。

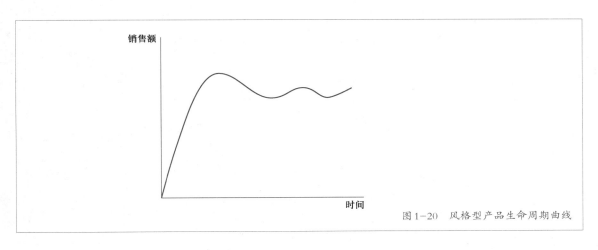

图1-20 风格型产品生命周期曲线

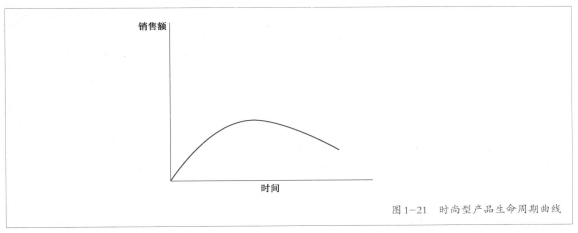

图1-21 时尚型产品生命周期曲线

3. 热潮型产品生命周期

热潮型（Fad）是一种来势汹汹且很快就吸引大众注意的时尚，俗称时髦。热潮型产品的生命周期往往快速成长又快速衰退，主要是因为它只是满足人类一时的好奇心或需求，所吸引的只限于少数寻求刺激、标新立异的人，通常无法满足更强烈的需求。热潮型产品生命周期曲线如图1-22所示。

4. 扇贝形产品生命周期

扇贝形产品生命周期主要指产品生命周期不断地延伸再延伸，这往往是因为产品创新或不时发现新的用途，其曲线如图1-23所示。

产品生命周期理论更多的是从产品本身的角度或者生产企业的视角，实际上对于连锁零售企业而言，既要考虑产品生命周期，也要考虑品类的生命周期，还要考虑产品的保质期等各种周期，这是因为这些周期都将对产品在店铺中的销售周期节奏控制以及不同销售周期的营销策略带来很大的影响。

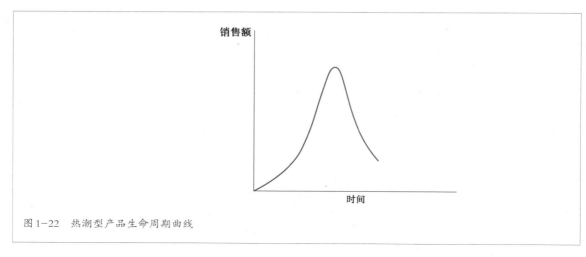

图 1-22 热潮型产品生命周期曲线

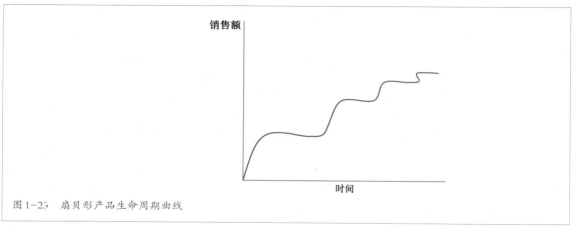

图 1-25 扇贝形产品生命周期曲线

六、商品上货管理

生活行事历的方法更多的是探究顾客一年的需求变化，并基于消费需求变化及时调整商品结构，尤其适合经营品类较多的零售业态制订年度商品计划。在具体经营过程中，连锁企业还需要结合产品生命周期等多种因素确定不同类别在不同地区上货的初始时间、新货上架时间和各个促销时间点，本教材以服装品类为例说明这一问题。

（一）商品上货计划

1. 上货间隔对商品品种的要求

上货间隔的长短与服装企业的开发力度有关。随着品牌竞争白热化，很多企业都在款式设计方面下大力度，有实力的服装品牌在一个季节（三个月）内分批上货的频率会很高，通过不断地更新产品来吸引消费者。一般来讲，上货的频率与每次上货的新产品品种成反比。

2. 时间推移对产品品种和价格的要求

随着时间的推移，消费者对新产品的期待和要求也会有所不同。以广州为例，劳动节是夏季开始后的第一个节日，所以人们会尽量多购买一些衣服。一般易于搭配、有一定新鲜感的服装即可，消费者对价格接纳度较高；而儿童节则处于夏季中期，这时夏季不同款式的产品已经上市很多，所以消费者购买趋于保守，对"新"的要求非常苛刻，只有款式新颖别致、价格实惠的产品才会得到认可。因此，对于上市计划中不同阶段的新产品，品类不同，设计要求有所不同。

3. 不同区域对产品上货的要求

不同区域由于气候差异较大，所需服装的厚薄也产生较大的差异，同一系列的产品在南方市场与北方市场的上市时间差别很大。比如，哈尔滨市场的冬季产品上市时，广州市场可能才刚刚上市秋季产品。在商品上货计划中，应对品牌每季产品开发数量与款式类别进行详细规划，在规划中充分考虑商品上市时间，以此来确定每一季度款量、上市时间，针对不同季节调整上市策略。

（二）商品上货方法

近年来，服装品牌较多采用"波段上市"的方法，它是指店铺根据产品的季节性等特征，或者根据不同的节假日分批次上市，而不是一次性把整个季节所有新品都上市。如果把所有的新品一次性摆出，前一两周产品可能很好卖，但越到后面营业额就越低，这是因为所有的货品摆放在店铺里，容易带来单品视觉表达所需的空间不足，很多产品不能通过好的陈列表现出来；而且当消费者了解新品的上货时间之后，在下一次上货之前就不愿意再来，这是因为在消费者看来，没有新品就意味着缺乏新鲜感。接下来的后果是导购员纷纷抱怨好卖的货都已经卖完了，剩下的都是不好卖的货，难以调动导购员的积极性，而且这种上货方法会出现导购员难以一下记住这么多产品特性等问题。而分波段上货，就可以避免这些问题，带来营业额总量的增加。

分波段上货会使营业额出现若干个高峰，例如，冬装可按初冬、元旦、春节等不同的几个时点上市，可以满足市场销售的延续性和新鲜感，而且"细化开发"的商品，可以用来满足市场因气候、渠道、区域消费差异的需求。一般来说，上货波段分为三类，集中波段（主要是第一波）、假日波段（针对节假日）和日常波段（日常上货）。

波段设置的关键因素是上市时间的控制，因为它影响着商品开发、货期、促销等其他程序的执行。例如，很多卖场都会选择在8月15日那天为秋冬装的上货时间，并且提前6～8天将货品挂上橱窗，可提前给消费者留下初步印象，也可吸引一些时尚的消费者。一般将量大的款式提前上货，但不能一次性拿出所有的款式，最多为20款。有专业人士分析，库存最大的款往往就是当初认为最好卖的爆款。因此，要提前把这些款放到消费者的眼前，观察消费者的反应。在展示的时间里，要落实好顾货率、触货率、询问率和试穿率等指标。

我国企业一般把夏装大致分成三个波段。从南方市场来讲：4月中旬至5月1日是一个上货波段，这个波段其实销售数量并不高，但是企业必须提前试探市场并做广告，给消费者留下推广期的好印象，以便消费者真正需要买服装的时候去购买；第二个波段是5月1日至6月底，这个波段是夏装的销售做强时间段；第三个波段是7月1日至8月中旬，在这个波段一些卖家会适当开展一些促销活动。表1-11为某服装品牌的波段上货计划。

表1-11　某服装品牌的波段上货计划

季节	上市时间	波段	销售	产品要求
春季	2月10日	第一波段春季产品	试探市场，概念款上货，提前做广告，进行市场推广	基本款与新颖的产品搭配，同时上货，体现企业的春季产品理念
	3月15日	第二波段春季产品	根据市场反应补充产品	准确体现本季节的潮流
夏季	5月1日	第三波段夏季产品	劳动节促销、吸引消费者概念款上货	产品系列中有新的亮点，体现企业的夏季产品理念
	6月1日	第四波段夏季产品	儿童节促销	与其他品牌相比，有自己的显著特色
	7月5日	第五波段夏季产品	夏季最后一次补充产品，为明年夏季试探市场	部分产品具有超前风格，可以更加创新和前卫
秋季	8月15日	第六波段秋季产品	试探市场，提前做广告，进行市场推广	新颖性的产品与基本款搭配，同时上货
	9月10日	第七波段秋季产品	根据市场反应补充产品，中秋节促销	准确体现本季节的潮流
	10月1日	第八波段秋季产品	国庆节促销	产品体现本品牌的理念和特色
冬季	11月15日	第九波段冬季产品	试探市场，概念款上货	保暖等功能性要求较高
	12月25日	第十波段冬季产品	元旦促销	产品需体现节日气氛
	1月10日	新年产品	年货促销	产品需体现节日气氛

同步测试 <<<<<<<<<<<<<<<<<<<<<<<<<<<<<<<<<<<<<<<<<<<<<<<<<<<<<<<<<<<<<<<<

一、单项选择题

1. 大部分零售商会选择的模式来进行管理（　　　）。

    A. 总部—层级计划　　　　　　B. 门店—层级计划

    C. 门店群组—层级计划　　　　D. 不能确定

2. 在门店分级管理中，用来给公司赚利润的是（　　　）。

    A. 旗舰店　　　B. 网络店　　　C. 培训店　　　D. 折扣店

3. 在门店分级管理中，用来给企业树立形象的是（　　　）。

    A. 旗舰店　　　B. 网络店　　　C. 培训店　　　D. 折扣店

4. 生活行事历应该按照（　　　）来制定。

    A. 一年4个季节　　　　　　　B. 一年12个月

    C. 一年24个节气　　　　　　　D. 一年52周

5. 季节性品类和品类的季节性之间的关系（　　　）。

    A. 没有关系　　　　　　　　　B. 是不同的概念，但是有雷同的地方

    C. 完全就是一个概念　　　　　D. 二者表达的意思相反

二、多项选择题

1. 在门店分组过程中，主要是为了平衡（　　　　　）。

    A. 商品组合地方化需求

    B. 消费者的需求

    C. 合适的企业管理难度

    D. 门店的商品供给

2. "以购物者为中心"的门店分组包括（　　　　　）。

    A. 评估门店的面积大小和销售业绩

    B. 将具有相似特征顾客的门店划为一组

    C. 识别每个门店的购物者特征

    D. 定义购物者细分方式

3. 总部—层级模式的缺点是（　　　　　）。

    A. 不能体现地方需求

    B. 库存成本增加

    C. 销售损失

    D. 产生更多的被迫降价行为

4. 门店—层级计划的缺点是（　　　　　　　）。

　　A. 增加了企业的管理难度　　　B. 增加了企业的管理成本

　　C. 抑制了企业的持续扩张　　　D. 弱化了连锁集采的优势

5. 一般来说，上货波段包括（　　　　　　　）。

　　A. 集中波段　　B. 假日波段　　C. 日常波段　　D. 补充波段

三、简答题

1. 简述连锁企业为什么要进行门店分组。

2. 简述门店分组的模式。

3. 简述门店分组的现代方法。

4. 简述如何制定生活行事历。

5. 简述商品上货管理的方法。

【学习目标】

素养目标

● 通过品类角色分工协作强化学生的团队意识

● 通过商品生命周期分析增强学生的创新意识

● 通过品类角色的精确计算培养学生的数据思维

知识目标

● 了解品类角色的概念

● 熟悉品类角色定位的意义

● 掌握品类角色定位的方法

技能目标

● 能够利用销售/利润矩阵进行零售商导向的品类角色定位

● 能够利用比例/频率矩阵进行顾客导向的品类角色定位

● 能够利用跨品类分析法进行品类角色定位

案 例导入

　　经过商品组织结构表的制定和单品配置，FF公司最终确定了前文所述地级市大学城门店的商品结构，接下来要给各个大类、中类、小类分配资源，制定目标。不同大类的负责人都认为自己所分管的类别对企业经营特别重要，希望公司予以足够重视，都想要好位置进行陈列展示，都希望多做几档活动，以及为相应的供应商提供更加便捷的结款。与此同时，在公司进行各项考核指标分解的时候，大家对利润、销售额以及库存的具体指标也有异议，总觉得给自己的考核不合理。为此小王也感到很迷惑，既然都是同一家门店所经营的商品，在资源的配置和考核指标的设置上就应该一视同仁，为什么对不同的部门要厚此薄彼呢？带着这些疑惑，他去请教非食品部的经理，经理回答说，要想确定资源分配，首先要确定好不同品类的角色，随后的操作就有章可循了，所以接下来要做的事情是品类角色定位。

　　【引思明理】零售商需要一个均衡的品类组合来实现整体利润目标和销售目标。这种均衡的组合能说明每一个品类是如何实现这些目标的。零售商可能会发现它不能使所有的品类都盈利，也不能让所有的品类都吸引消费者。尽管没有足够的吸引消费者来店的品类，也没有足够的盈利性商品来补偿那些做出贡献的品类，但零售商还是要尽力寻找平衡，以便让每一个品类都应该为经营做出最大程度的贡献。品类角色定位便是研究如何对品类进行分工，给予其不同的角色与衡量指标，从而推动商店实现其经营目标。品类角色是品类管理的灵魂，品类角色决定了零售商整体业务中不同品类的优先顺序和重要性，并决定了品类之间的资源分配。但是，如果零售商在定位各个品类角色的过程中发生了错误，将会导致零售商的资源投向对象发生错误，而大大降低资源的利用效率，当然最终的结果还会导致顾客对零售商的品类组合不满意，从而造成顾客流失。因此，品类角色的定位是品类管理中一个非常重要的环节，如果品类角色定位出现了错误，将导致后续的品类管理工作走上错误的道路。不同的零售商会从不同的角度进行品类角色的界定，例如零售商角度、顾客角度、市场角度以及多种因素的综合考虑。

一、品类角色的定义

　　在地球上，生活着一种渺小而神奇的动物——蚂蚁。它们群居而生，协力而作。在由数以万计的蚂蚁组成的社群里，大家分工有序：工蚁建筑蚁冢、采集食物、饲育幼蚁等，兵蚁御敌，蚁后繁衍后代……一切都显得那样井然有序，成员间的配合娴熟自如。小巧的蚂蚁通过明确的分工与协作，以灵巧的方式搬运"庞然大物"，让人感觉妙趣横生，同时给人以无限启迪：零售商经营的品类多达四五百个，每个品类单独看来，在卖场中都像一只不起眼的蚂蚁，如何能让它们像蚂蚁一样分工明确、承担不同的责任，从而推动整个卖场的成功呢？

品类角色便是研究如何对品类进行分工，给予其不同的角色与衡量指标，从而推动门店这个"庞然大物"不断前进的方法。品类角色是品类管理的灵魂。品类角色是零售商根据自身的战略，运用一定的方法和衡量标准决定一个品类在门店所有品类中扮演的角色。品类角色决定了零售商整体业务中不同品类的优先顺序和重要性，并决定了品类之间的资源分配。

二、品类角色定位的方法

在品类角色定位上，最常用的方法有四种：零售商导向的品类角色定位、市场导向的品类角色定位、顾客导向的品类角色定位、跨品类分析的品类角色定位。

（一）零售商导向的品类角色定位

零售商导向的品类角色的方法之一是销售/利润矩阵，它是根据品类对零售商销售额和利润率的贡献来确认它们的角色的一种方法，如图1-24所示。

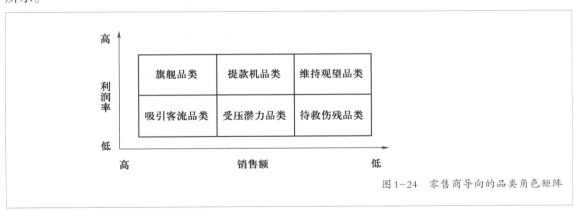

图1-24 零售商导向的品类角色矩阵

品类角色矩阵根据零售商的平均毛利率，将毛利率划分为高和低两个层次，同时将零售商销售额排名中前50%、30%和末位20%作为标准分为高、中、低三个层次。借此，品类角色被划分为六种类型。六种品类角色的特点如表1-12所示。

表 1-12　销售／利润矩阵品类角色特点

品类角色	特点
旗舰品类	销售额大、毛利率可观的商品，对企业销售业绩贡献大
吸引客流品类	对销售额贡献大，但毛利率偏低的商品，起吸引客流作用
提款机品类	高毛利率、销售额一般的品类，是吸引客流的毛利补偿品类
受压潜力品类	毛利率和销售额都一般的品类，受到来自其他商业形式或本类商业内的竞争；要求零售商或者巩固地位，或者成为主要的便利供应商
维持观望品类	高毛利率、较低销售额品类，可能具有一定的成长潜力
待救伤残品类	毛利率和销售额都偏低，是可能被替换的品类或主要品类的补充，数量的减少对零售商来说不重要，能提供增加利润的机会

该定位方法的特点是：从零售商过去自身的销售数据去考虑，可以有效地列出零售商的全部品类组合，且难度较低，比较快捷、方便，有一定的指导意义。另外，不同角色的品类应该有一个比例，零售商不能让所有的品类都成为吸引客流品类，也不愿意看到太多的待救伤残品类和受压潜力品类，一旦出现零售商不愿意看到的情况，零售商可能希望通过提高某一品类的销售额或毛利润将一种商品放入另一角色框中。但是该定位法忽略了消费者的需求以及市场发展的需求，有一定的被动性。

零售商从商品经营功能角度，可将所有品类归纳为五种不同的品类角色：人气品类、客单价品类、销售额品类、利润品类和形象品类。

例如：生鲜超市中，生鲜食品的购买频率要远远高于其他品类，而不断来超市购买生鲜食品的顾客也会购买其他品类的商品，因此，生鲜食品品类对零售商来说具有非常重要的意义，是其人气品类。客单价品类是指那些单价较高的商品，可以为零售商带来更高的每次购买金额，如棉被的平均单价一般在100元以上，它可能是碳酸饮料单价的几十倍。销售额品类是指能带来高周转率的品类，如碳酸饮料的周转率往往很高，它们每月可能要周转5次，但是棉被品类一年仅需周转两次，最终碳酸饮料品类自然会给零售商带来更大的销售额。利润品类为零售商提供了更高的毛利率，例如，进口商品的周转率虽然不高，但是毛利率却较高，很小的销量就可以轻松地为零售商创造很高的毛利率。此外，还有一些品类是为零售商建立价格形象的，如大卖场中的鸡蛋和大米品类，零售商并不依靠这些品类获取高额利润，它们往往是为了给门店树立较好的价格形象，吸引顾客到此购物而存在的。

即 学即练

在服装专卖店也有经营功能角度的品类角色定位，下面给出常见的服装专卖店品类角色，请大家做进一步的功能分析，填写表1-13。

表1-13　服装专卖店品类角色功能分析

品类角色	
四季款	
形象款	
精品款	
配饰款	
狙击款	

（二）市场导向的品类角色定位

销售/利润矩阵主要是针对零售商的自身数据进行商品表现的分析。为了更科学地做出商品的淘汰与保留决定，必须参考商品在市场上的表现。以商品在门店的表现为横轴，以商品在市场的表现为纵轴，可以绘出如图1-25所示的商品表现象限分析图，将品类分为四个部分。

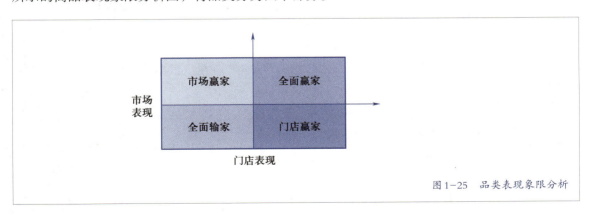

图1-25　品类表现象限分析

1. 全面赢家

全面赢家是指在市场和门店的表现均优于平均水平的品类。这部分品类的商品往往是销售利润前20%的商品，是门店必须高度重视的一部分商品。

2. 门店赢家

门店赢家是指在门店的表现优于平均水平，但在市场的表现较差的品类。这部分品类有可能是门店的自有品牌，也有可能是门店投入了过多资源使其表现超常的品类。例如，某零售商将30%的货架资源和一半的货架外堆头卖给了某卫生巾品牌，使该品牌的销售额跃居零售商首位。这部分商品需要得到关注，因为它的超常表现很可能带来主力品牌销售额的下降，从而导致整个品类销售额的下降。这部分品类还可能是商店的目标性品类或差异化品类，需要进行分析以确定其真实状况，并制订下一步销售计划。

3. 市场赢家

市场赢家是指在市场上的表现优于平均水平，但在门店的表现较差的品类。市场赢家品类由于有较好的群众基础，是很有潜力提高销售量的，是商店的机会品类。对市场赢家品类，需要找出其在门店表现不佳的原因，从而提高这部分品类在门店的表现。市场赢家象限中有一种极端情况，即市场表现优于平均水平但在门店的商品列表中却不存在的品类，也就是零售商没有销售的品类。对这部分品类，零售商可考虑作为新品引进。

4. 全面输家

全面输家是指在市场和门店的表现均落后于平均水平的品类。这部分品类是可替换性品类。落在该象限的品类可能是新品，也可能是由于各种原因脱销的品类。对这种具有特殊原因的品类，要适当考虑给它们更长时间的表现期，以公平地评估其真实水平。

（三）顾客导向的品类角色定位

关注消费者的需求是品类管理的本质所在，根据经营商品的普及程度和购买频率对品类进行角色定位，是顾客导向的品类角色定位方法。通常利用普及程度和购买频率这两个指标作为矩阵的两个维度衡量商品品类角色，如图1-26所示。其中商品的普及程度是指在一年内购买某品类商品的消费者占比，是该商品的覆盖度；购买频率是指某品类商品每年被购买的平均次数。

比例/频率矩阵法划分的品类角色特点如表1-14所示。

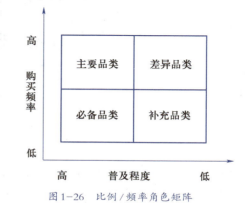

图1-26 比例/频率角色矩阵

表1-14　比例/频率矩阵法划分的品类角色特点

品类角色	特　　点
主要品类	关键的品类，普及程度和购买频率都较高；具有高度的价格敏感性
差异品类	购买频率高，但不具备一定普及程度的商品，是目标顾客的重要商品，价格仍具有敏感性
必备品类	具有高普及程度的商品，尽管购买频率较低，但必须保证随时有货
补充品类	满足部分顾客的需求，是品类的补充，价格敏感性低

　　顾客导向的品类角色定位的特点是：从顾客角度分析品类的角色和功能，顾客购物习惯的变化必然带来零售门店品类角色的重新定位。零售商要关注消费者购物习惯的变化，采用科学的分析方法获得顾客购买频率及商品在目标消费群体普及程度的数据以决定其品类角色定位。

即学即练

　　请收集资料并结合生活常识，分析讨论开设在中小学附近的书店，它所经营的商品结构一般如何进行品类角色定位，并填写表1-15。

表1-15　中小学书店品类角色定位

图书种类	角色定位
教辅类	
少儿文学类	
生活常识类	
学习文具类	
体育用品类	
饰品、玩具类	

（四）跨品类分析的品类角色定位

　　跨品类分析法的本质也是一种以顾客为导向的品类角色定位方法，是一种被普遍应用的较为全面的划分品类角色的方法。此品类角色的定位方法的优点是：对品类定位比较全面，既考虑到了顾客的需求，又考虑到了零售商的需求，也不忽略市场发展的需要，是一种比较科学、合理的定位方法。根据跨品类分析法，零售商的品类通常被分成四个单元，即目标性品类、常规性品类、季节性/偶然性品类和便利性品类。

1. 目标性品类

目标性品类是门店的标志性商品，一想到该品类时，顾客首先会与本门店联系到一起，购买此类商品时会将这家商店作为首选，甚至愿意花费更多的时间与精力前来购买。目标性品类的特点是：

（1）门店在该品类上具有优势。

（2）对目标顾客群而言，门店是该品类的主要提供者。

（3）该品类代表门店的形象；

（4）门店在该品类上拥有比其他品类更多的资源。

目标性品类对门店及目标顾客的重要性，决定了零售商在确定其目标性品类时要慎重。首先，应根据目标顾客群的需求特点选择；其次，应选择有较丰富供货资源及独特品质的商品；最后，目标性品类的形成不能只依靠较低的价格，还需要配合公司形象的宣传。通常零售商会在目标性品类中为顾客提供最全面的服务，并希望在这些品类中建立自己在市场上与众不同的差异性。

目标性品类不是越多越好，基本上占据门店品类的5%～10%即可。因为目标性品类通常会提供低于竞争对手的价格，这会降低企业的毛利率；同时目标性品类耗费零售商较多的精力，还要有方便顾客记忆等特点，因此也需要适量。

2. 常规性品类

门店中用来吸引客流、抵御竞争、满足消费者多方面需求并能带来一定利润的品类称为常规性品类。例如，大卖场中经营日化产品、家居用品等，以满足消费者不同的购物需求，从而为门店奠定利润基础。

常规性品类具有以下特点：

（1）门店是该品类的普通提供者。

（2）该品类是消费者每日需要的重要品类，该品类的提供提高了门店的整体形象。

（3）该品类能平衡销售量与毛利等生意指标。

（4）该品类的销售及利润占比与其所获得的相关资源比较接近。

常规性品类在门店内占有的比例较高，如果该品类不全，可能会降低门店的整体形象。常规性品类基本可以看作相同业态零售商都共有的，向顾客提供与其他竞争对手相同的商品或服务，满足消费者多方面需求的品类，占所有品类的60%～70%，它们的经营程度直接影响到门店能否持续、稳定地发展，能否长期保持对目标性品类的投入。例如，一般的大卖场不愿意在夏季为碳酸饮料提供更多的冰柜位置，这是因为它们很清楚在碳酸饮料品类中建立竞争的差异性是没有意义的，便利店是顾客在夏季购买碳酸饮料的主要渠道，所以他们希望留出更多的促销位置给其他目标性品类。所以碳酸饮料就是大卖场的常规性品类。

3. 便利性品类

便利性品类是为了满足购物者一次性购足商品的需求而增加的品类，在满足顾客需求方面起到锦上添花的作用。对门店来讲，其数量不多，销售额不高，其主要指标是产生利润。

便利性品类具有以下特点：

（1）满足一站式购物的需求。

（2）满足补充性购物的需求。

（3）提高利润和毛利。

便利性品类通常占所有品类的10%～15%。近几年，随着零售商对顾客了解的增多及对商店产出需求的提高，便利性品类的经营越来越好。如超市中的书刊、鲜花礼品等。

跨品类分析法因其考虑因素全面，目前被门店普遍采用。该品类角色的划分直接影响到该品类在门店所能够得到的资源。品类角色不能单凭直觉来确定，也不能用简单的销售占比法来确定，通常遵循一定的原则。购买频率较高、数量较大的品类和有较高的购买家庭比例的品类一般被指定为目标性品类或常规性品类。两者的区别是目标性品类是被零售商认为有自身优势而易于与其他零售商相区别的品类。购买频率低但购买家庭比例较高的品类或与季节/假日有关的品类常常被指定为偶然性/季节性品类。如果购买家庭比例低，或者顾客主要从其他渠道购买该种品类，那么这种品类通常易被指定为便利性品类。

4. 季节性/偶然性品类

季节性/偶然性品类是指那些不经常销售，只是由于季节性的需求而出现在店内的品类，但是某个时期门店的重点经营商品，也是该期门店利润增长点。门店中会选择主要位置，投入较多人力、物力配合季节性/偶然性品类经营。例如，大卖场只在中秋节前后的一段时间内才引进月饼品类，并提供货架空间和各种促销支持，而在其他时段则从货架上彻底取消月饼品类。洗发水、婴儿纸尿裤、沐浴露等产品虽然也随季节有所变化，但其变化并不会对零售管理造成重大影响，所以不是季节性品类。偶然性品类是指零售商不定期销售的商品，它们没有固定的货架陈列，只是某个时期，因为有利可图而短期销售，很可能只是利用端架或货架外陈列进行销售。例如，某中型超市以销售食品和杂货为主，入夏以后，低价引进一批电风扇，便在商店入口处进行短期销售，售完即止。

动画：季节
性品类的管
控

季节性/偶然性品类的特点是：

（1）该品类在某个时期处于领导地位。

（2）该品类能提升零售店在目标顾客群心目中的形象。

（3）该品类给目标顾客群提供频繁的、有竞争力的价值。

（4）该品类在利润、现金流和投资回报率方面处于次要地位。

由于季节性/偶然性品类的临时性，它们通常没有固定的位置，多在主通道、端架、堆头或者网篮进行陈列销售。季节性/偶然性品类在门店基本上占据品类的10%。

对品类角色的划分要特别注意，不同企业对同一品类可能定义为不同的品类角色。如广州王府井的北京特色产品。由于王府井的集团优势，以及王府井在消费者心目中的形象与定位，广州王府井的北京特色产品成为广州的消费者购买北京特色产品时的首选，由此成为广州王府井的目标性品类。而在广州的其他零售商，多半不会将北京特色产品作为其目标性品类。

案 例分析

不同角色的品类不宜直接竞争

深圳有两家卖场，相距不到50米。一家是拥有两层楼的近2万平方米的大卖场，一家是以经营食品、日化为主的仅500平方米的小型超市。在大卖场中，有一个专门售卖婴儿产品的区域，其中包括多品种的婴儿食品、婴儿服饰、婴儿玩具及婴儿纸尿裤。该区域做了专门的装饰，风格活泼欢快。很显然，该大卖场将婴儿用品作为其目标品类之一。旁边的小型超市也售卖婴儿纸尿裤，但品牌和单品数都较少，仅能作为便利性品类。在某次促销活动中，大卖场选择帮宝适婴儿纸尿裤进行低价促销，小超市知情后马上进行变价。用其作为便利性品类的婴儿纸尿裤与大卖场作为目标性品类的婴儿纸尿裤进行竞争，其结果可想而知。大卖场因该促销获得了帮宝适及婴儿纸尿裤的大幅增长，小超市不仅销售量下跌，而且损失了利润。全面跟价是目前不少零售商的价格策略。在进行跟价时，必须考虑双方的品类角色。

三、品类角色的确定

品类角色的定位非常重要，它决定了零售店在消费者心目中的形象，决定了零售店的投入与产出比。但是如果零售商在定位各个品类角色的过程中发生了错误，将会导致零售商的资源投向发生错误，而大大降低资源的利用效率，当然最终的结果还会导致顾客对零售商在各个品类中提供的服务不满意，而失去顾客。因此，品类角色的定位是品类管理中一个非常重要的环节，如果品类定位出现了错误，那么将导致后续的品类管理工作走上错误的道路。除了季节性品类因为有明显的特征，而很少会出现定位错误外，对其他品类角色的定位并不是一件轻松的工作。事实上，对品类角色的定位需要一个综合而复杂的考虑过程。

究竟如何确定品类角色呢？通常着重考虑四方面因素，即品类对购物者的重要性、品类对零售商的重要性、品类对市场的重要性和品类对竞争者的重要性。

（一）品类对购物者的重要性

品类对购物者的重要性主要通过购物者的购买频率分析来确定。顾客购买频率越高，则认为该品类对购物者越重要。顾客购买频率较高的品类其经营好坏，直接影响到一位顾客对于一家门店的忠诚度，也决定了门店客流量的多少，因此对于购物者的购买频率的分析非常重要。

购物者购买频率分析需要通过购物者调查来获得。零售商可通过多渠道获得此信息，如可通过品类顾问做相关品类购物者调查，也可从品类中处于领导地位的供应商处获取信息，还可通过销售量的多少来简单衡量购物者购买频率。若零售商有会员卡服务，则可通过会员购物信息来获取相关信息。

（二）品类对零售商的重要性

品类对零售商的重要性是指该品类在商店的销售贡献，包括销售额排名和利润排名。对零售商来讲，品类是其经营的对象，依据其经营目标及经营定位的不同，其对商品的品类角色定位也是不同的，反过来品类对零售商的重要性自然不同。这是同一品类可能在不同零售商处扮演不同角色的主要原因。

衡量品类对零售商重要性的指标是销售额和利润。可以根据零售商的目标，给销售额和利润一个权重，从而得出品类对零售商重要性的排名。

（三）品类对市场的重要性

品类对购物者的重要性和对零售商的重要性是基于目前的数据，反映的是目前的状况，而品类对市场的重要性则是品类在未来的发展方向。

品类对市场重要性的衡量指标是品类增长率。该数据可以从供应商处获得，也可以从市场调查公司（如AC尼尔森）获得。如果两种途径都没有，可以考虑采用零售商过去几年该品类的平均增长率，但可能会有一定的偏差。例如，衣物柔顺剂品类是一个每年以超过20%的速度增长的品类，但在某些零售商处，由于重视程度不够，增长率可能很小，甚至呈负增长。如果只用零售商自己的数据进行判断，便丧失了在该品类上的发展机会。

（四）品类对竞争者的重要性

为了应对竞争，就需要对竞争对手的品类角色有所了解。在没有足够数据的情况下，可以用观察法来粗略地确定。主要通过对竞争对手的巡店，所要观察的方面包括单品数量、陈列面的大小、品类的宽度和深度、价格的竞争程度、促销的频率等。例如，某商店酒类品种较一般零售商多，陈列货架和装饰也很独特，促销品种包装独特，可以看出该零售商在酒类上较其他零售商花费了更多的心思与投入，希望购物者对该店酒类商品有深刻的印象。所以该零售商很可能将酒类定为他们的目标性品类之一。

对以上四个方面进行定性分析的同时，也可运用定量分析方法，表1-16列举了一些指标和分析方向。

表1-16　品类重要性指标

问题	建议的定量分析指标	建议的定性分析指标
该品类对消费者来说有多重要？	消费者每年的支出 购买家庭的比例 消费者的购买频率	该种商品是必须购买的吗？ 该种商品的购买对消费者的生活方式影响大吗？ 近期会有影响该种商品重要性的因素吗？ 在消费者心目中，零售商对该种商品的提供与其竞争者有区别吗？
该品类对零售商来说有多重要？	商品收入 商品毛利润率 收入／平方米空间 毛利润／平方米空间 收入／笔交易	该种商品能提供提高消费者忠诚度的机会吗？ 对该种商品的首要需求容易满足吗（即对该种商品来说，是否买的人越多，消费得越多）？ 该种商品能平衡零售商的优势吗？ 该种商品对公司或部门的战略重要吗？
该品类对市场来说有多重要？	市场份额的发展 市场层面的商品增长趋势 消费趋势	在竞争中是否低估或高估了该种商品的重要性？ 竞争者是否有可能应付促销和销售计划的变化？

定义品类角色并不是一蹴而就的，零售商做完一次品类的定位后也是不能一劳永逸的。实际上，品类的定位在零售商的日常经营中需要不断进行调整，也就是说，零售商定期对品类角色进行重新定义是非常有必要的，而且这是品类定位中更加重要的工作内容。这是因为影响品类定位的因素——消费者的购物习惯、品类所在行业的生命周期、品类在零售商内部的表现和竞争对手经营策略，是不断变化的。在经验丰富的零售商理性的经营中，品类在零售商内部的表现更多的是由消费者的购物习惯和品类所在行业的生命周期决定的，因此，影响品类定位不断变动的根本因素是消费者的购物习惯和品类所在行业的生命周期。

比如，某个城市中的顾客不习惯于在大卖场购买蔬菜，那么大卖场试图在蔬菜品类中投入更多的资源而建立差异性就是不当的行为，将蔬菜作为便利性品类将更加明智。如果在国内一些比较发达的城市中，顾客已经习惯了在大卖场购买肉类，而很少去农贸市场购买，那么从顾客的购物习惯角度来看，肉类已经成为大卖场的目的性品类了。因此，作为大卖场业态的零售商为肉类提供更多的设备和高技术的员工，可以建立自己与其他竞争对手的差异性，就会为零售商带来更多的顾客。

 例分析

某大卖场日化部门的品类角色定位

商店应该是对所有的品类进行分析，从而得出商店的品类角色。也可以将该概念应用到部门甚至品类内部，作为资源配置的参考。例如，在口腔护理品类中，牙膏的渗透率很高，而且口腔护理产品购物者中只买牙膏的消费者高达64%，所以它是目标性的子品类。牙刷是满足消费者口腔护理需求所必需的，所以可以看作常规性子品类。而漱口水、牙齿美白产品是满足口腔护理更高层次需求的，可以看作便利性子品类。

在该案例中，为了更好地分配日化部门的资源，我们对日化部门采用品类角色的定义方法进行了分析。涉及的品类包括妇女卫生用品、纸尿裤、洗发水、卷纸、身体护理、口腔护理、婴儿护理、定型和染发用品、纸巾、护肤用品、药品、护发素、男士用品、脸部护理、美容品、美容附件及节日促销品。考虑到数据的保密性，以下所有数据均有所修改，不代表实际情况。

1. 品类对购物者的重要性

根据品类的购物频率进行排名，以确定品类对购物者的重要性，如表1-17所示。

表1-17　品类对购物者的重要性

品类名称	购物频率排名
口腔护理用品	1
身体护理用品	2
妇女卫生用品	3
卷纸	4
纸巾	5
洗发水	6
护肤用品	7
婴儿护理用品	8
脸部护理用品	9
药品	10
定型和染发用品	11

续表

品类名称	购物频率排名
纸尿裤	12
护发素	13
男士用品	14
美容附件	15
美容品	16
节日促销品	17

2. 品类对零售商的重要性

根据零售商的实际情况，将对零售商贡献的权重定为利润额40%、销售额60%，即对零售商的贡献=利润排名×40%+销售额排名×60%。贡献排名作为品类对零售商的重要性，如表1-18所示。

表1-18 品类对零售商的重要性

品类名称	利润占比/%	利润排名	销售额占比/%	销售额排名	对零售商的贡献/%	贡献排名
妇女卫生用品	16.71	3	14.17	1	1.80	1
身体护理用品	23.06	2	13.65	2	2.00	2
口腔护理用品	23.79	1	10.81	4	2.80	3
洗发水	4.46	6	12.59	3	4.20	4
卷纸	10.93	4	7.32	6	5.20	5
护肤用品	4.09	7	11.67	4	5.20	6
纸巾	5.77	5	4.28	10	8.00	7
脸部护理	2.00	9	4.55	9	9.00	8
纸尿裤	1.12	12	4.77	7	9.00	9
定型和染发用品	1.39	11	4.63	8	9.20	10
婴儿护理用品	2.54	8	3.80	11	9.80	11
药品	1.42	10	0.97	16	13.60	12
护发素	0.87	13	2.04	14	13.60	13
美容品	0.36	16	2.15	13	14.20	15
男士用品	0.80	14	1.90	15	14.60	16
美容附件	0.64	15	0.68	17	16.20	17
节日促销品	0.04	17	2.38	12	14.00	14

3. 品类对市场的重要性

品类增长率越高，品类对市场的重要性越高，如表1-19所示。

表1-19 品类对市场的重要性

品类名称	品类增长率/%	品类增长率排名
纸尿裤	17.2	1
婴儿护理用品	17	2
护发素	8.15	3
美容品	5.08	4
妇女卫生用品	4.01	5
面部护理用品	3.96	6
身体护理用品	3.57	7
纸巾	3.1	8
药品	3	9
洗发水	2.45	10
护肤用品	2.24	11
定型和染发用品	2.15	12
口腔护理用品	2.11	13
卷纸	2	14
男士用品	1.9	15
美容附件	1.8	16
节日促销品	1.7	17

4. 确定品类角色

确定品类角色前，首先要确定品类对购物者重要性、品类对零售商重要性和品类对市场重要性的权重。根据零售商的状况，设定品类对购物者重要性的权重为40%，品类对零售商重要性的权重为40%，品类对市场重要性的权重为20%，即品类指数=品类对购物者重要性×40%+品类对零售商重要性×40%+品类对市场重要性×20%。结果如表1-20所示。

表1-20 确定品类角色

品类名称	品类指数	品类指数排名	品类角色
妇女卫生用品	2.6	1	目标性
身体护理用品	3.0	2	目标性
口腔护理用品	4.2	3	常规性
洗发水	6.0	4	常规性
卷纸	6.4	5	常规性

续表

品类名称	品类指数	品类指数排名	品类角色
纸巾	6.4	6	常规性
护肤用品	7.4	7	
面部护理用品	8.0	8	
婴儿护理用品	8.0	9	
纸尿裤	8.6	10	
药品	10.6	11	
定型和染发用品	10.8	12	
护发素	12.0	13	
美容品	13.2	14	便利性
男士用品	15.0	15	
美容附件	16.0	17	
节日促销品	15.8	16	季节性

　　在确定不同角色品类个数时，需要考虑经验数据，如目标性品类个数一般占品类总数的5%～10%，常规性品类个数一般占品类总数的60%～70%。同时也要考虑零售商的自身特点及目标。例如，如果零售商有足够的能力和决心打造口腔护理品类，也可以考虑将口腔护理品类划入目标性品类。

 同 步测试 <<<<<<<<<<<<<<<<<<<<<<<<<<<<<<<<<<<<<<<<<<<<<<<<

一、单项选择题

1. 销售额高且利润率高的品类角色是（　　　）。

　　A. 目标性品类　　　　　　　　B. 旗舰品类

　　C. 提款机品类　　　　　　　　D. 常规性品类

2. 下列品类角色中具有高普及程度的商品，尽管购买频率较低，但必须保证随时有货的是（　　　）。

　　A. 主要品类　　　　　　　　　B. 差异品类

　　C. 必备品类　　　　　　　　　D. 补充品类

3. 常规性品类的特点是（　　　）。

　　A. 消费者需要的重要品类　　　B. 平衡销售量与毛利等生意指标

　　C. 相同业态零售商共有　　　　D. 满足消费者多方面需求

4. 在零售店中通常（　　　）占比最高。

　　A. 常规性品类　　　　　　　　B. 目标性品类

　　C. 便利性品类　　　　　　　　D. 季节性/偶然性品类

5. 目标性品类个数不是越多越好，基本上占到品类总数的（　　　）。

　　A. 1%左右　　　　　　　　　　B. 5%～10%

　　C. 10%～15%　　　　　　　　　D. 60%～70%

二、多项选择题

1. 便利性品类具有的特点包括（　　　）。

　　A. 满足一站式购物的需求

　　B. 满足补充性购物的需求

　　C. 零售商的最优势品类

　　D. 提高利润和毛利

2. 顾客导向的品类角色定位通常利用（　　　）指标作为衡量维度。

　　A. 普及程度　　　B. 销售额　　　C. 毛利率　　　D. 购买频率

3. （　　　）不单纯是为了满足购物者一次性购足而增加的品类，主要目的不是在满足顾客需求方面起到锦上添花的作用。

　　A. 常规性品类　　　　　　　　B. 目标性品类

　　C. 便利性品类　　　　　　　　D. 季节性/偶然性品类

4. 零售商在确定其目标性品类时主要考虑的因素包括（　　　）。

　　A. 顾客需求　　　　　　　　　B. 供货资源

　　C. 商品独特品质　　　　　　　D. 结款周期

5. 下列角色中应该最不应该率先淘汰的是（　　　）。

　　A. 商店赢家　　　B. 市场赢家　　　C. 全面赢家　　　D. 全面输家

三、简答题

1. 简述零售商导向的品类角色定位法。

2. 简述顾客导向的品类角色定位法。

3. 简述市场导向的品类角色定位法。

4. 简述跨品类分析的品类角色定位法。

模块二

品类评估与品类评分表

思维导图

学习计划

● 素养提升计划

_____

_____

● 知识学习计划

_____

_____

● 技能提升计划

_____

_____

【学习目标】

素养目标

● 了解我国如何实施国家大数据战略发展理念和战略布局

● 将社会主义核心价值观体现于品类评估数据分析全过程

● 具备法律保护意识，能遵守个人隐私、数据保护等相关法律法规

● 将精益求精的工匠精神贯穿数据分析的全过程

知识目标

● 熟悉零售商表现评估的意义

● 熟悉零售商表现评估的常用方法

● 掌握零售商表现评估的常用指标体系

技能目标

● 能够进行销售额（量）的时间标准、空间标准等的比较分析

● 能够进行利润额（率）的时间标准、空间标准等的比较分析

● 能够进行库存周转的时间标准、空间标准等的比较分析

案 例导入

　　FF公司是一家总部地处东南沿海地区的连锁零售企业，目前旗下有大大小小300多家门店，其中主要是便利店、标准超市、社区店业态，门店主要分布在江苏、安徽两个省。小王同学刚刚调任商品管理部门的主管，近期需要做季度业绩总结，上级要求他做一份他所在类别的零售商表现的经营指标分析报告。小王初次接触该项工作，开始思考：零售商表现评估到底涉及哪些内容或者指标呢？这些指标要怎样进行分析呢？每个季度都要进行这样的分析吗？还是一年做一次，或者有的指标需要每个月甚至每周都要做追踪分析吗？所有的品类都是用相同的指标吗？

　　【引思明理】品类零售商表现评估或者说零售商在某种商品类别方面的表现评估实际上就是以零售商的表现为载体的数据分析，其目的就是将这些看似烦琐的数据总结汇总起来，帮助管理者进行有效的决策和判断，从而实现店铺成功运营并实现盈利最大化的目标。此处涉及两个问题：第一，评估的指标有哪些？不同的零售商根据各自的战略侧重点来确定评估过程中的主要指标，包括销售额、销售量、利润、库存天数、库存周转、缺货率、投资回报率等。由于数据庞大，短期的评估只需针对一些重要的、零售商目前最关心的指标，如销售额、利润、库存等进行。年度评估可以扩大范围。第二，评估的方法有哪些？包括对比分析法、结构分析法等方法。此处，先掌握方法，后了解分析对象。

　　品类评估的目的是全面、深入地分析目前零售商商品经营的状况，以及与市场、竞争对手的差距，从而找到自己的优势和劣势，为下一步的品类目标制定和品类策略选择提供支持。

一、品类评估的流程

　　进行品类评估总体上可以划分为六个阶段，明确评估目的和思路、数据收集、数据处理、数据分析、数据结果的展现以及解决方案总结。实际上这也是一个数据分析的过程。

（一）明确评估目的和思路

　　进行数据分析首先确认本次分析所要解决的问题是什么，这对于经营决策者有没有指导意义，更多地从业务层面出发，突破数据表层的掩饰，将数据分析深入到底层的事实与真相。有了这样明确的目的和思路，才是一个完善的数据分析。明确了分析目的后，要对分析思路进行梳理，从实际业务情况出发，搭建分析框架，以确保分析结果的有效性和准确性。

（二）数据收集

零售商在收集数据之前，首先要清楚地知道其需要何种数据来分析问题。这样就不至于浪费大量的时间在收集各种数据上，因为有些数据的收集是没有实质性意义的。不同的品类可以进行不同深度的分析。如目标性品类，因其对零售商的重要性较强，必须进行全面深入的分析，所需数据量较大。而对便利性品类，就没有必要耗费如此大的精力。品类趋势、市场/竞争对手方面的数据可以从领导性供应商处获得；零售商表现评估方面的数据可以从零售商信息系统导出；供应商评估所需的数据可以通过零售商信息系统以及与供应商的沟通中得到。

总之，多渠道、有计划、有针对性地收集原始数据，将对日后的数据处理和数据分析提供强大的支持。

（三）数据处理

数据收集完成后，这些数据往往是大量的、杂乱无章的、独立的。这些原始的数据只有经过系统化的转化和提取，才能真正为企业所用，成为有价值的数据。因此，数据的处理工作也是数据分析流程中不可缺少的环节。零售企业数据处理的方法主要包括数据抽取、数据清洗、数据转换、数据加载等。一般采集来的数据只有通过一定的处理才能用于后续的数据分析工作。

数据清洗和转化的对象主要包括：残缺数据、错误数据以及重复数据。数据清洗和转换完成后，可以设置一定的过滤条件，来进行数据提取。根据确定的分析目标，有针对地提取数据库中的必要数据，将其他的无效数据进行过滤，从而大大提升分析效率。

（四）数据分析

在最开始的明确评估目的和思路的阶段，企业就应当确定采用何种手段对数据进行分析。只有这样，才能保证最终分析结果的有效性。数据分析通常可采取两种方法：综合法与分析法。

1. 综合法

综合法是将各方面的数据都罗列出来，从中找出几个主要的机会点，然后有针对性地对其进行深入分析。相对来说，该方法所涉及的数据比较全面，根据这些数据可以从战略高度找出问题，然后用战术方法来解决问题。但因其工作量较大，建议在季度评估或半年评估时采用综合法。

2. 分析法

分析法是从问题着手，倒推出问题的根源。例如，某品类销售额不断下降，该采取什么方法来解决呢？此时可以用图2-1的思路来找出销售额降低的原因。销售额的下降是因为人均购买量的降低，而造成人均购买量降低的原因有两个：消费者购买频率降低（−10%），每次购买量下降（−8%）。改变消费者的购买频率比较难，可以先将重点放在提高每次购买量上。可选择的方法有：侧重于家庭装、大包装或捆绑装。

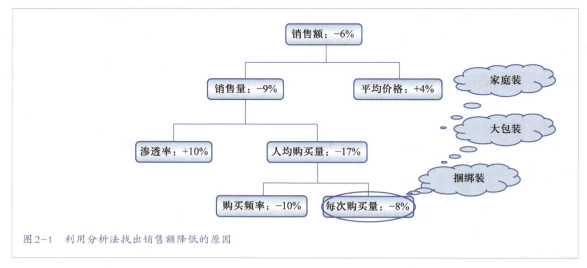

图2-1　利用分析法找出销售额降低的原因

分析法侧重于战术层面，适用于较简单的分析，如每周评估、每月评估或非重点品类的分析。

（五）数据结果的展现

数据处理和分析阶段面对的是海量的数据，而数据结果的展现阶段则是直接面对最终的决策者。在这个阶段，一般将数据分析的最终结果通过各种图形、表格的方式进行归纳总结。如饼图、柱状图表或者各种K线、折线等。总之，如何能更加方便决策者了解，就如何进行制作。

（六）解决方案总结

通过前面一系列的步骤，可以说基本完成了品类评估的全过程，数据分析的目的是找出品类发展的机会。品类发展的机会可能很多，但我们不可能一次性解决所有问题。企业需要找出核心部分，并将其作为下一步行动的指导方案。评估的结果有三种，第一种，对某一现象进行描述。例如，洗发护发品类的增长主要由护发素次品类在推动。与竞争对手相比，零售商护发素品类有着较大的差距，这主要是由于选品和陈列方式造成的。第二种，进行预测，如进行销售预测。第三种，也是要求最高的，提出建议，将其总结成为一套有效可行的解决方案。根据分析出来的种种问题和结论，找到切实可行的解决办法。这也要求数据分析者对于经营业务必须非常熟悉和了解，只有这样才能提出切实可行的解决方案供决策者参考。

二、零售商表现评估

（一）零售商销售指标分析

1. 销售额分析

（1）净销售额（Net sales）。净销售额是指零售商扣除顾客退款和顾客折让后得到的货款总额。其计算公式如下：

$$净销售额 = 销售总额 - 顾客退款 - 顾客折让$$

顾客退款表示顾客因商品损坏、不合适等原因而退回的商品的价值。顾客折让指给予顾客的任何额外降价。例如，如果C公司一件平常卖50元的商品，因为促销而以45元出售，那么5元就是顾客折让；或者目前商店经常搞的赠券活动，用赠券支付的部分也不是实际收入，也需要以顾客折让的形式剔除。

销售额是业绩的一个重要衡量指标，因为它表明了零售商销售的水平。零售商关心销售额的增长，因为它直接影响公司的整体盈利能力。

（2）折扣率。

$$折扣率 = 商品实收金额 / 商品标准零售价金额 \times 100\%$$

打折是零售企业以销售价格为基础，倒扣一定差价（或计价项目）来制定价格的方法。在日常生活中，门店打折的情况时有发生，而此时门店的客流量往往会比平常更多，说明打折是最刺激消费者购买欲望的方法之一，但是商品的折扣率直接影响到企业的利润水平。同样的道理，在销售过程中，门店也会选择适当的折扣率来刺激消费者。

2. 商品销售占比分析

（1）品类结构占比。

$$品类结构占比 = 某品类销售额 / 总销售额 \times 100\%$$

门店中各个品类货品的销售额又称分类货品销售额。通过对分类货品销售额指标的分析，可以了解：

① 各分类货品销售情况及所占比例是否合理，为门店的订货、组货及促销提供参考依据。

② 了解该店或该地区的消费者需求，即时做出补货、调货的措施，并针对性地调整陈列，从而优化库存及利于门店利润最大化。对于销售额低的品类，则应考虑在店内加强促销，消化库存。

③ 比较本店分类货品销售与地区的正常销售比例，得出本店的销售特性，对慢流品类应考虑多加展示，同时加强导购对慢流品类的重点推介及搭配销售能力。

（2）大宗交易占比。企业需要自己定义何为大宗交易，例如，超市可定义单笔成交额大于10 000元的交易为大宗交易，化妆品和服装专卖店可以定义每次购买数量大于10件的交易为大宗交易等。因此，大宗交易指数的公式为：

$$大宗交易指数 = 大宗购买金额 / 总销售额$$

3. 购买率分析

（1）购买率。指标公式：购买率 = 购买商品的客数 / 停留客数 × 100%

购买率是指在卖场中某一商品部门停留顾客中购买商品的比率，是商品陈列调整、关联商品调整以及商品自身是否存在问题的重要依据。

（2）客单价。指标公式：客单价 = 销售总额 / 顾客总数，或客单价 = 销售总金额 / 成交总笔数

客单价的本质是：在一定时期内每位顾客消费的平均价格，离开了"一定时期"这个范围，客单价这个指标是没有任何意义的。

（3）客品数。指标公式：客品数 = 销售总数量 / 销售小票数量

客品数是指一段时期内顾客购买商品的平均数量，得出一个顾客购买商品数量的平均值，与上期相比，是"消费水平增长比率"。从客品数也可以看出一家门店商品的广度和顾客的购物习惯，是否有一站式购齐的便利性。门店可以通过注重关联性采购、关联性陈列引发连带性购买增加客品数。

（4）连带率。指标公式：连带率 = 销售总数量 / 销售小票数量 × 100%

连带率实际上与客品数一样，只不过是不同的行业叫法不同，还有的行业会用附加推销率来衡量这一情况。连带率在零售业的各项指标中有着举足轻重的地位，它反映了顾客购物的深度和广度，所以每个零售商都会花很大的功夫来分析这个指标。

（5）平均成交时长。指标公式：平均成交时长 = 每一位顾客成交的时间总和 / 成交顾客数

这是一个考察店铺员工效率的指标。将平均成交时长和客单价结合起来分析会比较客观，用最短的时间成交最高的金额，这样的员工一般被认为是最优秀的员工。

（6）平均接待时长。指标公式：平均接待时长 = 每一位顾客成交的时间总和 / 接待顾客数

目前需要店铺手动计算这个指标。还有一个指标和平均接待时长类似，就是顾客平均停留时长。区别是前者是从开始接待顾客到顾客离开店铺的时间段计算时长，后者是用顾客进门店到出门店的时间段来计算的。这两个指标同样不仅和"人"有关，还与"场""货"有关。对于零售门店来说，大部分时候是希望顾客的停留时间越长越好。

4. 销售效率分析

（1）坪效。指标公式：坪效 = 销售额 / 坪数。即每平方米面积上产生的销

售额。在现实的工作中，如果把公式变换成销售额＝坪效 × 坪数，对于门店的工作更有意义，这样坪效就变成了一个主动的量。

特定面积上经营的商品项目和具体的商品（包括本区域的气氛布置、商品布局、动线等）是影响坪效的主要因素。对于卖场来说，每一寸面积都是需要支付租金的，并且租金相同，如何及时发现并整改产出过低或不合理的区域，是提高门店盈利能力的一个重要控制点。

一般来说，坪数是事先已经给定的量，是不能更改的，但在已给定的面积内，有些地方是能够产生利润而有些地方是不能产生利润的。对于管理人员来说，如何减少无效坪数，使无效的坪数转变为有效的坪数也是提高门店盈利能力的一个控制点。

（2）人效。指标公式：人效＝销售额 / 人数。对于零售企业的工作来说，每日的工作量大体是相同的，是有规律的，在符合劳动政策的情况下，用更少的人员完成所有的工作是提高人效的方法。当然，这是与员工素质（包括心理状态、个人素养、技能等）、管理人员的管理技能（合理地分配工作、员工排班、员工激励等）息息相关的。

人员是根据岗位需求设置的，它一般也是一个定量，但如果这个定量不合理，是可以更改的。在任何合乎法律法规的情况下，人员的变化能够带来利润的增加，这对于公司的运作来说是合理的。"隐性人数"是一个值得关注的问题，在卖场中由生产商或经销商提供的促销员，他们不涉及指标公式中人数的变化，却可以极大地提高人效，对于"隐性人数"的控制应该引起所有管理人员的关注。

（3）时效。指标公式：时效＝销售额/时间量。这种对时效的理解淡化了不同时间段时效高低的区别，容易被管理人员忽视。如果门店能在时效的低峰期采取适当的方式，如针对该时段的促销活动和商业推广等，将会使低峰期的时效得到一定程度的提高。如现在被广泛运用的"淡季促销"。

从公式来看，随着时间量的增加，销售额也是增加的，但是时间量的增加也会带来经营费用的增加。另外，还存在的问题是能够增加的时间量都处在时效较低的时间段，所以是否增加时间量，必须考虑其所带来的毛利增加能否抵消经营费用的增加。

（二）零售商利润指标分析

1. 毛利

（1）毛利。毛利的计算公式为：

$$毛利＝净销售额－销货成本$$

毛利（Gross Margin），也被称为毛利润（Gross Profit），是零售业中一个重要的衡量指标。它衡量的是在扣除与经营商店有关的费用前，在商品销售中创造多少利润。

毛利和其他业绩衡量指标一样，也被换算成净销售额的百分比，以便让零售商比较：①商品各品类间的销售状况；②自己与其他零售商的经营状况。

（2）毛利率。其计算公式为：

$$毛利率=毛利/净销售额 \times 100\%$$

例如：

TT珠宝连锁的毛利率：$658 \div 1\,173=56.10\%$

WW连锁超市的毛利率：$30\,483 \div 139\,208=21.90\%$

从表面看，TT珠宝连锁的毛利率要高于WW连锁超市，但深入的分析则显示出影响毛利的其他因素将决定公司的总业绩。像WW连锁超市这样的折扣店的毛利率比珠宝店的低，主要是因为这类企业追求的是以低价与极少的服务向几个对成本十分敏感的细分市场提供商品。

2. 费用

费用（Expenses）是正常在获利的过程中产生的成本。主要包括运营费用和利息。

（1）运营费用。运营费用可分为销售费用、一般费用和管理费用，其公式分别为：

$$销售费用=销售人员工资+提成+补助$$

$$一般费用=租金+公共事业费用+其他费用$$

$$管理费用=管理人员的薪水+办公设备购置费+其他管理费用$$

（2）利息。利息是另外一项主要费用。例如，如果银行给TT珠宝连锁10%的贷款利息，该企业就要为4.9亿元的贷款支付4 900万元的利息。

TT珠宝连锁的费用与净销售额的比率远远高于WW连锁超市。与毛利润一样，总费用也要换算成净销售额的百分比，以便进行公司内各商品种类之间和部门之间的比较。

$$总费用与净销售额比率=总费用 \div 净销售额 \times 100\%$$

$$TT珠宝连锁：568 \div 1\,173=48.42\%$$

$$WW连锁超市：26\,053 \div 139\,208=18.72\%$$

WW连锁超市的总费用与净销售额比率接近19%，TT珠宝连锁的总费用与净销售额比率则超过48%，这种不同是可以预期到的。WW连锁超市属于折扣店，其销售费用相对较低，它一般会在地价低的地方开设商店。最后，折扣店只需要较少的管理人员。例如，折扣店的采购费用很低，他们的采购员不必去很远的地方就能够采购到所需的商品，且要采购的大部分商品都只是店中已有的确只需重购的商品。与此相反，TT珠宝连锁属于珠宝店，其总费用很高，是因为其大批经验丰富的销售人员要求合理的工资加提成及补助。

与WW连锁超市通常将店址选在郊区或较偏僻的地方不同，TT珠宝连锁位于繁华的地段，租金和其他费用都很高。

3. 净利润

净利润（net profit）衡量的是公司总业绩，其计算公式如下：

净利润=毛利－费用

净利润可表现为税前利润或税后利润。一般它更常用于表示税后利润，因为这是企业用于再投资的部分，除此之外还支付股东或所有者的红利或用于偿债。与毛利润率一样，净利润率也常常表示为净利润与净销售额的百分比：

净利润率=净利润/净销售额×100%

但是，净利润是衡量整个企业盈利能力的尺度，而毛利润是用来衡量商品的盈利能力的。

（三）零售商库存指标分析

1. 基础容量

基础容量是特定主体的单位器架产品容量总和。以专卖店为例，根据器架的不同又可以划分为：基础容量（服装）、基础容量（鞋）、基础容量（配件）。计算容量分为以下四个步骤：第一步，定义每个器架基本单元的服装陈列模式；第二步，设定单个器架的陈列组合模式，然后计算出每个器架组合的陈列容量；第三步，根据店铺中的器架总数估计出陈列容量的最大值和最小值；第四步，结合每个店铺实际情况，建议陈列容量和店铺达成一致。

基础容量在货品管理中有以下两个作用：一是根据各店基础容量，在单店订货中可以很好地分析出SKU的需求量。二是在实际的店铺货品管控上，实际库存金额比基础容量低说明缺货或没有达到销售要求；实际库存金额比基础容量高时要分析存销比和库存结构是否合理。

2. 平均库存

平均库存=（期初库存+期末库存）/2。

年平均库存还可以直接取每月末库存的平均值，一般财务部门习惯用期初加期末之和除以2的计算方法，销售营运部门喜欢用每月平均库存的算法。

3. 动销率

动销率也被称之为动销比，是店铺有销售的商品的品种数与本店经营商品总品种数的比率，是一定时间内考察库存积压情况或各类商品销售情况的一个重要指标。

动销率=门店有销售的商品的品种数/本店经营商品品种数

动销率反映了进货品种的有效性。动销率越高，有效的进货品种越多；反之，则无效的进货品种相对较多。

103

一般按照月度进行动销率分析，主要用来评价店铺经营商品的销售情况，是评价店铺经营商品结构的贡献效率的指标。

4. 有效库存比

库存分为有效库存和无效库存两个状态，无效库存可以继续分为假库存和死库存。死库存属于残损、过期、下架等无法继续销售的库存，假库存可以继续销售，但是对销售帮助不大的商品的库存，没有实际意义，如滞销商品、过季商品等。

$$有效库存比 = 有效库存金额 / 总库存金额 \times 100\%$$

要计算有效库存比，首先需要定义有效库存的标准，有效库存是指能给门店带来销售价值的商品库存，也就是能产生销售贡献的商品库存。从定义来看，残次商品、过季商品和没有销售的商品都不属于有效库存商品。不过在实际的分析过程中有效库存的确定会复杂很多，首先需要剔除残次商品、过季商品、一段时间内没有销售的商品，然后再确定一个标准值将有销售的商品分成有效库存和无效库存，这个标准一般以周销售量或月销售量来衡量，并且销售渠道不同标准是不一样的。

5. 库存天数

量化库存的指标之一是库存天数，库存天数的英文是 Day of Stock，简称为 DOS。它是库存管理中非常重要的一个指标，是有效衡量库存滚动变化的量化标准，也是用来衡量库存可持续销售期的追踪指标。

库存天数的公式如下：库存天数 = 期末库存数量 / 某个销售期的销售数量 + 销售期天数

既可以用销售数量，也可以用销售金额计算库存天数，一般快速消费品用销售金额，耐用消费品用销售数量。

零售企业一般用库存天数来判断店铺是否有缺货的风险，这个指标既可以计算整体企业的库存天数，也可以计算每个品类或单品的库存天数，在分析具体问题的时候，常常需要结合起来看。另外，有些企业喜欢用库存周数的概念，实质是一样的，将库存天数除以 7 即为库存周数。一般来讲，快速消费品行业使用库存天数，耐用消费品使用库存周数。

6. 库存周转率

库存天数常用在库存追踪上，库存周转率常用在库存管理上。库存周转率是一个偏财务的指标，是从财务的角度来审视库存的安全性问题。一般以月、季度、半年、年为时间周期，公式如下：

$$库存周转率 1 = 出库数量 1 / ((期初库存数量 + 期末库存数量) / 2)$$

$$库存周转率 2 = 销售数量 / ((期初库存数量 + 期末库存数量) / 2)$$

第一个公式是从供应链管理角度的指标，第二个公式是对公司销售周转率的衡量，两者是有区别的，一件商品一般只会被销售一次，但是因为退货回仓库的原因而会有大于1次的出库的情况。"（期初库存值+期末库存值）÷2"这部分也可以用平均库存来代替，就是每月的平均库存。

7. 存销比

存销比反映的是库存可以满足销售需求的时间段。一个单位的销售额需要多少倍的库存来支持，反映的是资金使用效率的问题。

存销比=平均库存/实际销售量或存销比=月末库存/实际销售量。存销比过高，意味着库存总量或者结构不合理，资金效率低；存销比过低，意味着库存不足。

8. 售罄率

售罄率是指一定时间段某种货品的销售数量占总进货数量的比例，根据期间范围的不同可分为周售罄率、月售罄率、季度售罄率、季末售罄率。季末售罄率是指整个商品消化期的销售数量和商品的总到货数量的比值。

售罄率=某时间段内的销售数量/（期初库存数量+期中进货数量）×100%

分析售罄率可以立刻了解产品销售状况，用来检验商品库存消化速度。售罄率同时也是根据一批进货销售多少比例才能收回销售成本和费用的一个考核指标，便于确定货品销售到何种程度可以进行折扣销售清仓处理的一个合理尺度。

9. 毛利库存回报率

毛利库存回报率（GMROI）=毛利额（gross margin）/平均库存成本（average inventory）=毛利额（gross margin）/销售额（sales）×销售额（sales）/平均库存成本（average inventory）=商品毛利率（gross margin）×商品周转率（stock turn）

对于零售企业来说，毛利库存回报率表达的含义是公司的平均库存成本的获利能力，或者说是对零售商所投入的库存成本可以获得多少的销售利润。如果某便利店全年的平均库存成本为10万元，获得的毛利为15万元，那么其商品毛利库存回报率为150%。

毛利库存回报率指标的计算由上述的公式可以看出其与商品毛利率和商品周转率有关。然而商品毛利率和商品周转率这两个指标都是一个复合型的指标，其不是最基本的原始数据，是通过其他的数据信息换算得来的。所以我们关于该项指标的分析主要集中在毛利额和平均库存水平这两项指标上。

商品毛利额=商品销售总额-商品销售成本=（商品售价-商品进价）×商品销售数量

由此可以看出，商品的毛利额与商品销售总额和商品销售成本有关，进一步分解，其指标的构成与商品的进价、商品的售价、商品的销售数量有关。

10. 缺货率

缺货率=某个时期内门店有缺货记录的商品数/（期初有库存的商品数+期中新进商品数）×100%

对于门店供应链的缺货情况分析建议使用"订单满足率"，这里的缺货率主要针对销售端的缺货，适用于采购部和销售部。需要注意的是，这里的缺货率是指分析缺货的商品比率，不是缺货的数量或金额多少。缺货率比较难以统计的是缺货记录，一般可以在信息系统中通过设置商品零库存状态自动判断是否缺货。库存为零的商品一般是缺货商品，但是库存大于零的商品也可能是"缺货"状态，因为这里的系统很可能是残次库存或虚假库存，实际可供销售的库存为零，这种情况比较难以统计，需要通过人工计算的方式来识别。缺货率中的销售周期最短可以是1天，最长不建议超过1个月。在计算年平均缺货率的时候可以计算月缺货率的平均值。

即 学即练

时尚商品专卖店库存分析

在库存评估方面，由于时尚消费品属于短生命周期产品，对库存非常敏感，所以会有一些与其他业态的不同之处。下列以不同的指标进行组合，出现了指标体系A、指标体系B、和指标体系C三种不同的指标体系，分别出现了24种不同的评估结果，如图2-2所示。请结合专业知识，分别分析24种现象，并提出相应的建议。

库存管理可能出现的现象		
折扣率	存销比	新货占比
高	低	高
高	高	高
高	低	低
高	高	低
低	高	低
低	低	高
低	高	高
低	低	低

指标A

库存管理可能出现的现象		
存销比	基础容量	新货占比
高	高	高
高	低	高
高	高	低
高	低	低
低	高	高
低	低	高
低	高	低
低	低	低

指标B

库存管理可能出现的现象		
折扣率	售罄率	基础容量
高	高	高
高	高	低
高	低	高
高	低	低
低	高	高
低	高	低
低	低	高
低	低	低

指标C

图2-2 不同情况的库存分析

同步测试 <<<<<<<<<<<<<<<<<<<<<<<<<<<<<<<<<<<<<<<<<<<<<<<<<<<<

一、单项选择题

1. （　　）是一个极为重要的库存管理指标，是有效衡量库存滚动变化的量化标准，也是用来衡量库存可持续销售时间的追踪指标。

    A. 期初库存   B. 期末库存

    C. 库存周转率   D. 库存天数

2. 售罄率可以用来监测（　　）。

    A. 商品销售速度   B. 商品库存情况

    C. 商品利润高低   D. 新旧货品占比

3. 大宗交易占比高，对于门店客流而言，在同样总销售额的情况下，意味着（　　）。

    A. 客流少   B. 客流多   C. 客流不变   D. 无法确定

4. 在对比分析法中，将实际完成值与上一周期进行对比，属于（　　）。

    A. 同比   B. 环比   C. 横比   D. 正比

5. 平均分析法中最常用的平均指标为（　　）。

    A. 几何平均法   B. 算术平均法

    C. 中位数   D. 调和平均数

二、多项选择题

1. 下列指标中与商品的现值有关的是（　　）。

    A. 货龄   B. 库存   C. 售罄率   D. 缺货率

2. 能够决定在一定时间段之内，固定投资额回报水平高低的指标是（　　）。

    A. 存货周转率   B. 利润率

    C. 售罄率   D. 存销比

3. 零售商表现评估最关键的指标包括（　　）。

    A. 销售   B. 利润   C. 费用   D. 库存

4. 能够影响毛利的指标包括（　　）。

    A. 净销售额   B. 销货成本

    C. 不同商品的销售占比   D. 租金

5. 一般来说无效库存包括（　　）。

    A. 残次商品   B. 过季商品

    C. 没有销售的商品   D. 货龄长的商品

三、简答题

1. 简述零售数据分析的流程

2. 简述简单的数据分析方法。

3. 简述零售商销售分析的指标。

4. 简述零售商利润分析的指标。

5. 简述零售商库存分析的指标。

【学习目标】

素养目标

● 培养实事求是、精益求精的工作作风

● 将敬畏数据的精神贯穿于品类目标制定全过程

知识目标

● 熟悉品类目标体系

● 熟悉品类经营目标制定的原则

● 掌握品类经营目标制定的流程和方法

技能目标

● 能够基于品类角色选择对应的品类经营目标

● 能够基于评估结果选择对应的品类经营目标

● 能够配合上级进行品类经营目标的制定

● 能够配合上级进行品类经营目标的分解

案 例导入

A集团旗下有79家超市以及配套的B2C的App和微信公众号。小王从进入该公司工作至今已满三年，从2023年6月起，他被公司正式提拔为个人护理用品品类的主管，每天的主要工作是在总部的上级品类经理刘刚带领下进行个人护理用品品类的规划、采购工作和业绩推动。2023年10月，听刘刚经理说集团马上要制定2024年的经营目标，经营目标尤其是销售预算会影响到2024年的绩效考核和工作重心。因为是初次操作，他有点疑惑，如何制定2024年的经营目标？

【引思明理】目标管理是零售管理的重心，一般来说，每年的第四季度，以自然年度为财年的企业就开始编制第二年经营目标。企业领导会根据经营现状、经营战略和下年度的经营计划来制定下一年度的经营目标。首先需要制定的是企业层面的总经营目标，有了总经营目标，才有可能将其进一步分解到各门店、各品类部门各时段，以便进行管理追踪。因品类角色和品类现状不同，各品类的具体目标选择也会有所不同，在进一步分解具体目标之前，应先确定企业总目标尤其是各经营大类总目标，有了这个前提，才会涉及总目标的细化分解，在制定总体目标的过程中，起主导作用的是企业领导，品类主管更多的是配合企业领导进行多次沟通探讨，最终确定、理解和接受任务目标。

通过品类角色的分配，能够设定不同品类对门店的不同的重要性；通过品类评估，找出了商店的优势和劣势，并确定了下一步的行动重点。为了确保门店按照既定的方向发展，需要制定一个统一的评估指标体系和发展目标，并根据该评估指标体系与相关人员，如采购人员、店长、课长等做良好的沟通，以避免不同部门因为评估指标不同而采取不同的操作行为。

一、品类评分表的概念

品类评估之后紧跟的一个步骤是"Category Scorecard"，因此，大多数人按照字面意思将它翻译成"品类评分表"。"Scorecard"的意思是"计分卡"，本书的大多数地方均沿用了这一提法，但是唯独在确定本单元具体名称时，本书将其确定为"品类目标制定"。从常规思维来看，应该先有品类评分表，也就是先有品类评估指标体系之后再去做品类评估，但是从流程来看是先做品类评估后提出品类评分表。其实，品类评分表是根据评估结果给出下一步的目标，这个目标既包括衡量标准，也就是通常所说的评估指标（如利润率），也包括该衡量标准的具体目标（如利润率不低于20%），这些都是下一个阶段评估的依据。品类评分表提供了一个综合性平台，将业务目标和衡量标准明确下来，通过统一的衡量标准反映实际情况与目标之间的差异，使得品类的整体状况一直被衡量和监控，以便随时发现问题，立即制定相关行动方案。品类评分表分为两类：对业务指标的评估和对品类顾问的评估。

二、确定品类目标体系

品类评分表是对品类角色和品类评估的提炼与总结。设定品类评分表时，需考虑以下几个步骤：

动画：品类
指标的制定

（一）明确品类角色与品类目标之间的关系

品类角色的不同会导致品类目标的不同。如目标性品类，其特点是吸引客流，成为消费者购买首选，评估它的指标应以销售额、人流量为主，而不应以利润率为主。对于便利性品类，其销售额有限，主要是满足消费者一次性足量购买的需求，评估它的指标应以利润率为主，而非销售量。品类角色与品类目标的关系如表2-1所示。

表2-1　品类角色与品类目标的关系

品类角色	对门店的影响	对消费者的影响	对配送的影响
目标性品类	销售额 客流量 市场份额 对其他品类的购买 （品类转换率）	顾客满意度 购物频率 客单价	缺货率 库存天数 库存周转率 客户服务水平
常规性品类	销售额 毛利率 客流量 对其他品类的购买 （品类转换率）	顾客满意度 购物频率 客单价	缺货率 库存天数 库存周转率 客户服务水平
季节性/偶然性品类	短期： 销售额 客流量	短期： 客单价 购买率	短期： 缺货率 库存周转率 客户服务水平
便利性品类	利润率	客单价	库存天数

（二）根据零售商品类评估的结果有侧重地选择品类目标

在确定对零售商的品类目标的指标时，不同的零售商在不同发展时期所关注的指标可能有所不同，所以不同零售商的指标会有所不同。品类目标还会因零售商目前的状况（品类评估）而有所不同。如果零售商的品类评估结果不同，其机会点就不同；机会点不同，其衡量指标也不同。例如，两家零售商的销售额都在下降，但两者下降的原因有可能不同：零售商A的销售额下降是因为陈列混乱造成的，零售商B的销售额下降是因为促销效率低下造成的，所以在制定下一步的品类衡量标准时，这两家店的侧重点必然不同。

三、制定品类目标的原则

品类目标既包括衡量标准，也包括该衡量标准的具体目标。制定品类目标应遵循一个黄金准则，即SMART原则。"SMART"是5个英文单词的第一个字母组合。好的目标应该能够符合SMART原则。

（一）S（Specific）——明确性

所谓明确，就是用具体的语言清楚地说明要达成的行为标准。明确的目标几乎是所有成功团队的一致特点。

示例：目标——增强客户服务意识。这种对目标的描述就很不明确，因为增强客户服务意识有许多具体做法，如减少客户投诉，过去客户投诉率是3%，现在把它降低到1.5%或者1%；提升客户服务的效率，使用规范礼貌的用语，采用规范的服务流程。有这么多增强客户服务意识的做法，业内所说的"增强客户服务意识"到底指哪部分？不明确就没有办法评判、衡量。所以建议这样修改，如将在月底前把前台收银的速度提升至正常的标准。这个正常的标准可能是2分钟，也可能是1分钟，或分时段来确定标准。

（二）M（Measurable）——可衡量性

可衡量性就是指目标应该是明确的，而不是模糊的。应该有一组明确的数据，作为衡量是否达成目标的依据。如果制定的目标无法衡量，就无法判断该目标是否实现。并不是所有的目标都可以衡量，有时也会有例外，如大方向性质的目标就难以衡量。例如，"进一步引进新品"。"进一步"是一个既不明确也不容易衡量的概念。它指代什么？是不是只要引进了新品，不管引进什么、引进多少，也不管效果好坏都叫"进一步"？可以这样改进一下：在什么时间，引进哪种新品，引进多少且效果如何。这样目标就变得可以衡量了。

（三）A（Acceptable）——可接受性

品类目标必须务实。很多企业管理和职业经理人相信高目标就能带来高完成额，其实不然，目标不是个人理想，是应该基于企业现状、团队、客户、市场状况，得出的一个合理值。

（四）R（Realistic）——实际性

品类目标必须和人或组织的工作内容职责相关联，不能离题。例如：考核销售人员就不能用订单到货率这个指标。

（五）T（Time Bound）——时效性

每一个品类目标都应该有完成时间，有的品类目标甚至可以被分解到多个时间节点。这样既有利于销售完成，又有利于对品类目标的追踪。例如：零售门店的年度销售额目标，就可以拆分到月、日、时段等。

四、制定年度品类销售目标

在经营目标中，品类销售目标至关重要，所以企业更多地关注品类销售目标的制定。品类销售目标从内容角度一般可分为销售额(量)目标、销售费用目标、利润额（率）目标、新增客户目标等，对于电商而言还有流量和转化率的目标；从时间角度一般可分为年度目标、季度目标、月度目标、每周目标、每日目标等；从采购的角度还需要把企业的总体目标分解到各个品类；从营运的角度，需要把企业总体目标分解到各个门店。以时间为节点的目标金字塔如图2-3所示。

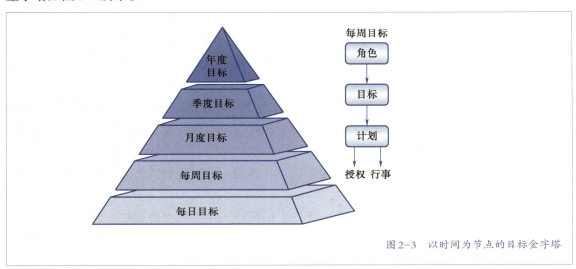

图2-3　以时间为节点的目标金字塔

企业在经营过程中，对年度计划的编制、年度目标的制定都相对重视。年度目标制定的过程共分为6个步骤：第一步，收集数据；第二步，制定经营策略；第三步，设置目标；第四步，验证目标；第五步，沟通目标；第六步，确认目标。但是，由于年度目标会直接影响第二年每位员工的收入情况，所以每个部门都在试图争取最有利于自己的结果，领导层希望目标定得高一些，销售部门希望目标定得低一点。因此，在实际执行过程中，总目标往往是由领导层来制定，而基层员工更多的是验证目标、确认目标和沟通目标。

1. 收集数据

数据包括宏观数据和微观数据两大类数据，宏观数据包括经济增长趋势、政策导向、行业发展、竞争对手策略等数据。微观数据包括企业历史销售数据、促销数据、拓展数据、市场推广数据等。收集宏观数据用于评估对未来企业发展的影响力，微观数据用来作为目标制定的基础。

2. 制定经营策略

制定年度品类销售目标务必策略先行，只有在一个清晰的经营策略指导下，才便于制定下一年的品类销售目标，这是因为每一个经营策略都有可能影响到具体的销售数据，目标是策略的具体表现，是企业策略的一种量化手段。而有些企业率先制定年度销售策略，然后根据此目标来制定完成目标的其他策略，这是一种本末倒置的方法。例如：拓展策略中的新店开发，是根据年度目标的多少来决定开几家新店，还是根据企业发展形势先决定开几家店，再评估新开门店的销售目标呢？显然，先有策略后有目标更合理，先有策略后有目标是一种积极的经营思维，先有目标后有策略是一种消极的经营思维。与年度目标相关的经营策略包括如下八个方面：

（1）商品策略。有新产品上市吗？上市时间是什么时候？上市区域有哪些？销售预估是多少？有旧产品下线吗？下线时间如何安排？会影响多少销售额？等等。

（2）渠道策略。拓展计划是什么？拓展新店或新渠道的销售目标是多少？有关店计划吗？会影响多少销售量？有渠道商重组计划吗？会促进或影响多少销售额？等等。

（3）价格策略。有价格调整计划吗？价格是整体向上还是向下调整？会影响多少销售额？等等。

（4）促销策略。下一年的促销策略和今年的促销策略有什么不同之处？是加大促销力度还是降低促销力度？有无特殊的促销计划？促销对销售额的影响如何？等等。

（5）人员策略。有与经营相关的组织机构调整吗？前线的销售力量是加强还是削弱？是否可以量化这些策略对销售额的影响？等等。

（6）市场推广策略。市场推广策略是什么？是加大还是降低市场推广力度？市场费用的比例是降低还是上升？对销售额的影响有多大？等等。

（7）生产计划。目前的生产计划是否会影响销售进度？如果会影响，影响程度有多大？有无扩大生产计划的可能？等等。

（8）财务策略。是实施从紧还是宽松的财务策略？哪些策略会影响销售计划的完成？影响程度有多大？等等。

把这些经营策略搞清楚之后，第二年的销售营运就有章可循了，成熟的经营策略是目标完成的说明书。经营策略越清楚，销售目标完成起来就越轻松，切忌在没有策略的情况下就盲目地制定目标。

3. 设置目标

年度品类销售目标包括基本目标、政策目标和若干策略目标。基本目标是年度品类销售目标基础值，就是在没有大的突发状况以及策略改变的情况下，当年实际完成的净销售额在第二年也一定能够完成，这是因为经营有延续性。政策目标是由于国家政策、企业资源、企业能力等因素变化带来企业战略调整而制定的目标。如，由于国家政策的限制或者鼓励，企业需要制定收缩性或者扩张性的经营目标。又如，由于企业资源发生了重大变化，如获得了外部融资后计划快速上市，必将在基本目标值上进一步上调。所谓策略目标，更多的是指具体的经营策略所带来的销售目标变化，如营销企划部门计划加大促销力度和延长促销天数、人力资源部门计划较大员工培训力度等策略均会对经营目标有促进的影响，需要对目标进行调整。

4. 验证目标

设置目标之前的工作基本上是自上而下进行的，而验证目标通常是自下而上进行的。这个步骤可以由每个品类的负责人以及每个区域的负责人来完成，因为他们最了解自己品类和区域的真实情况。但是在验证目标之前不要告诉下级公司的目标值，只需要告诉下级公司第二年的策略计划，并由他们自己来量化这些策略在当地可实现的销售额，也就是将其视为企业还没有开始制定目标。因此，对于品类负责人以及区域人员来说，他们不是在验证目标，而是在制定第二年的目标。

验证目标整个流程分为五个步骤：第一步，花一天时间由总部各部门传达第二年的策略。第二步，从第二天开始，品类负责人根据自己分管品类的数据，区域人员根据自己区域的销售数据，结合自己对企业策略的理解和自己区域第二年的部署，分别对每个品类、每个店铺制定目标；这个目标被分解到12个月，并且严格按照基本目标和策略目标的内容设定。第三步，将所有品类以及所有门店目标汇总在一起成为本企业的总体目标，这就完成了细化目标的动作。从本位主义出发，品类负责人以及区域销售人员制定的这些目标一般都会偏低，但是接下来他们需要将此目标报送给自己的直接领导审核（一般是品类经理和大区经理），告诉他们这个目标的合理性；如果直接领导不同意此目标，则需要继续细化目标。第二步和第三步一般会花费2～3天的时间。

第四步就是目标设定团队汇总企业所有经营大类的目标，以及全国各大区目标，然后和总部目标进行对比分析，找到差异较大的区域。目标设定团队需要和那些差异较大的区域负责人面对面地沟通，了解他们目标设定的思路是什么、有无遗漏、有无数据错误等。最后设定团队根据面谈的结果决定是修改全国目标，还是要求各品类以及各区域负责人继续完善自己的目标。当然，双方也可以都保留意见，在沟通目标这个步骤中来解决这个差异。完成这几个步骤大概需要花1～2天的时间。

经过前四个步骤后，企业总部的目标设定团队基本上就掌握了各品类以及销售一线的具体情况，第五步就可以根据这些情况适当地修改全国目标，要保证企业总部设定的目标、品类经理设定的目标汇总值、各销售区域设定的目标汇总值相一致。如果设定目标和汇总目标差距比较大，还需要目标设定团队和管理层进行专项讨论并做决策，最终确定第二年目标。

5. 沟通目标

经过修改的目标被层层下发到主要目标执行者，下发目标时要求上级必须面对面和下级沟通目标。面对面沟通目标的意义有以下三个：

（1）沟通目标的合理性，上级务必说服下级为什么设定这个目标值，这是因为下级接到的目标值可能已经不是前几天自己设定的那个目标值了。

（2）沟通目标完成的方法、第二年工作的重点和方向。每个人对企业策略的理解是不一样的，上级务必帮助下级理解这些策略，如何将这些策略转化为可落地的方案，只有这样才能帮助下级完成其销售目标。

（3）沟通目标的过程也是责任转移的过程，以便于考核和追踪。如果下级接到的目标和自己制定的目标差异较大，下级需要和上级一起找到解决的办法，寻找更多的资源。例如：向总部申请多开店，或者增加一些区域性促销活动等。

6. 确认目标

品类主管和区域销售人员收到自己的年终目标后，还需要将目标细分到可执行的最小单位，同时将各种策略转换成可执行的行动方案，最后变成一本目标执行操作手册。企业总部可以和品类负责人、区域负责人签署一个目标承诺书，这样既体现目标的严肃性，也以文书的方式呈现了上下级的沟通过程。

五、销售目标分解

（一）月度指数的应用

1. 月度指数计算

月度指数法，就是根据预测目标，一年中按月（或季）编制的时间数列资料，以统计方法测定出反映月度变动规律的月度指数，并利用月度指数进行预测的预测方法。月度指数法适用于有月度（或者季节）变动特征的经济现象数量预测，如男西装、男衬衫和西裤都属于男装，它们的月度指数差异较大，其销售趋势如图2-4所示。

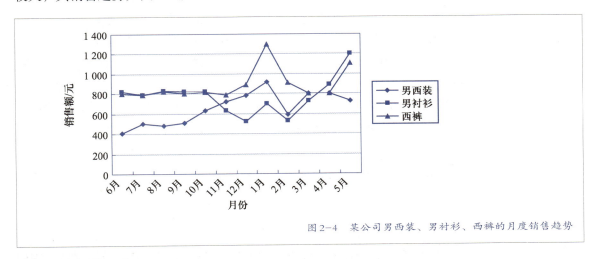

图2-4 某公司男西装、男衬衫、西裤的月度销售趋势

2. 特殊指数的调整

一般来说，春节对销售的影响比较大，而每年的春节又在1月底、2月初、2月中3个时间段不停变化，所以需要结合春节的具体日期做有针对性的处理。最简单的办法是将1月份和2月份合起来计算，当然也可以在此基础上进一步拆分，拆分的时候要参考过去三年中，与本年春节日期最相近的那一年的销售数据占比，或者结合春节日期，自己预估。

（二）周权重指数应用

1. 周权重指数概述

周权重指数是以某段销售周期内的历史日销售额数据为基础，以周为单位进行权重分析处理的一种管理工具。周权重指数是一个相对的概念，每个品类都不尽相同，一般为7.0～14.0。周权重指数越大，表示该品类或者店铺的日销售额波动幅度越大。周权重指数是零售企业用来量化处理各种销售状况、销售事件的管理工具，其重要性日益显著。

周权重指数等于从周一到周日每天的日权重指数之和。假如每个品类（或门店）的周权重指数为10.0，其中从周一到周日依次为1.0、1.2、1.3、1.2、1.6、1.9、1.8。可以这样简单地理解周权重指数和日权重指数：如果这个品类（或门店）每周销售额为10.0，那么一般来说周一可以销售1.0，周二可以销售1.2……权重指数是一个相对值。为了标准化管理，每个零售企业都应该具有统一的周权重指数。

2. 周权重指数的计算

企业标准周权重指数的计算步骤如下：

第一步：收集企业每个完整门店最近一个完整年度（完整门店是指在完整年度中有完整销售的门店，所以新店和有停业间断销售的门店不属于完整门店；完整年度可以是自然年也可以是完整连续的一年时间，比如2022年1月1日到2022年12月31日，2022年7月1日到2023年6月30日都是完整年度）。

第二步：将所有完整门店的每日销售额数据对应相加得到企业的每日销售额数据。

第三步：根据门店零售规律对日销售数据进行预处理，删除异常数据。其目的是让数据能更加真实反映日常的销售规律。

第四步：将剩下的数据以周为单位整理，然后计算出平均日销售额。假设2023年某门店日销售额如表2-2所示。

表 2-2　2023年某门店日销售额

销售额／万元

周	星期一	星期二	星期三	星期四	星期五	星期六	星期日
1	—	—	—	—	—	—	—
2	—	73	72	84	133	154	177
3	77	75	78	86	184	180	145
4	84	95	86	95	205	177	191
5	101	92	78	101	122	151	—
6	—	—	—	—	—	—	—
7			83	109	126	—	146
8	—	102	82	91	115	160	163
9	76	99	128	140	126	145	179
10	70	89	82	99	132	142	161
11	126	—	67	100	135	163	133
12	97	86	98	97	132	146	149
13	81	89	102	84	114	142	152
14	124	101	100	93	114	—	—
15	—	—	89	91	125	122	124

续表

周	星期一	星期二	星期三	星期四	星期五	星期六	星期日
16	110	80	103	76	129	151	165
17	88	104	98	90	113	170	150
18	81	86	103	107	159	—	—
19	—	87	93	113	140	137	170
20	82	93	101	149	137	165	160
21	68	92	103	86	125	161	152
22	107	93	100	95	124	141	146
23	81	83	124	92	101	—	—
24	—	115	93	129	118	144	178
25	92	110	76	90	135	158	180
26	96	104	129	80	115	159	153
27	89	131	103	89	118	166	180
28	105	147	72	119	191	183	142
29	72	94	67	118	166	193	172
30	92	91	101	98	130	155	140
31	90	93	92	93	129	167	162
32	87	89	93	88	145	168	137
33	130	107	123	96	129	179	134
34	100	97	106	77	135	134	175
35	79	95	107	75	134	117	121
36	100	82	114	97	129	141	114
37	76	94	95	99	112	—	—
38	—	100	74	124	135	179	163
39	95	102	85	86	290	239	219
40	67	80	106	88	153	—	—
41	—	—	—	—	—	74	—
42	76	94	81	91	168	162	160

续表

周	星期一	星期二	星期三	星期四	星期五	星期六	星期日
43	76	93	95	88	178	185	177
44	90	77	107	71	178	154	198
45	87	78	90	109	121	148	163
46	75	84	89	127	135	142	176
47	86	107	100	75	179	190	197
48	110	93	134	77	138	174	144
49	122	94	118	88	127	122	191
50	84	87	81	91	123	139	154
51	95	95	92	72	146	187	198
52	89	86	95	122	173	258	149
53	95	87	90	71	177	—	—
平均日销售额	91	94	96	96	142	160	161

第五步：找到平均销售额中销售额最低一天的销售数据，设定它的日权重指数为1.0，然后分别用其余六天的平均销售额除以这个最低值，就分别得到每天的日权重指数。在表2-3中，平均日销售额最低的是星期一的91万元（注意，不一定每个零售门店都是星期一日销售额最小），再用其他对应销售额和91万元相除，依此就得到星期二到星期日的权重指数。

表2-3　某门店权重指数

日期	星期一	星期二	星期三	星期四	星期五	星期六	星期日	合计
平均日销售额/万元	91	94	96	96	142	160	161	840
日销售权重指数	1.0	1.0	1.1	1.1	1.6	1.8	1.8	9.4

第六步：将每日销售权重指数相加就是周权重指数。表2-3中的周权重指数就是9.4。

最小的周权重指数是7.0，周权重指数越大，说明这家企业的日销售额越不稳定，这个值越接近7.0，说明这家企业每天的销售额都差不多。

零售集团有众多门店及众多品类，需要为每一个分店、每一品类都确定各自的周权重指数吗？从周的角度来看，每个品类都应该有各自的月度指数和周权重指数，因此需要细化到品类。不同品类之间不能通用，但是在一个企业的连锁系统内部，只要业态一致、区域跨度不大，同一品类的月度指数和周权重指数可以通用。如果每个门店都有各自门店内部各品类的周权重指数，会显得比较零乱，并且不利于后期的标准化应用。每家企业确定好各品类的周权重指数后，每个分店只需要利用这个标准广泛应用。

但是有一点需要注意，一旦细化到日权重指数层面，因为门店位置不同会有较大的差异，所以每个企业在同一品类层面一般只会有统一的月权重和周权重指数，但是从星期一到星期日，每个店铺可能有不一样的日权重指数。表2-4是某两个零售企业及其中三个门店的周权重指数以及日权重指数。

表2-4　企业A和企业B权重指数

两家零售企业及下属门店的日权重指数	日期							周总权重指数
	星期一	星期二	星期三	星期四	星期五	星期六	星期日	
企业A	1.0	1.1	1.0	1.1	1.3	1.8	1.7	9.0
分店1	0.8	1.2	1.0	0.9	1.6	2.0	1.5	9.0
分店2	1.0	1.1	0.9	1.0	1.5	1.9	1.6	9.0
分店3	1.3	1.2	1.5	1.4	1.5	1.1	1.0	9.0
企业B	1.0	1.1	1.0	1.2	1.7	2.2	2.0	10.2
分店1	1.0	0.8	1.2	1.3	1.6	2.1	2.2	10.2
分店2	0.5	0.6	0.8	1.2	2.0	2.5	2.6	10.2
分店3	1.2	1.3	1.7	1.3	1.0	1.9	1.8	10.2

从企业A和企业B的对比看，企业B周五到周日的销售额占据周总销售额的58%，而企业A这三天同样的占比只有53%，说明企业B更依赖于每周后期的销售。进一步分析，企业A的三家分店中，分店3在周末两天的权重指数合计只有2.1，只占周末权重指数的23%，因此这个店铺很有可能是位于写字楼区域的。而在企业B的三家分店中，分店2比较特殊，周五到周日的权重指数合计为7.1，占总权重指数的70%，这说明分店2的销售过于集

中。同样在企业 B 中分店 3 的情况却正好相反，周末三天销售额只占到总销售额的46%。

此处需要注意，利用周权重指数及日权重指数可以计算销售额，也可以计算客流数据。销售额比较便于采集，所以企业一般倾向于前者。而以售卖服务为主的业态，如手机营业厅，可能不会产生销售额，就可以利用日客流量为基础数据进行计算。

总的来说，以普通消费者为销售对象或服务对象的业态都会具有这种规律，只不过零售行业表现得更明显一些。大体上来说，权重指数的适用于如下这些行业或业态：① 传统零售业门店，包括百货商场、购物中心、超市、便利店等，同时这些零售业态中销售的品牌也同样具有这种特性；② 各种专卖店，包括服装专卖店、电器专卖店、手机专卖店、建材专卖店、药店等；③ 以普通消费者为对象的电子商务网店，包括B2C网店、C2C网店等；④ 售卖服务的业态，包括火车站、汽车站、通信运营商的营业厅、电影院、饭店、旅游景点等。

（三）日权重指数应用

1. 日权重指数的常规计算

根据周权重指数的计算得出，分店的最小日权重指数就有可能小于1.0。计算分店日销售规律不需要全年数据，有三个月的销售数据即可，一般比较最近两个月和去年同期同月份数据。例如，在预测2022年10月的分店销售规律时，可以收集2022年8月、9月以及2021年10月的数据。这样的优势是既考虑了数据的时效性，又考虑了数据同期的可参考性。其次，根据店铺零售规律对日销售数据进行预处理，删除异常数据。最后，将剩下的数据以周为单位整理，然后计算出平均日销售额以及平均周销售额。

分店日权重指数公式（其中 N 为 1~7）如下：

星期 N 的日权重指数

=（星期 N 的平均日销售额 ÷ 平均周销售额）× 企业周权重指数

从这个步骤看，分店的销售规律需要每个月都处理一次，这样的优势是销售规律更有时效性和针对性。但是日权重指数也可以固定化，不必每个月处理一次，前提是在收集数据时需要收集完整年度而不是三个月的数据进行分析。

2. 日权重指数的特殊处理

计算分店日权重指数的时候，需要对一些特殊日期做专门处理。例如国庆节七天假期，每年只会有 7 个销售日数据，数据量太小，偶然性较强，因此需要扩大分析范围，增加数据源，可选取 2~3 年的历史数据作为数据源，寻找这些特殊日权重指数的规律。特殊日期可以分成三种情况：国庆节和三天假期、春节、促销档期。下面分别举例说明。

（1）国庆节和三天假期的日权重指数：以清明节三天假期为例来说明，同时假设这个门店权重指数为9.4。第一步，取三年历史数据，每年取2～4个标准周的销售数据为参照(本例取3个标准周，如2021年4月6—26日，2022年4月6—26日，2023年4月5—25日)。第二步，计算2021年4月6—26日单位权重(销售)值，计算公式为：2021年4月6—26日单位权重（销售值）=2021年4月6—26日总销售额÷2021年4月6—26日总权重指数。按照下面的公式分别计算2021年4月3—5日的权重指数：日权重指数=日销售额÷单位权重(销售)值。再用同样的方法计算出2022年4月3—5日，以及2023年4月2—4日的日权重指数。第三步，计算清明节每一天的平均日权重指数，取三年中清明节第一天的日权重指数的平均值作为清明节第一天的日权重指数，第二天、第三天依此类推。这三个值就是清明节的销售规律值。

（2）春节日权重指数：计算方法和清明节日权重指数的计算方法大体一样，不一样的地方是由于春节是在每年1月下旬至2月中旬之间，所以需要选取近三年同一时间段的销售额数据作为数据源。另一个不同之处是不仅需要计算春节假期的日权重指数，而且需要计算春节前一周的日权重指数，这是因为春节的特殊性，这一周在销售数据上已经无法参照平日的销售数据。

（3）促销档期的日权重指数：促销活动会影响零售门店的日权重指数，比如某个周一它的正权重指数是1.0，但是由于当日有促销活动，而它的日权重指数就需要随着促销活动的力度而提高。促销活动的量化处理可以参照"风力等级"的办法，风力等级一般分为0～12共13个等级，每个等级都有对应的风速指标。同样的道理，可以设定0级促销即无促销，日权重指数为正常值(定为1.0)；一级促销为销售额增长10%，日权重指数为1.1；二级促销为销售额增长20%，日权重指数为1.2……依此类推。这里的增长幅度可以根据日常促销的历史数据计算得出，此处不再赘述。

计算日权重指数的目的是给每天都赋予权重值。正常状态下赋予每天常规的权重，促销时则使用将促销级别考虑进去的特殊权重，节假日时则使用节假日权重。门店可以根据权重分解目标，分解到每日的工作任务中，不管是销售总监、销售经理、销售主管，还是一名普通销售员，通过对权重指数的认知和深入分析，都要非常明确自己每天的销售目标是多少。日销售目标分解就能起到这样的作用：让数据更透明，标准更统一，对比更有意义，也便于更好地进行销售管理。日销售目标的公式为：

日销售目标＝月销售目标 × （日权重指数 ÷ 月权重指数）

即 学即练

日销售目标的计算

　　某连锁企业 A 品类 2022 年 8 月的销售目标是 820 万元，总权重指数为 42.1。计算 8 月 15 日（星期日，权重指数为 1.7）的店铺销售总目标是多少万元？如果该企业在 8 月 14—15 日做了一场三级促销活动（特指预期销售额增加 30% 的促销，同理四级促销活动指预期销售额增加 40% 的促销），整月没有其他促销活动，8 月 15 日的品类总销售目标又是多少万元？

德 技并修

"生鲜灯"被全面禁用

　　一直以来，在农贸市场里，打灯销售生鲜、农副产品非常普遍。特殊灯照射下的鲜肉、水产品等生鲜食品显得格外新鲜，对食用农产品的真实色泽等感官性状造成明显改变，掩盖了食品的真实情况，从而误导消费者对商品的感官认知。

　　国家市场监管总局新修订的《食用农产品市场销售质量安全监督管理办法》（以下简称《办法》）于 2023 年 12 月 1 日起施行。《办法》是为了规范食用农产品市场销售行为，加强食用农产品市场销售质量安全监督管理，保障食用农产品质量安全，根据《中华人民共和国食品安全法》《中华人民共和国农产品质量安全法》《中华人民共和国食品安全法实施条例》等法律法规，制定的办法。

　　《办法》第七条规定：食用农产品销售者应当保持销售场所环境整洁，与有毒、有害场所以及其他污染源保持适当的距离，防止交叉污染。销售生鲜食用农产品，不得使用对食用农产品的真实色泽等感官性状造成明显改变的照明等设施误导消费者对商品的感官认知。鼓励采用净菜上市、冷鲜上市等方式销售食用农产品。

　　目前，为贯彻落实《办法》实施，规范农贸市场、农批市场、超市、生鲜店等食用农产品灯光照射行为，保护消费者合法权益，保障经营户平等竞争，"生鲜灯"的使用已被全面禁止。

同步测试 <<<<<<<<<<<<<<<<<<<<<<<<<<<<<<<<<<<<<<<<<<<<<<<<<<<<<<<<<<<<<<

一、单项选择题

1. 品类目标制定应该遵循（　　）。

    A. 统一指挥原则　　　　　　　　B. 公平原则

    C. SMART 原则　　　　　　　　D. 权责分明原则

2. 每一个品类目标都应该有完成时间，有的品类目标甚至可以被分解到多个时间节点。这体现的是品类具体目标制定应该符合（　　）。

    A. 相关性　　　　　　　　　　　B. 时限性

    C. 可实现　　　　　　　　　　　D. 可量化

3. 对于便利性品类，评估它的主要指标应以（　　）为主。

    A. 销售量　　　　　　　　　　　B. 商品结构

    C. 市场份额　　　　　　　　　　D. 利润

4. 以时间为节点的目标金字塔最底端的是（　　）。

    A. 年度目标　　　　　　　　　　B. 季度目标

    C. 月度目标　　　　　　　　　　D. 每日目标

5. （　　）适用于有月度（或者季节）变动特征的经济现象数量预测。

    A. 年度指数法　　　　　　　　　B. 月度指数法

    C. 季度指数法　　　　　　　　　D. 日度指数法

二、多项选择题

1. 目标管理是（　　　　），而使组织和个人取得最佳业绩的现代管理方法。

    A. 以目标为导向　　　　　　　　B. 以人为中心

    C. 以成果为标准　　　　　　　　D. 以管理为目标

2. 品类目标包括（　　　　）。

    A. 衡量标准　　　　　　　　　　B. 评估指标

    C. 整体目标　　　　　　　　　　D. 衡量标准的具体目标

3. 销售目标从内容角度一般可分为（　　　　）。

    A. 销售额（量）目标　　　　　　B. 销售费用目标

    C. 利润额（率）目标　　　　　　D. 新增客户目标

4. 周权重指数以及日权重指数的计算可以利用（　　　　）来计算。

    A. 销售额　　B. 客流数据　　C. 利润率　　D. 转化率

5. 目标制定过程，员工参与（　　　　　）。

A. 设置目标　　B. 验证目标　　C. 确认目标　　D. 沟通目标

三、简答题

1. 简述品类角色与品类目标之间的关系。

2. 简述企业经营品类目标制定的具体策略。

3. 简述零售企业品类目标制定的过程。

4. 简述如何利用季节指数分解品类销售目标。

模块三

品类策略

思维导图

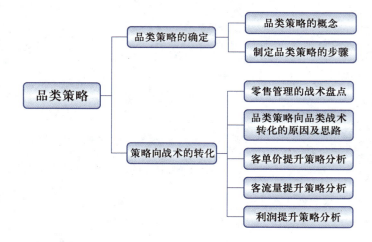

学习计划

● 素养提升计划

_____

_____

● 知识学习计划

_____

_____

● 技能提升计划

_____

_____

単元1　品类策略的确定

【学习目标】

素养目标

● 通过对品类策略的拓展增强创新意识

● 通过对品类策略的分析培养学生的系统思维

● 通过对品类策略的适度取舍强化诚信营销的理念

知识目标

● 掌握品类策略的概念

● 熟悉常见的品类策略

● 熟悉品类策略与品类角色、品类评分表、门店策略的关系

技能目标

● 能够根据品类角色与品类目标选择合适的品类策略

● 能够为次品类进一步分解合适的品类策略

● 能够合理处理商店、品类、次品类不同层次策略之间的关系

案 例导入

　　FF公司是一家总部位于东南沿海地区的连锁零售企业，目前旗下有各种业态共300多家门店，其中主要是便利店、标准超市、社区生活超市业态，门店主要分布在江苏、安徽两个省，小王目前协助非食品部经理制定该部门的商品采购规划并推动业绩提升。目前阶段，有多家门店的非食品部销售业绩都不太理想，部门经理很着急，而各个门店店长也都纷纷申请要做降价促销，但是最终效果依旧不太理想。部门经理安排小王去根据现状制定一个讨论方案，分析原因并提出下一步的业绩提升方案。

　　【引思明理】每个主管都面临业绩提升的压力，当业绩不佳的时候，有的主管选择了降价促销，有的主管选择了增加销售员的销售提成以激励销售，甚至还有的主管同时使用多种手段。但是，并非所有方式都适用。企业要知道门店或者品类经营过程中面临的问题是什么，要从业绩公式出发，一般来说经营业绩=客流量×转化率×客单价×复购率。业绩不佳的原因是客流量不足还是客单价太低？是转化率不高还是没有利润，或者复购率低？不同的经营问题，需要采用不同的应对策略。因此，小王实际上面临的问题是：目前有哪些可用的品类策略？如何根据品类角色、品类评估结果以及品类目标来选择合适的品类策略？

一、品类策略的概念

（一）品类策略简介

　　不同的登山者拥有同一个目标：登顶。但是由于每个人的特长不同、体能不同，他们会选择不同的登山方式。老人多半会选择传统路线，年轻人会选择羊肠小道，登山爱好者会选择险峻的崖壁。门店的经营也一样，不同零售商可能拥有相同的目标（品类角色、品类评分表），但由于其现状不同，门店应该选择不同的实现方式，即制定不同的品类策略。品类策略是制定相应的策略以满足品类的角色并达到评估目标的过程，它能帮助零售商实现品类评分表的目标，同时会引导零售商实现差异化竞争。如果品类策略不清晰，门店很容易在经营的过程中迷失自我，如下面案例所示。

案 例分析

策略不明确，易随竞争对手改变而改变

　　某零售商位于繁华的闹市区，随着周围商圈的日趋成熟，该店客流量也不断增加，30个收银台超负荷运作。而由于商店的店址和结构等原因，不可能再增开收银台。当附近一家新店开张并开通了载客穿梭巴士后，该零售商担心客流量流失，也效仿开通了穿梭巴士。其实，该店此时的策略不在于增加客流量，而在于如何提高客单价和顾客忠诚度，如何更好地服务顾客，提高顾客满意度。

　　（二）常见的品类策略

　　1. 常见的品类营销策略

　　（1）增加客流量，即增加品类购买的人数。

　　（2）提高客单价，即提高购物者每次的购买金额。

　　（3）贡献利润，即引导购物者购买利润更高的商品。

　　（4）保持现有市场份额，即不惜代价保持/强化现有市场地位。

　　（5）刺激购买，即为刺激购买而制造紧迫感、新奇感、机遇感。

　　（6）消费者教育，提高认知度，即帮助消费者了解品类特征、如何使用等。通过媒体宣传、现场促销、商品展示等方式加深消费者对商品品类的认知。

　　（7）渗透/试用，即激发试用与初次购买。

　　（8）提升忠诚度，即刺激持续多次购买。

　　（9）增加现金流，即提高品类的周转，汇集现金流。

　　（10）维护形象，即在价格、服务、商品多样化、氛围等方面建立、强化并传递零售商想树立的企业形象。

　　2. 常见的品类供应链策略

　　（1）成本领先，通过改进采购环节的运作降低产品采购成本，重点在成本控制。

　　（2）提高工作效率，通过EDI（Electronic Data Interchange，电子数据交换）与VMI（Vendor Managed Inventory，供应商管理库存）等项目合作，提高订单、补货、收货、付款等的精度，并加快其速度，重点在快速反应。

　　（3）优化库存管理，通过提高库存管理水平降低整个供应链中的库存量及相应的成本，重点在库存控制。

　　（4）提高客户服务水平，通过与供应商的合作，提高订单满足率，降低缺货率，重点在保证有货。

动画：现金流

（三）品类策略与品类评分表的关系

品类策略是实现品类评分表所设定的目标的方法，是为品类评分表所设定目标而服务的，所以选择品类策略时，要有针对性，并对品类策略可能产生的效益进行预测，以确保所选品类策略是有效的。品类策略与品类评分表之间的关系如表3-1所示。

表3-1　品类策略与品类评分表之间的关系

品类策略	品类评分表指标
增加客流量	高市场份额、高购买频率、高销售比例
提高客单价	客单价
产生利润	更高的毛利率和周转率
增加现金流量	更高的周转率和购买频率
增加消费量	更高的销售额、客单价和购物频率
提高客户服务水平	更高的订单满足率、更低的缺货率

（四）品类策略与品类角色的关系

同一品类在不同的门店可能承担不同的角色。例如，某品类在零售商 A 处可能是目标性角色，而在零售商 B 处可能是便利性角色。针对不同的品类角色，需要选择不同的品类策略。如健康与美容护理用品，在超市多半为便利性角色，在大卖场可能成为常规性角色，而在个人护理用品店则成为目标性角色。品类角色不同，零售商自然会为该品类赋予不同的经营策略，如图3-1所示。

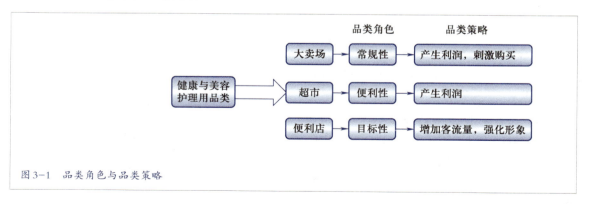

图3-1　品类角色与品类策略

即使拥有同样的品类角色，很可能也会使用不同的品类策略。如洗涤用品的品类角色在大卖场多半是常规性的。但零售商 A 的机会在客单价较低，零售商B的机会在陈列混乱，所以两家零售商采取的品类策略应该是不同的。

（五）品类策略与次品类的关系

品类策略需要深入品类内部，即不同次品类可以采用不同的策略，此时次品类的组合策略成为品类策略，如表3-2所示。

表3-2　品类策略与次品类

次品类	品类策略			
	增加客流量	提高客单价	维护形象	刺激购买
软饮料	普通可乐	特殊口味饮料		新一代饮品
洗涤用品	普通洗衣粉	超浓缩洗衣粉	洗涤液	
宠物护理品	猫狗粮			宠物玩具

（六）品类策略与商店策略的关系

各品类的情况不同，可能采用不同的品类策略。但在确定品类策略时，必须考虑门店策略。如果门店的策略是提高客单价，品类策略就不应该是推动小包装产品的发展；如果门店策略是满足中高收入消费者的需求，品类策略就不应该是推动低值商品的发展。否则，门店利用很多资源吸引的顾客会去其他门店购买该品类，而对该品类的投入也得不到应有的产出。

二、制定品类策略的步骤

品类策略是品类管理较重要的一个环节，制定好品类策略，品类管理就成功了一半。本书将品类策略制定分解成4个不同的步骤，在每个步骤之后，列出关于如何找到和传递这些信息的说明和细节。

（一）了解可用的品类策略

将已知的及其延伸出来的品类策略列举出来，了解不同策略对品类的意义和影响。

（二）回顾品类角色

品类角色不同，品类策略很可能不同。从列举的品类策略中挑选能反映品类角色的部分。

（三）回顾品类评分表

品类策略必须服务于品类评分表，能帮助达到品类评分表所要求的衡量指标。从挑选出的品类策略中再筛选出能够达到品类评分表所要求的指标的品类策略。

（四）品类策略确定

最终选出的品类策略需要用商品来实现，根据次品类及小分类的特点，确定最终的品类策略。

制定品类策略的步骤如图 3-2 所示。

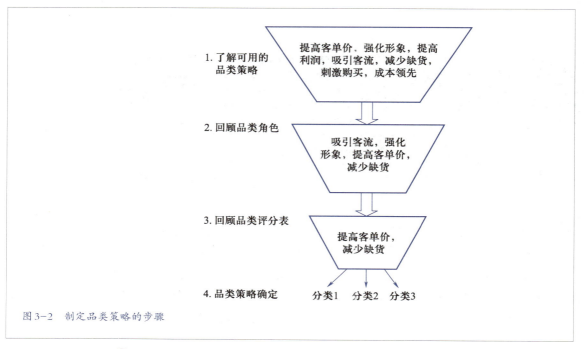

图 3-2　制定品类策略的步骤

 例分析

餐饮业的品类策略

在餐饮业，尤其是中餐领域，品类策略是否也有价值？餐饮业如何制定品类策略？

某著名中式餐饮品牌以经营商务餐为主要特色。其不断研发，推出了许多新菜品。但是有"出新"并无"推陈"，该品牌上海某餐厅菜品数量近400道，仅有不到120道菜品销售量贡献率（菜品累计点击率）进入前80%，也就是说，大约占菜品数量30%的产品贡献了80%的销售量。其余70%的产品仅仅贡献了20%的销售量。而这70%的低效菜品占用了大量的企业资源：采购量低，采购无议价能力；销售量小，采购资金利用率和储藏空间利用率低；厨师操作机会少，技术不熟练；食材不保鲜，菜品质量无保障。由此看来，该餐厅应该对产品进行"末位淘汰"。如果按照累计点击率进行末位淘汰，必然会导致评价结果出现偏差。

在餐饮企业，快餐是以个人为消费单位的，中式正餐、火锅等常常是以桌为消费单位的。不同消费人数的桌（桌型）的消费搭配不同，4人一桌消费的菜品的数量和品种与10人一桌消费的菜品数量和品种不同，人均消费金额也不同。

在该案例中，如果简单地按照总排行榜的累计点击率进行末位淘汰，有些数量较少的桌型需要的菜品可能被"误伤"，一旦被淘汰，这类桌型的顾客在点餐时将比较困难。消费者曾经遇到过在某类餐厅小桌（4～6人一桌）点餐体验良好，但在大桌（8～10人以上一桌）点餐时不得不把一些菜点两份，否则可能出现无菜可点的情况。因此，该饭店需要按照桌型分别对不同品类的菜品进行末位淘汰。

按照以下方法对该餐厅的菜品品类结果进行了优化调整：

一是按照桌型统计出每一桌型的点菜模型，包括桌型的菜品总数量、不同品类的商品数量，每一品类菜品排名顺序（排行榜）。

二是对照不同桌型的每一品类排行榜，选择排名后10%～15%的进行末位淘汰。这样会出现两种情况：

（1）现有的菜品在A品类被淘汰，在B品类被保留。此时，将出现被点一次以上的菜品保留，再将其余的菜品列入淘汰名单。由此，就避免了"误伤"。

（2）某品类的菜品数量与其他品类菜品数量相比明显偏少，消费者在消费此类菜品时的选择余地小。此时需要的不是末位淘汰，而是"末位补充"。

三是将全部被保留的菜品和补充的菜品按照销售数据重新进行总累计点击率排名，新补充的菜品排在最后。在新统计中，计算累计点击率前80%的菜品数量占菜品总数量的百分比。图3-3和图3-4分别是优化前和优化后的累计销售额占比。

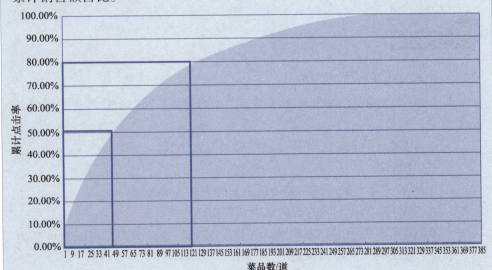

图3-3　优化前累计销售额占比

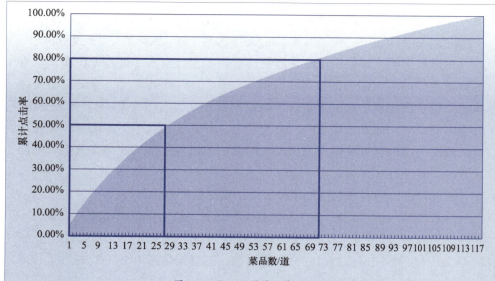

图3-4 优化后累计销售额占比

结果是：优化后共117道菜品。前29位的菜品占产品贡献的50%，前70位的菜品占产品贡献的80%。后47位的菜品占产品贡献的20%。两图比较，贡献率高的得到保留，没有贡献或贡献率低的被淘汰了。主打菜品更加突出，品牌通过菜品被强化；菜品减少，消费者点菜更加容易，消费者的选择性并没有受到明显的影响；餐厅采购、储存、加工、培训等工作突出了各自的有效性，避免了资源浪费。

<<<<<<<<<<<<<<<<<  <<<<<<<<<<<<<<<<<<<<<<<<<<<<<<<<<<<<<<<<<<<<<

一、单项选择题

1. 品类策略能帮助零售商实现（   ）的目标，同时会让零售商实现差异化竞争。

    A. 品类评分表　　　　　　　B. 品类发展指数

    C. 销售额　　　　　　　　　D. 客户

2. 下列各项品类策略与品类角色关系的表述正确的是（   ）。

    A. 同一品类在不同的商店承担相同角色

    B. 品类角色不同，零售商为了统一管理、提升效率，应该对该品类使用统一的经营策略

    C. 同样的品类角色，应该使用不同的品类策略

    D. 品类策略应深入品类内部，即不同的次品类可以有不同的策略

3. 根据品类策略与品类角色关系的分析原理，健康与美容护理品类，一般在（　　）承担常规性品类角色，在（　　）承担便利性角色。

　　A. 大卖场，社区超市

　　B. 便利店，专卖店

　　C. 大卖场，便利店

　　D. 便利店，大卖场

4. 品类策略与品类评分表之间的关系，下列说法不正确的是（　　）。

　　A. 客单价指标是评价实施提高客单价品类策略的指标

　　B. 调研和收集现有市场份额的数据指标可以评价企业的现金流量

　　C. 通过毛利率和周转率的提升可以评价利润品类策略

　　D. 增加客流量的品类评分表指标是高市场份额、高购买频率、高销售比例

5. 品类供应链策略更加关注（　　）。

　　A. 成本领先

　　B. 提高速度

　　C. 优化库存管理

　　D. 提高客户服务水平

二、多项选择题

1. 品类策略的种类包括（　　）。

　　A. 销售策略　　　　　　　　B. 营销策略

　　C. 供应链策略　　　　　　　D. 顾客策略

2. 品类策略与品类评分表之间的关系，下列说法正确的是（　　）。

　　A. 增加客流量的品类评分表指标是高市场份额、高购买频率、高销售比例

　　B. 客单价指标是评价实施提高客单价品类策略的指标

　　C. 通过毛利率和周转率的提升可以评价利润品类策略

　　D. 调研和收集现有市场份额的数据指标可以评价企业的现金流量

3. 针对不同的品类角色应制定不同的品类策略，下列各项适用于制定目标性品类的品类策略的是（　　）。

　　A. 提升形象　　　　　　　　B. 增加客流

　　C. 提高现金流　　　　　　　D. 创造激动人心的购物体验

4. 下列各项品类策略与品类角色关系的表述不正确的是（　　）。

　　A. 同一品类在不同的商店承担相同角色

　　B. 品类角色不同，零售商为了统一管理、提升效率，应该对该品类

使用统一的经营策略

C. 同样的品类角色，应该使用不同的品类策略

D. 品类策略应深入品类内部，即不同的次品类可以有不同的策略

5. 品类营销策略的基本来源是消费者购买决策路径，请问目前常见的方式包括（　　　　　）。

A. 以购买为特征的搜索路径

B. 以闲逛为特征的内容路径

C. 以比较为特征的电商路径

D. 以跟随为特征的社交路径

三、简答题

1. 简述品类营销策略包含的具体的策略。

2. 简述品类策略与品类角色的相互联系与区别。

3. 简述品类策略与品类评分表的关系。

4. 简述品类策略确定的流程。

5. 简述品类策略与商店策略的关系。

单元2 策略向战术的转化

【学习目标】

素养目标

● 通过品类策略向品类战术的转化培养脚踏实地的工作作风

● 通过客单价和客流量生成机理的分析培养科学探究精神

知识目标

● 熟悉零售业中4P与4C营销理论

● 熟悉零售4C与零售4P的区别

● 掌握常见品类策略向品类战术转化的分析思路

技能目标.

● 能够通过零售4P的合理组合提高客流量

● 能够通过零售4P的合理组合提高客单价

● 能够通过零售4P的合理组合提高利润

案 例导入

　　小王经过分析报表以及和A门店的沟通和谈论，首先得出结论：A门店目前存在的问题主要是客流量有所下降。因此，应如何提升客流量？作为品类主管，门店店长要求小王结合A门店的实际情况，提出非食品区域的客流量提升方案。同时考虑到吸引客流不易，店长希望进店的客人尽量能够实现购买，所以门店在转化率上也提出了更高的要求。小王虽然觉得有压力，但是也很兴奋，因为现在要做的事情是品类管理产出效果最明显的环节——业绩提升。如果他的方案能够提升业绩，那么他的价值就得到了体现。

　　【引思明理】门店经营首先需要有顾客。所以对于开店而言，第一个大前提就是客流在哪里。对门店来说，客流量是基础。一般来说，客流量是一个模糊的概念，有些领域如超市业态习惯于称作来客数，它其实已经隐含特指成交客流。这里隐含两个指标，一个是客流量，也就是指进店客流；另一个是购买率，在电子商务领域的说法称作转化率。提升商品利润有多种方法，如改变商品销售结构，但最为有效的是提升动销率。因此，在分析客流量的同时，也包含了客流量和转化率两个方面的内容。此外，企业不仅仅需要明确采取什么策略，更需要明确上述策略如何转化成可以执行的具体的战术手段。

一、零售管理的战术盘点

（一）以品类为基本单元时4P营销理论的运用

　　营销学中有非常经典的4P理论，即product（产品）、price（价格）、place（渠道）、promotion（促销）。在零售管理的过程中，业内提出了零售管理的4P：product（商品组合）、price（定价）、presentation（陈列）、promotion（促销）。

1. 商品组合战术操作

　　（1）维持，即维持现有的商品组合。

　　（2）减少，即减少该品类、次品类、属性分类的单品品项数。

　　（3）增加，即增加该品类、次品类、属性分类的单品品项数。

　　（4）取代/交换。交换品项数目，以新品替代旧品。

　　（5）一制化/群组化。以单店或群组店为单位来决定商品组合。

　　（6）自有品牌。在该品类、次品类、属性分类中去建立、淘汰或扩大自有品牌项目。

2. 定价战术操作

（1）维持，即对目前价格不做任何改变。

（2）降价，即降低所有或选定品类单品的零售价格。

（3）提价，即提高所有或选定品类单品的零售价格。

（4）统一/群组，即所有店相同定价或依照群组或区域定价。

3. 陈列战术操作

（1）店内位置，即品类配置在店内的位置。

（2）空间分配，即货架空间分配到品类、次品类、属性等。

（3）陈列安排，即在品类之间安置次品类、属性分类、品牌、规格等的方法。

（4）陈列方法，即商品具体采用何种陈列方法来展示，如服装正挂、侧挂、叠装等。

（5）一致化/群体，即调整一家门店或群组店的品类位置空间与陈列。

4. 促销战术操作

（1）手段，即降价、折价券、广告、陈列、试吃或免费样品。

（2）产品，即被选为促销的项目。

（3）频率，即多久促销一次。

（4）期间，即促销时间的长度。

（5）时机，即安排促销活动的计划表。

（6）地点，即促销地点。

（7）相关陈列，即搭配式促销。

（二）以品类为管理的基本单元中4C营销理论的运用

1990年，美国学者罗伯特·劳特博恩教授提出了4C营销理论，即消费者的需求与欲望(Consumer need & wants)，消费者愿意付出的成本(Cost)，购买商品的便利(Convenience)和沟通(Communication)。

1. 消费者的需求与欲望

企业必须首先了解和研究顾客，根据顾客的需求来提供产品和服务。同时，企业提供的不仅仅是商品和服务，更重要的是关注由此产生的客户的价值增值。而从品类管理的角度来看，按照消费者的购买需求与欲望来定义一组商品即品类，并对其实施有效的管理，可大幅提升零售商场对顾客需求的满意度，进一步提高市场影响力。

2. 成本

这里的成本不仅是指企业的生产成本，或者4P中的价格，而且包括顾客的购买成本，同时意味着商品定价的理想情况应该是既低于顾客的心理价格，亦能够让企业有所盈利。此外，这其中的顾客购买成本不仅包括其货币支出，而且包括其为此耗费的时间、体力和精力，以及购买风险。在以品类为管理的基本单元时，对单位商品成本的研究，会结合整个品类的成本控制和管理来进行。在同一个品类内，不同品牌商品的成本构成，直接影响着该品类的价值定位。在品类管理的框架下，可以清晰地分清顾客对各个品类价格的心理承受能力。

3. 购买商品的便利

4C营销理论强调企业在制定营销策略时，要更多地考虑顾客的方便，而不是企业自己的方便。要通过良好的售前、售中和售后服务来让顾客在购物的同时享受便利。便利是客户价值不可或缺的一部分。同样，在以品类为基本管理单元时，更加注重对消费者购买行为的研究，以消费者购买需求为基础建立起来的品类关联和结构，比单一商品和品牌能提供更强的便利性，大量节约顾客购物的时间成本和体力消耗。

4. 沟通

被用以取代4P中对应的促销。4C营销理论认为，企业应通过同顾客进行积极有效的双向沟通，建立基于共同利益的新型企业/顾客关系。这不再是企业单向的推销和劝导顾客，而是在双方的沟通中找到能同时实现各自目标的途径。以品类为管理单元进行消费者沟通，会更加有效。此外，在制定品类策略时，还会用到许多在市场营销中运用的其他分析工具和思考方法，这里不逐一列举。

二、品类策略向品类战术转化的原因及思路

（一）品类策略向品类战术转化的原因

在竞争激烈环境下，企业只有围绕既定的目标和策略进行品类战术之间的整体联动和整合运作，才会在竞争中脱颖而出。因此，零售管理的4P应该在四个方面具有内在的一致性，也就是说，各方面应该能相互配合，相互促进，而不是相互矛盾，这就要求将各个品类战术按照有机的结构连接在一起。将其中的"1P"提升为战略性核心，其他"3P"围绕该核心来安排，构成"1P+3P"模式，这样4P之间才会形成合力。至于选择哪一"P"作为战略性核心，需要根据实际情况灵活处理，通常选择"product"作为其中的核心来展开。所以为了形成4P的合力，很有必要从品类目标出发，将品类策略向品类战术转化，转化之后的战术表格将成为后续品类战术具体落实的指导纲领。

（二）品类策略向品类战术转化的思路

1. 根据品类策略选择与该策略最匹配的商品

只要仔细分析不同品类策略的内部机理，就会发现不同的品类策略所匹

配的商品不同。一般来说，提高客单价最关心高客单价的商品或者量贩装的商品，提高客流量更关心高购买比例、高购买频率的商品，提升利润则最好更加关注高利润率的商品，激发初次购买最好是小包装商品和试用装的商品。同样，提高现金流要从现金流的生成机理来分析，最好是周转快、账期相对较长的商品，基本上所有的品类策略都能找到与该策略比较匹配的商品。

另外，如果进一步分析，就会发现寻找品类策略最匹配的商品与品类角色定位有千丝万缕的联系，只不过从品类策略的角度来寻找匹配商品比从品类角色定位角度寻找匹配商品更加具有功利色彩，零售商的出发点不是该商品对顾客、对市场的影响力如何，也不是单纯考虑该商品的销售和毛利表现，而是首先考虑该商品给零售商本身带来的价值是什么，这种价值就是品类策略所希望实现的价值。

2. 将商品组合、定价、陈列及促销等资源向该种商品倾斜

找到合适的商品之后，对这些商品根据相应的策略进行资源倾斜。举例来说，如果目前的策略是提高利润，则门店在商品组合中要增加高利润率的商品，减少低利润率的商品；如果是超市业态，高利润率的商品可以进一步具体化为纺织服装等商品。除此以外，还需要在商品陈列时给高利润率商品提供更好的位置、更大的空间和更突出的展示方法，在价格上没有必要采取竞争性的价格，也就是说尽量不降价，价格要高于竞争对手或者至少不低于竞争对手。当然，在促销方面，要避免频繁采用价格促销，而是更多地通过突出高利润率商品价值的促销手法，如现场演示、试用等，加大对高利润率的商品促销频率，同时加大宣传力度。这样从商品类别的确定开始，对该商品进行各种资源的倾斜。

3. 在商店运作的其他方面围绕品类策略进行补充

除了4P的资源之外，有时候为了达成经营目标，还需要一些门店运营的其他辅助方法，但是严格意义上讲这些方法已经超出了4P的范畴，如为了提高客流量增加购物班车，为了提高客单价而对购物班车的行走线路进行有目的的调整，同时在店内的购物篮、购物车的配置上进行特别处理等。

三、客单价提升策略分析

(一) 客单价生成机理分析

客单价取决于客品数的多少与品单价的高低，如果门店的政策是提高客单价，其中有一项指标就是希望顾客购买价格较高的商品，那么首先，门店里是不是有价格较高的商品就成为基本前提。其次就是大包装的商品。一般来说，大包装的商品总价格相对较高。也就是说，该商店不应该推动低价格、小包装商品的发展，当然这要考虑不同的购买力与不同的节气变化所带来的

视频：客单价战术转化

需求变化。

　　在购买力强的社区，应注意中高档商品的比例。例如，某知名零售商希望能够吸引月收入 5 000 元以上的购物群。但分析其卫生巾品类时，却发现吸引了大量的 3 000 元收入的人群。也就是说，该门店花费很多精力吸引来的中高收入群却不在该商店购买卫生巾，原因是该商店卫生巾品类的产品陈列、促销都倾向于低档的或不知名的品牌。该门店发现这一问题之后，对卫生巾品类进行了优化，从按夜用、日用陈列转为按品牌陈列，并配以柔和的粉红色，促销也开始侧重于一些高值商品，卫生巾品类的销量很快就得到了 17% 的增长。在购买力低的社区，面向家庭消费的大卖场要考虑在促销时主要推出大规格、大包装、捆绑装的或者量贩包装的商品，既让顾客有物美价廉之感，又可最大限度地提高客单价，引导多买多便宜的消费理念。

　　如今很多零售企业时常搞鸡蛋超低价的促销活动，或用价格相对较低的青菜等商品赚人气，这些都可行，但要看时机。如在春节期间，就应该让它们退居二线，不要在主通道或显要位置摆放这些单价低、损耗高的商品，因为这段时间消费者更关心过节的商品哪家卖场更多、更全。这时，经营者要从自己的获利点出发，将有价格优势（也就是高价格、高毛利）的商品，置于主通道或货架最佳位置上，引导消费者来购买为他们精心挑选的商品。

　　在陈列方面，提高客单价的核心方法就是关联陈列，即根据商品与商品之间的关联因素以及顾客的消费习惯来进行合理的陈列。例如：一位女性顾客进入门店，如果一开始只是想买一包饼干，但是在选货的过程中看见了饮料，她吃完瓜子感觉口渴，就顺便拿了一瓶饮料，这样客单价是不是就提高了？因此，饼干和饮料这两种关联性较强的类别就应该尽量放在同一个地方。除了关联陈列外，门店还可以通过组合装商品提高客单价。例如，薯片配瓜子可以将想买薯片或想买瓜子的顾客吸引到一起。顾客本来可能买一样商品，现在却买了两样商品。冬季把火锅底料和小料以及羊肉捆绑销售，同样是关联陈列。此时，组合装的定价很值得研究，它不能仅是两种商品原来售价的简单相加，应当体现一定的组合优势，让顾客在觉得划算中不知不觉提高了客单价，也提升了营业额。

　　门店还可以把促销活动与提高客单价直接联系起来。例如，购物满 A 就可获得 B，A 要适当高于平均客单价。如果门店的客单价平均为 60 元，那么门店就可以采取单票买满 80 元就赠送或者低价购买某些商品的活动，以此来提高顾客的交易金额。特别是针对客单价偏低的门店，这类活动应该重点推广。因为如果门店把 A 定位于 50 元，则几乎人人都可以享受到这种优惠，其对客单价的促进作用意义不大，最多是吸引一些客流；相反，如果略高于平均客单价，则正好可以刺激消费者把本次客单价抬高到80元以上。

有人曾经做过试验，当顾客空手进入卖场时，他最多可能购买4件商品；当他拿上购物篮后，平均购买件数上升为5.5件；当他把购物篮换成购物车之后，平均购买件数上升为6.5件；主动线上分布一些购物篮之后，平均件数上升为8件。通过这些方法，把顾客平均购买的商品件数由4件提高为8件，可见，提供购物车也是提升客单价的有效途径之一。

（二）提高客单价战术指导表

结合零售管理的4P理论，提高客单价战术指导表如表3-3所示。

表3-3　提高客单价战术指导表

品类战术	提高客单价
商品组合	改变商品组合，转向更高价值的能够增加平均每单购买金额的产品以及大批量购买的量贩装产品、组合包装，尤其是在促销选品时
定价	对大包装和多包装的 SKU 定价较低，对团购客户给予优惠
陈列	对高单价商品及量贩装商品通过端架、堆头或特殊陈列来突出； 在高单价商品的陈列方面要体现高单价商品的价值感； 利用交叉—陈列手段，注意关联商品的体现； 在店内的购物篮、购物车等的设计上要提供购买的便利； 在购物的班车线路设计上要考虑沿途客人的购买能力
促销	高价值产品、大包装商品的促销力度、促销频率要大； 利用店内促销来鼓励消费者购买价格较高的大包装商品和高品质商品，尽量避免促销难携带的商品； 直接利用买赠活动提升客单价

四、客流量提升策略分析

（一）线下门店客流量生成机理分析

在一般情况下，可简单地认为，客流量＝商圈范围（总人数）×渗透率×购物频率。例如，A超市的商圈范围内总共有15万人，其渗透率约为60%，这些被渗透的人群平均每30天到超市3次，则A超市日均客流量＝15×60%×3/30＝0.9（万人）。因此，要想提高客流量，可从扩大商圈范围、提高渗透率、增加顾客的购物频率等方面入手。

1. 从提高门店商圈范围的维度去提高门店客流量

在影响门店辐射面积大小的诸多因素中，不仅有门店所属业态、门店经营面积大小、门店品类分布、门店周围交通设施的便利程度等相对客观的因素，而且有门店的服务质量、经营管理水平、商品的性价比等主观因素。

在门店规模和门店业态确定以后，商品的深度和广度其实也就基本确定了，便利店、超市、大卖场和专卖店都会有较为严格的市场区隔，所以商品组合的跨业态经营从单店而言并不现实，这是因为后台的一系列支持难以改变。但是门店的商品组合还是有一定的选择和调整空间的，完全可以根据周围商圈消费者的层次以及商圈内竞争者的状况，有所为有所不为，突出自己的经营优势。

顾客抵达门店的便捷性和便利性也是门店商圈覆盖范围的一个重要影响因素，门店可以通过增设免费购物班车、改善门店的停车环境、与公共交通部门协商增加到本门店的公交路线或站点等方式来方便顾客到达本门店。

要提高商圈内居民对门店的知名度，有效利用促销广告和服务质量带来的口碑，就是一种很不错的选择。比如，可以有意识地到那些处于薄弱地带的小区去重点组织公关活动、散发促销广告，以提高这些地区居民对本门店的知晓度。

边缘区域的顾客是容易流失的，这些顾客也是容易受到竞争对手攻击的，如果能在边缘区域构筑有效的防御体系，那么巩固自己的整体市场地位就相对容易了。因此，对这些边缘区域进行的营销活动一定要深耕细作，组织有效的纵深防御系统，如拜访这些地区的顾客、开展小区的公关活动、保证促销广告的传播到位等都是门店的重要工作。

2. 门店商圈渗透率

门店商圈渗透率是指门店所覆盖的核心商圈和次核心商圈中，稳定顾客数量占全部目标顾客数量的比例。门店商圈渗透率在某种意义上就相当于门店的市场份额。影响门店商圈渗透率的主要因素是本门店相对于那些能够提供给目标顾客类似商品或服务的替代性门店的竞争力。如果本门店能够比替代性门店提供更高性价比的商品、为顾客提供更温馨的服务，那么在同等的门店面积大小的情况下，门店的商圈渗透率一定更高。应该说，向顾客提供高性价比的商品才是构成顾客满意评价的核心。此处所指的商品一定是高购买比例的商品，如果购买比例比较低，如轮椅，价格再合算也没有多少人会为此而到店购物。另外，对于有些商品（如婴幼儿用品）尽管购买比例不高，主要针对特定人群（有小孩子的家庭），但对于特定人群来说只要其购买频率比较高，同时该类人群在商圈范围内也占有一定份额，该商品也可以考虑作为提高渗透率的商品来重点对待。

3. 提高顾客来店的购物频率

在提升客流量的三个因素中，顾客来店的购物频率是最基本的因素。在不同的时期、不同的地区，消费者的购物频率存在差异。了解顾客来店的购物频率的规律，再加上扩大商圈范围和提高覆盖密度等投入，有利于零售商提高客流量。要想提高顾客来店的购物频率，必须给予顾客多次来店的理由，需要在高购买频率的商品上做文章。如超市的生鲜食品，在这种商品上，如果顾客每次到店里都会有新的商品，每次都有不同的商品在促销，自然会增加顾客频繁来店的动力，因此，在促销活动的策划上，有一个说法叫"月月有活动、周周有主题、天天有惊喜"，就是为了提升顾客来店的频率。除此以外，门店还可以通过会员制积分的方式来鼓励顾客多次来店购物。

（二）网店流量分析

1. 网店流量来源

网店流量根据其来源的不同可以分为以下四类：免费流量、付费流量、自主访问流量和站外流量。

（1）免费流量。免费流量是指不用卖家花钱就能引入店铺的流量。免费流量的来源一般是卖家在淘宝或天猫网站首页输入关键词进行搜索后带来的流量。或者在类目导航窗格中，选择相应类目及子类目后产生的流量。

免费流量，尤其是搜索而来的流量，是因买家主动且目的性较强的搜索动机产生的，因此这一类流量是较为精准的流量，达成交易的可能性也较大，是支撑各卖家店铺运营不可或缺的因素。因此，卖家首先要抓住的就是这类流量。特别是对于小卖家来说，并没有太多的资金来投入获得付费流量，用心优化好搜索而获得的流量就显得尤为重要。而对于大卖家来说，由免费流量带来的转化，肯定也是越多越好。

（2）付费流量。免费流量很重要。以淘宝为例，在淘宝中进行关键词搜索后，会出现商品展示界面，在界面的右边有一个"掌柜热卖"区域，这就是付费商品直通车。每点击一下这个区域的商品，卖家就会付费一次。但对买家来说，他们是看到什么地方的商品符合其购买需求，就点击进行浏览的。所以直通车付费的商品可以增加被买家点击的机会，自然也就能提高搜索流量。

（3）自主访问流量。自主访问流量的来源通常是老顾客，老顾客通过点击自己的购物车、收藏夹中的商品和店铺而产生的流量就是自主访问流量。这类流量的特点就是转化率较高，毕竟顾客在之前已经对店铺商品有过一定的了解，之所以会再次浏览店铺的商品页面，多数情况下是想要购买商品。因此，卖家维护好顾客关系，将付费流量带来的顾客转化为老顾客，是运营好网店的一大方法。

（4）站外流量。由于电子商务领域的竞争越来越激烈，很多卖家都开始在站外花一些心思来获得流量。例如，在直播网站、短视频网站、网上商城、论坛中发布商品信息与链接。一旦有用户通过点击此链接的方式进入店铺，就会带来站外流量。但是，站外流量的获取成本较低，或者是完全免费，因此它所带来的转化率也比较低。

2. 网店流量分析的具体内容

网店流量分析提供了全店流量概况、流量地图（包括流量的来源和去向）、访客时段、地域等分析，以及店铺装修的趋势和页面点击分布分析。网店流量分析可以帮助卖家快速知晓流量的来龙去脉，在识别访客特征的同时，了解访客在店铺页面上的点击行为，从而评估店铺的引流、装修等状况，帮助卖家更好地进行流量管理和转化。具体来说，网店流量分析包括以下几个方面：

（1）流量概况。流量概况是店铺整体流量情况的概述，能够帮助卖家了解店铺整体的流量规模、质量、结构，并了解流量的变化趋势。流量概况界面如图3-5所示。

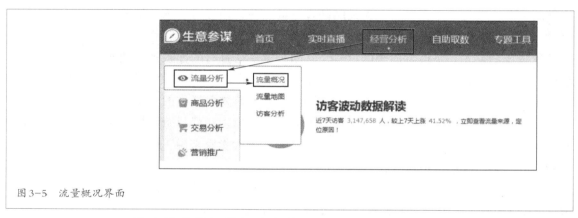

图3-5 流量概况界面

从流量总体规模知晓店铺的浏览量、访客数多少及其变化；从跳失率、人均浏览量、平均停留时长，了解入店访客的质量高低；从流量的付费免费结构、新老访客结构、PC端无线端结构，知晓店铺流量的整体布局（见图3-6）；还可以通过选择日期、终端来有针对性地查看历史数据和不同终端的情况。

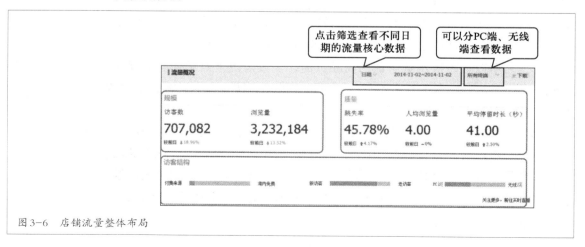

图3-6 店铺流量整体布局

（2）流量地图。流量地图旨在帮助卖家看清店铺的流量入店来源、入店后在店内的流转路径、流量从店铺流出后的去向。特别说明，流量地图的分析使用，可以针对PC端和无线端两个终端切换。流量地图如图3-7所示。

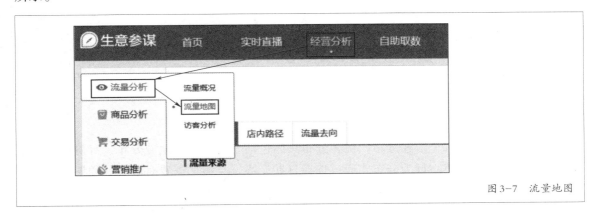

图3-7 流量地图

（3）来源分析。验证引流策略是否奏效、各渠道引入流量的转化优劣、发现潜在的高转化流量渠道，从而指导卖家进一步调整引流策略；通过对同行来源的查看，帮助卖家发现行业中的高流量渠道、高转化渠道、未覆盖的空白渠道，协助卖家进一步拓展渠道。来源分析具体包括：查看本店铺的流量详情、参考查看同行店铺的流量详情、查看入口页面分布和跳失等内容。

（4）店内路径。通过店内路径，店铺经营者可以看清入店后顾客在不同店铺页面之间的流转关系，验证顾客是否按照既定路线和比例流转，发现问题页面类型；看清店内各类页面的单页面流量，明确活动页面的冷热度，确定活动力度是否需要调整。具体可以查看店内各类页面的流量分布、查看店内各类页面之间的流量流转，查看各类页面中排名靠前的流量页面等。

（5）去向分析。通过去向分析网店经营者可以知晓顾客离开店铺的主要页面是哪些，从出口页面的调优上解决无转化、跳失率过高的问题；通过了解访客去向，进一步识别访客离开店铺的原因，扬长避短。

3. 访客分析

访客分析（见图3-8）提供基于访客时段、访客地域和访客特征的分布情况，帮助卖家了解店铺访客的分布及其特征；同时对不同的访客对象（未成交买家、成交新买家、成交老买家）通过各种维度绘制访客画像，帮助卖家更好地进行有针对性的营销。访客分析具体包括以下几个方面：

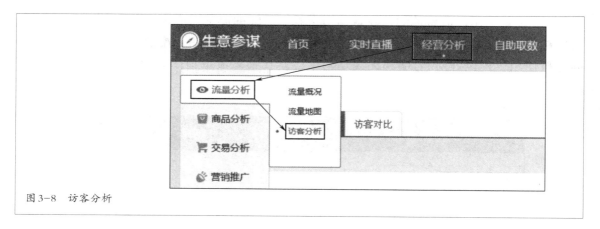

图3-8　访客分析

（1）访客分布。访客分布具体包括时段分布、地域分布、身份特征分布以及核心行为分布。通过选择日期、终端类型，查看对应统计周期内，在各类终端下访客的来访关键词，判断访客来访需求，并通过访客的浏览量分布判断访客的兴趣程度。

（2）访客对比。访客对比针对所有终端的数据进行计算，可以通过选择时间周期，查看未成交访客、成交新买家、成交老买家在不同维度上的差异，从而进行有针对性的营销。例如，成交老买家以30～39岁用户为主，新买家正在向25～29岁蔓延，因此可以考虑针对年轻用户进行商品开发。

（三）线上流量与线下流量的打通

1. 线上流量对线下流量的竞争

在电子商务刚刚兴起时，电商商家的竞争对手是传统零售商。电商对传统零售商不仅仅是简单的线上渠道对线下渠道的冲击，而是新成本结构对旧成本结构的冲击、新模式对旧模式的冲击。交易结构的链条大规模缩短，省略了很多中间环节，效率大大提高。此外，基于淘宝、天猫、京东等电商平台的大力宣传，电商吸引了大量的流量。

2. 线上流量获取成本的攀升

在电商起步阶段，做电商的商家少，大量的流量分给少量的商家。很多商家分到的线上流量都要比线下流量多，获客成本较低。所以，电商有一个巨大的流量红利期。这个红利，是超优性价比，是获得"流量"的价格优势和可能性。很多人之所以成功，是因为享受了这波"流量红利"。

可是，经过一段时间，商家都意识到做电商有利可图，就都到网上卖东西。这时，如果开辟一家新网店，便会发现，通过用户搜索免费分到的流量，已经不能支撑自己的生意了。

供需关系决定商品价格，商品价格决定资源成本。从2016年开始，市场的总量天花板开始显现，喜欢网上购物的早已经习惯网上购物，不喜欢上网的群体依旧选择前往家门口的实体商店购物，原来从无到有的线上流量高速成长的趋势放缓。加之国内人口自然增长率长期低位徘徊，没有更多的流量增加，当线上的卖家迅速增长，而买家却增长缓慢时，卖家必然会不惜成本地抢夺一个资源——平台流量。

竞争越来越激烈，流量就成为稀缺资源，流量获取成本越来越高。当获取流量的成本越来越高时，流量红利就随之消失。

3. 线上与线下流量生态的打通

如果说新零售指的是创新之后带来更高效率的零售形式的话，这时的传统电商，已经成为传统零售商。2016年，业内提出了"新零售"的概念。这意味着线上要重新回到线下，重新找性价比更高的流量。到了2020年，不少商家的体会是，三四线城市的下沉市场的红利也基本被挖掘释放出来了。在红利期，线上线下的流量获取成本趋于一致，流量生态完成了第一次打通。

（四）全渠道流量分析

在全渠道模式之下，业内进一步提出"覆盖"的概念。为了让客户购买自己所经营的商品，首先需要通过心理覆盖让客户有需求时能想到自己。然后通过数字营销覆盖和物理覆盖，让客户能找到自己。

1. 心理覆盖

站在品牌商的角度，它们需要让自己的产品卖得更好，并需要让客户对品牌和产品有所认知。客户是凭借自己的认识来判断品牌形象的，而这种认识要么来自广告，要么来自实际的购买和使用体验，或者来自他人的推荐。比如，在电视、报纸、杂志等媒体上投放广告，让客户能够看到并记住。在数字化时代，线上广告投放已经是主流的投放方式。除广告之外，客户体验则是品牌商与客户构建的实实在在的联系，客户体验的好坏程度直接影响心理覆盖的程度。所谓会员管理，其实也是通过服务好会员，对他们形成稳定的心理覆盖，进而形成复购。现在比较流行的"私域流量"的说法，本质上就是要建立客户与品牌之间的私密的甚至封闭式的互动，形成闭环的心理覆盖，提高客户终生价值，使客户成为品牌的专属"资产"。

2. 数字营销覆盖

在客户从线下迁移到线上的趋势中，线上客户占比越来越高，企业若不做数字营销的覆盖，很可能会导致这部分客户的流失。

站在零售商的角度，商品在哪些在线渠道进行销售、有多少目标客户能够访问到、访问是否方便，很大程度上决定着销售水平的高低。随着客户在数字营销方面花费的时间越来越多，除了传统的天猫、淘宝、京东、唯品会等电商平台外，还出现了诸如微博、微信商城、抖音、快手等覆盖渠道。这些渠道中既有对产品进行营销的内容平台，也有客户能够直接购买的电商渠道。零售商是在这些平台上都实现覆盖，还是基于目标群体有选择地覆盖，都是一个现实问题。目前，商家开始在产品供应链的基础上强化内容供应链的打造，越来越多的电商平台重视内容建设成为一种主流发展趋势。无论是实力型电商，还是中小规模电商，都尝试通过内容生产与输出吸引用户，并完成变现目标。

3. 物理覆盖

站在品牌商和渠道商的角度，物理覆盖是指"货"的物理覆盖。物理覆盖可以按照区域—省—市—零售商—门店—货架空间的层级来划分，首先是对某个区域的覆盖，其次是覆盖了该区域内的哪些省市、哪些零售商，覆盖了零售商的多少个门店，以及覆盖了这些门店的多大货架空间，这些决定了有多少目标客户能够与其经营的商品发生接触。覆盖的区域越广，可能产生的销售量就越多，但同时所需要的供应资源也会越多。品牌商和渠道商需要用量化的方式来分析物理覆盖的程度。

站在零售商的角度，如果是线下零售商，物理覆盖是指门店覆盖了多少区域；如果是线上零售商，物理覆盖是指仓库覆盖了多少区域。虽然线上零售商看起来不需要商品现货，只要有商品的图片、文本、视频介绍即可，但实际上为了能够让在线订单快速被交付，让客户快速拿到商品，线上零售商需要把商品放到大大小小的仓库里。零售供应链重点要解决的就是物理覆盖的问题，即如何高效且低成本地覆盖更多的市场。

五、利润提升策略分析

（一）利润生成机理分析

从长远来说，门店经营一定要有利润以便生存，然后才能谈及其他目标。从目前的零售企业利润来源看，大概有五大来源：商品利润、商业利润（通道费用）、财务利润（现金流）、商业地产利润、其他（如储值卡沉淀）。在本书中主要谈及的是商品利润。影响商品利润的要素是毛利与经营费用，因为净利润=毛利−经营费用，但是一定程度上，由于门店和品类经理在经营费用上只能对自身产生的经营费用进行控制，对于总部分摊的费用无法控制，所以更多时候，当要求门店和品类经理提升利润时，其主要着眼点仍在于毛利率的提升。毛利率一般分为综合毛利率、分类毛利率和单项商品毛利率，由于管理的商品不只有一种，所以很多时候要关注综合毛利率。综合毛利率是指各个经营类别的毛利率，是各个品种分类毛利率的加权平均数，或者说综合毛利率是单一商品贡献度之和。

商品贡献度是指该商品对整体毛利率的贡献程度。商品贡献度=商品销售结构比 × 商品毛利率。商品贡献度代表该商品或者该品类对全店毛利率的贡献大小。商品贡献度数额越大，表示该类商品所占的地位越重要，是门店的主力商品。加总全店所有商品的商品贡献度，即得出该门店的综合毛利率。下面以某综合超市为例，对商品的贡献度与门店的综合毛利率进行分析（见表3-4）。

表3-4　某综合超市综合毛利率构成分析

部门	销售	毛利率	毛利占比
生鲜	20%	15%	3%
食品	56%	9%	5.04%
百货	10%	15%	1.5%
家电	5%	4%	0.2%
纺织品	9%	19%	1.71%
总计	100%	11.45%	11.45%

从表3-4可以看出，在同等销售额下提高门店的毛利额最简单的办法是提高综合毛利率，而综合毛利率又取决于不同类别商品的销售占比与毛利率。对于大多数商品而言，如家电（尤其是大家电），价格很透明，门店不可能通过提高加价率的方式来提高利润率，所以提高综合毛利率的任务就落在了高利润率商品的销售占比上。对超市来说，在同样的毛利水平下，如果百货和纺织品的销售占比加大，门店的综合毛利率自然就会提高，这一现象恰恰就是人们近年来在门店看到的变化。

案 例分析

毛利率、销售占比、毛利额分析

某超市为促销牛肉，拟将毛利从30%降到20%，使牛肉的销售结构比由25%增加到40%，但此变化可能也会使同部门的猪肉、鸡肉的销售稍受影响，整个畜产品部门的营业额将由每天的8万元增加到10万元。表3-5为牛肉降价前畜产品部门的商品销售结构比，表3-6为牛肉降价后畜产品部门的商品销售结构比。

表3-5 牛肉降价前畜产品部门的商品销售结构比

单位：%

大分类	销售结构比（A）	毛利率（B）	贡献度（$C=A \times B$）
牛肉	25	30	7.5
猪肉	40	15	6.0
鸡肉	20	28	5.6
加工肉	10	40	4.0
其他	5	18	0.9
合计	100		24.0

表3-6 牛肉降价后畜产品部门的商品销售结构比

单位：%

大分类	销售结构比（A）	毛利率（B）	贡献度（$C=A \times B$）
牛肉	40（升高）	20	8.0
猪肉	30（降低）	15	4.5
鸡肉	15（降低）	28	4.2
加工肉	10	40	4.0
其他	5	18	0.9
合计	100		21.6

由表3-6和表3-7可以了解到，整个畜产品部门的毛利率因为牛肉的降价而由原来的24%降为21.6%。若畜产品部门原来每日的营业额为8万元，其毛利为80 000×24%=19 200（元）。降价后，虽然毛利率降低，但营业额可能会提高到10万元，故毛利为100 000×21.6%=21 600（元），牛肉降价尚不至于给部门带来负面的影响[毛利增加了21 600－19 200=2 400（元）]，但同时可带来整体营业额的提高（来客数量增加），所以此降价行为可行。

（二）提高利润战术指导

提高利润战术指导表如表3-7所示。

表3-7　提高利润战术指导表

品类战术	提高利润
商品组合	在商品组合中减少低毛利甚至负毛利商品； 在商品组合中增加高毛利商品和利润较高的自有品牌； 提高高利润的小类的"市场覆盖率"
定价	对高忠诚度和低价格敏感度的小类／产品提高价格
陈列	对高利润的商品和自有品牌商品给予较好的摆放位置，适当时候可以放在端架或醒目的位置上
促销	着重于对高利润份额的商品进行促销； 促销仅限于高于平均利润率的项目； 对高利润率的 SKU 采用交叉—陈列促销手段； 采用不依赖于价格折扣的促销工具

同步测试 <<<<<<<<<<<<<<<<<<<<<<<<<<<<<<<<<<<<<<<<<<<<<<<<<<<<<<<<<<<<

一、单项选择题

1. 在促销活动"购物满 A 就可获得 B"中，对 A 的要求是要（　　　）。

　　A. 适当高于客单价　　　　　　　　B. 适当低于客单价

　　C. 等于客单价　　　　　　　　　　D. 无所谓

2. 连锁企业利润来源的财务利润主要是指（　　　）。

　　A. 商品利润　　　　　　　　　　　B. 现金流收益

　　C. 商业地产利润　　　　　　　　　D. 商业利润

3. 在客流量与客单价中，小店更关注（　　　）。

　　A. 客流量　　　B. 客单价　　　C. 都重要　　　D. 无所谓

4. 在客流量与客单价中，大店更关注（　　　）。

　　A. 客流量　　　B. 客单价　　　C. 都重要　　　D. 无所谓

5. 下列属于客单价品类的是（　　　）。

　　A. 生鲜食品　　B. 棉被　　　C. 碳酸饮料　　D. 进口食品

二、多项选择题

1. 下列有助于提高客流量的有（　　　）。

　　A. 激励出租车司机　　　　　　　　B. 提供停车场

　　C. 改装门头　　　　　　　　　　　D. 开发独有品类

2. 下列哪些有助于提高客单价（　　　　　）。
   A. 成立专门的团购部　　　　　　B. 加大非食品促销力度
   C. 加大食品促销力度　　　　　　D. 提供高端价格带的商品
3. 下列哪些手段有助于扩大商圈范围（　　　　　）。
   A. 变化每天的促销活动主题
   B. 增加高购买比例商品的性价比
   C. 在边缘区域的小区做公关挥动
   D. 开始免费班车
4. 下列属于连锁零售企业利润来源的是（　　　　　）。
   A. 商品利润　　　　　　　　　　B. 商业利润
   C. 财务利润　　　　　　　　　　D. 商业地产利润
5. 门店科学提高利润最科学的方法是（　　　　　）。
   A. 提高价格　　　　　　　　　　B. 提高高利润商品的销售占比
   C. 提高商品贡献度　　　　　　　D. 提高商品的动销率

三、简答题
1. 简述客单价的生成机理。
2. 简述客流量的生成机理。
3. 简述零售盈利的常见模式。
4. 简述品类策略向战术转化的思路。

模块四

品类战术制定

思维导图

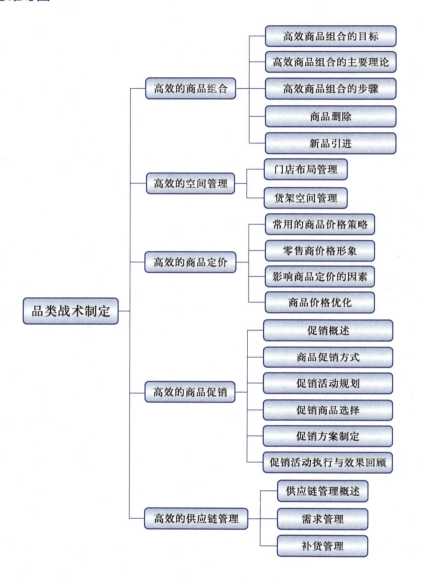

学习计划

● 素养提升计划

_____

● 知识学习计划

_____

● 技能提升计划

_____

【学习目标】

素养目标

● 通过对商品组合的分析培养学生的动态思维

● 通过对新品引入分析培养学生的科学探究精神

知识目标

● 掌握商品组合的80/20集中度分析法

● 掌握商品组合的ABC分析法

● 熟悉商品淘汰及引进的标准

● 熟悉商品运营节奏全程控制的思路

技能目标

● 能够对小型门店商品结构进行分析

● 能够对小型门店不合适商品进行删除

● 能够对确定并导入新品提出合理化建议

案 例导入

　　FF公司是一家总部地处东南沿海地区的连锁零售企业，目前旗下有不同规模的300多家门店。小王同学在商品管理部门任职，目前他每天的主要工作是作为助手，协助非食品部经理制定该部门的商品采购规划，推动业绩提升。小王在分析商品构成问题时，发现每家门店的销售结构差异很大。以A店为例，有效流转商品数达1万种，日均销售额60万元左右。平均5 000个单品实现了30万元左右的销售额，这是否表明该超市商品构成比例失调？而B店却出现了一个相反的现象：同样是日均销售额60万元，但是10%左右的商品实现了90%以上的销售额。虽然这两家店从总体营业额来看相差不大，但是小王总觉得这两家店的商品结构有问题，但是具体问题是什么呢？发现问题后应该如何解决呢？小王陷入了沉思。

　　【引思明理】大多数门店在开业前都会对商品结构进行详细的分析和规划,但是这些都属于事前规划,在实际经营的过程中还是会出现各种各样的商品组合问题,该问题或者源于前期规划不科学,或者是随着后期市场环境的变化,原有商品组合不再符合消费需求,因此不得不将部分商品淘汰出局;在淘汰商品的同时,门店还需要引进新品,每年上市的新商品不计其数。某大型市场调研公司曾经对32个品类的6万个新品进行了跟踪,发现其中1/4的新品在上市一年后均宣告失败。新品选择的错误不仅会影响新品带来的额外销售额增长,破坏商店形象,而且会导致现有商品组合的混乱和货架产出的降低。所以,如何淘汰更换商品,尤其是如何引进新品就显得意义非凡。

一、高效商品组合的目标

　　大多数门店在开业前都会对商品结构进行详细的分析规划，但是在经营的过程中还是会发现商品组合出现问题，该问题出现的原因或者是前期规划不科学，或者就是随着后期市场环境的变化，原有商品组合不再符合消费需求。于是货架上出现了闲置的商品，它们占用大量的流动资金，影响畅销商品的销售量。更重要的是，商品的不合理配置及畅销商品的脱销，会降低消费者的满意度，从而影响消费者对商店的整体评价，不合理商品组合的影响如图4-1所示。

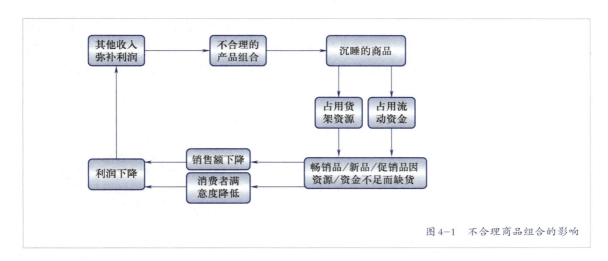

图4-1 不合理商品组合的影响

高效的商品组合就是对现有品类进行优化，从零售商的角度看，就是零售商对商品结构进行更新维护的过程，主要包括对滞销商品进行淘汰和引进新品。高效商品组合的目标是提升商品的多样性，降低商品的重复性。重复性商品是指功能、规格、价格、款式及卖点等基本类似、销售份额低、利润贡献率小、占据资源多的商品，亦称同质化商品。多样性商品是指能增加商品的深度和广度，从而更全面地满足消费者需求的商品。

二、高效商品组合的主要理论

（一）80/20集中度分析法

商店里经营的单品有成千上万种，稍做分析便可以发现一个规律：20%的单品贡献了80%的商业价值（销售量、销售额、利润）。也就是说，大部分的商品（80%）只带来了少部分的价值（20%），有些商品占用了商店宝贵的货架空间、库存资源、现金流、人力资源，甚至有损于品牌形象。

图4-2中，y轴主要衡量指标是销售量、销售额和利润额的占比累积；在x轴上是每个单品按销售量由大到小进行排序；每根柱子表现了每个单品的生意占比。x轴从左向右的曲线表示每个单品累加的结果。进行80/20分析时会发现，大约20%的单品贡献了80%的价值。如果门店的商品组合做得较好，可能会出现30%的单品贡献70%的价值的情况。数字虽然有所不同，但是其反映的规律都是一样的，即大部分销售是由少部分商品贡献的。找出这部分主力商品便是80/20分析的主要目的。

除此以外，门店还可以根据每种单品的综合贡献排名名单确定商品删除线，对删除线以上的商品进行有选择的淘汰。如果是目标性品类，可适当覆盖更多的商品，如贡献率低于10%的商品；如果是便利性品类，建议单品数可以较少，如贡献率低于20%的单品。在品类管理初期，不建议一次删除量太大，一方面因为对采购部的影响较大，另一方面由于执行力度的问题可能带来较大的利润损失。在实践中，多数门店会将删除线定在95%（即贡献率低于5%），如图4-3所示。

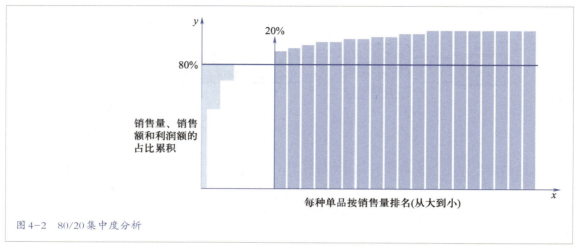

图4-2　80/20集中度分析

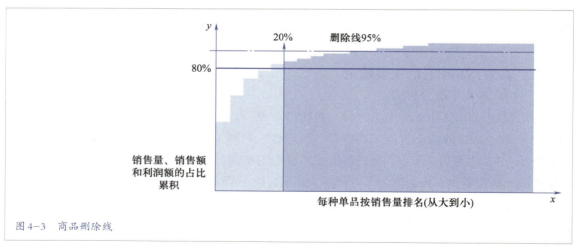

图4-3　商品删除线

（二）ABC分析法

1. ABC分析法的含义

ABC分析法来源于80/20集中度分析法，但是比后者更为细化，它按照一定标准对管理对象进行排序分类，区别重点与一般，从而确定投入不同管理力度的一种科学方法。它一般把管理对象分成A、B、C三类，所以称为ABC分析法。ABC分析法可以应用在从库存单位到部门的任何一级商品分级上。在商品管理中应用ABC分析法，就是对库存商品进行排序分类，根据各

视频：销售
利润模型与
ABC分析法

类商品的重要程度，投入不同的管理力度，采用不同的管理方式。A类商品是最重要的商品，应重点管理；B类商品是非重点商品，可进行一般管理；C类商品是次要的商品，可投入少量的管理力度。

在ABC分析法中，可采用ABC分析表这种工具，ABC分析表有两种形式：一种形式是全部品种逐个列表的大排队分析表；另一种形式是对各品种进行分层的ABC分析表。大排队的ABC分析表，适用于品种数不太多的分析项目，它是按销售额大小由高至低对所有品种顺序排列。分层的ABC分析表，是在品种数较多，无法排列于表中或没有必要全部排列的情况下，先按商品类别进行分层，以减少品种栏内的项数，据此进行分析。

2. ABC商品的结构分析

在正常情况下，将累计销售额（或者综合贡献率）占比在50%的商品划为A类；将销售额占比在40%的商品划为B类；将其余的销售额占比在10%的商品定为C类。正常的比较科学合理的商品ABC结构一般如图4-4所示，即10%的商品创造了50%的销售额，这10%的商品属于A类商品；30%的商品创造了接下来40%的销售，属于B类商品；剩下60%的商品仅仅创造了10%的销售，属于C类商品。一般来说，A类商品主要由促销商品、应季商品以及一线品牌的主流商品构成，而在这三者中只有应季商品的利润率高，其余两者利润率都比较低。C类商品属于销售不佳的商品，但是又不能一概而论，因为C类商品如果不是在运营上出现问题（如缺货）而导致销售不佳的话，那么C类商品一般包括结构性商品（如价格结构、功能结构等）、新品（正处于缓慢的市场导入期）、等待淘汰的商品（如衰退期的商品、长期导入不成功的商品等）。

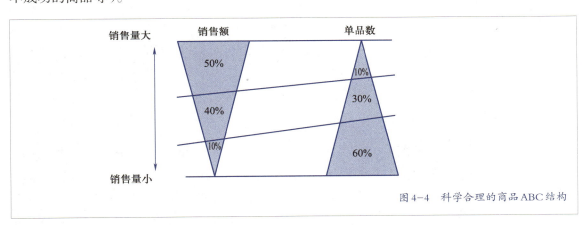

图4-4　科学合理的商品ABC结构

但并不是所有的零售企业都有这种科学合理的商品结构，当运用ABC分析法的时候，零售企业的销售业绩可能呈现如下分析结果：

163

（1）同等的商品产生同等的销售业绩。如50%的商品贡献了50%的商品销售，接下来40%的商品贡献了40%的商品销售，这属于绝对的平均化，即存在门店主力商品销售不突出，各种商品都能少量销售，因此造成了门店无主力商品可以推广的问题。此时门店需要寻找有待挖掘的主力商品，调整主力商品的陈列方式和与供应商的合作关系，共同提升主力商品销售额。

（2）最小的商品产生了最大的销售业绩。5%的商品贡献了50%的商品销售额，如图4-5所示。从结构图直观来看，明显是A类商品过少。这种情况产生的原因多是主力商品过于集中，甚至在门店中只有一小部分商品在吸引消费者，不宜再利用A类商品做进一步促销，由此产生的后果可能会引发零售商的运营危机，如果有竞争对手针对门店的A类即主力商品进行竞争，那么企业可能将会面临较大风险。这时还要看门店是大型门店还是小型门店。如果是小型门店，门店还有机会慢慢调整，毕竟小型门店由于其商圈范围较小，竞争对手较少，被竞争对手利用该门店A类商品来恶性竞争的概率小一些；如果是大型门店，只要周边的几个竞争对手分别拿出该门店的A类商品来恶性竞争，那么该门店的销售额必然一落千丈。有竞争优势的一点是B类商品比例相对合理，可以选取部分B类商品做促销，促销之后部分B类商品会上升至A类，以充实A类，这样B类商品的比例会减少，所以需要C类商品来补充。此时建议所有的促销选品，从B类商品中选择40%，从C类商品中选择60%。

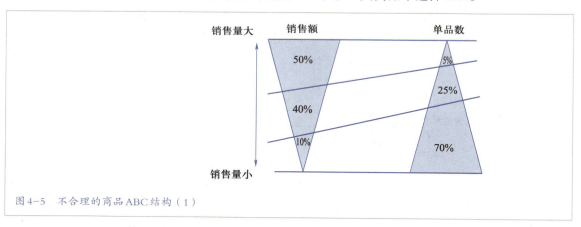

图4-5 不合理的商品ABC结构（1）

（3）从图4-6来看，C类商品过多，占到了70%，说明滞销品较多，困难较多。另外，A类商品占比15%，比起标准结构的10%稍多，说明主力商品还是不够突出，在促销时可以选择A类商品做促销，以便突出A类。但是B类商品过少，A类加上B类仅占比30%，比标准结构少10%，应该从C类中培养一部分商品发展壮大为B类，所以现在的问题不是用B类做促销充实A类的问题，而是B类不做促销，直接将应用在B类上的促销品全部放在C类上，此时建议所有的促销品从A类商品中选择30%，从C类商品中选择70%。

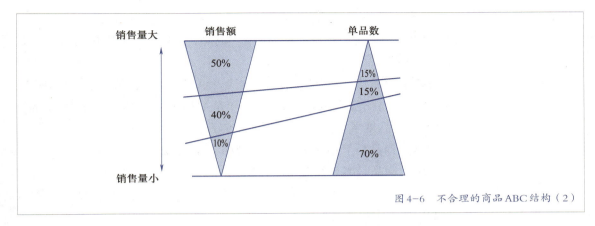

图4-6 不合理的商品ABC结构（2）

（4）从图4-7来看，该门店的商品结构非常悬殊，A类商品过少，因为一旦A类商品出现一点变化，门店随时有销售量大幅下滑的可能，作为A类商品后备品类的B类商品又过少，A类加上B类也仅占比18%，远低于健康结构的40%，也就意味着一旦A类商品出问题，B类商品中又没有合适的商品可以替代，销售量必然大幅下滑。此时一定不能再利用A类和B类商品做促销，同时C类商品占比高达80%以上，意味着货架上充斥着大量的滞销商品，因此此时最重要的是从C类商品中通过促销等手法培养发展壮大的商品，逐步缓解这种结构问题。

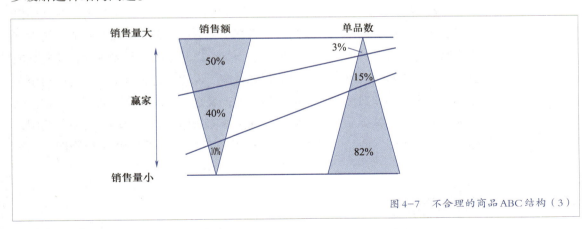

图4-7 不合理的商品ABC结构（3）

3. 从ABC分析法到双ABC分析法

将商品分为ABC三类，可以有效了解商品结构和商品现状。如果将商品结构连续两年的ABC分析情况进行汇总分析，将会进一步了解商品当年和上年的状况，有效指导门店销售策略，这种方法称为双ABC分析法。通过双ABC分析法可以将商品划分为12个类型（在字母的排序上前一个字母表示该商品当年的类型，后一个字母表示该商品上年的类型，如果只有一个字母，表示该商品上年没有，唯一的字母表示当年的商品类型）：

165

（1）A类商品是当年新品，可能是新上市的大力度促销商品；

（2）AA类商品是当年和上年都是A类商品，可能是一线明星商品、强季节性商品、促销商品；

（3）AB类商品是上年为B类商品，当年为A类商品，销售量呈上升趋势；

（4）AC类商品是上年为C类商品，当年是A类商品，培养潜力很大的商品；

（5）B类商品是当年新品，销售情况较好；

（6）BA类商品是上年为A类商品，当年是B类商品，销售量有所下滑；

（7）BB类商品是当年和上年都是B类商品；

（8）BC类商品是上年为C类商品，当年为B类商品，可见上年和当年都未大力度促销，可培养；

（9）C类商品是刚上市商品，没有经过促销，有待观察；

（10）CA类商品是当年为C类商品，上年为A类商品，下滑严重，需要删除；

（11）CB类商品是当年为C类商品，上年为B类商品，有所下滑，需要删除；

（12）CC类商品当年和上年都为C类商品，可能是结构性商品，不能简单删除。

（三）靠谱图分析法

一般而言，品牌品项①数的占比应与品牌的市场占有率（注意，此处要以市场数据为依据，而不是自身门店的数据）相适应，即如果以品牌的市场占有率为纵坐标，以品牌的品项数占比为横坐标，以品项数大小做气泡，这些气泡就应该分布在对角线上。其偏离的程度越高，说明其越不合理，气泡偏离至左上方，则说明品项数偏少，应增加品项数；反之，气泡偏离至右下方，则说明品项数偏多，应减少品项数。所以，此图的衡量标准就是市场占有率，此图也称品项数靠谱图。商品的规格、功能等也可以用靠谱图分析法进行分析。

案 例分析

婴儿奶粉品项数靠谱图分析法

下面使用北京地区大卖场品牌婴儿奶粉的市场占有率数据，来分析门店婴儿奶粉品项数的合理性。

1. 开业时的品项数分布

北京地区××店开业时，各品牌婴儿奶粉品项数分布情况见表4-1、

① 品项：是指商品品类的细分，即某个品类中某个品种的独立规格。

图4-8。

表4-1 开业时各品牌婴儿奶粉的品项数分布

品牌	市场占有率/%	品项数/个	品项数占比/%
多美滋	26	24	13
美赞臣	24	13	7
雀巢	12	35	19
惠氏	12	8	4
雅培	9	14	8
伊利	4	13	7
其他	13	74	42
合计	100	181	100

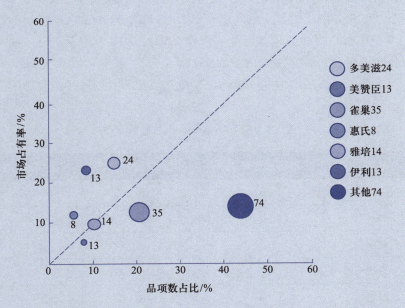

图4-8 开业时各品牌婴儿奶粉的品项数分布

从表4-1中可以发现下面三个问题：

（1）总品项数为181个，相对于××竞争店的品项数126个，明显品项数偏多。

（2）在品牌的品项数中，可以看出：其他品牌品项数有74个，坐标为（42，13），品项数占比为42%，市场占有率为13%，品项数明显偏多，应该减少品项数；另一全国品牌雀巢品项数为35个，也偏多，因为其坐标为（19，12），市场占有率为12%，而品项数占比近20%，所以也应该减少品项数。

（3）部分进口品牌多美滋、美赞臣、惠氏的坐标分别是（13，26）、（7，24）、（4，12），明显地品项数偏少，都应该增加品项数。

所以，大客户（如雀巢）的行政力和营业外收入的经济力（如其他品牌容易取得而进口品牌不易取得）会扭曲商品结构，导致品牌品项数分配的不合理。

2. 一年之后的品项数分布

北京地区××店开业后一年，各品牌婴儿奶粉品项数分布情况见表4-2、图4-9。

从表4-2和图4-9可见，一年以后品项数发生了下列变化：

（1）总品项数有所减少，从181个减少为176个。

（2）部分进口品牌进一步萎缩：品牌多美滋、美赞臣、惠氏的品项数都减少了，变化分别从24个减至13个、从13个减至11个、从8个减至6个。

（3）其他品牌的品项数继续膨胀，品项数从74个增至93个；品牌伊利品项数增加明显，品项数从13个增至21个。

（4）结果是商品结构进一步恶化，扭曲结构的力量依然在起作用。

表4-2 一年之后各品牌婴儿奶粉的品项数分布

品牌	市场占有率/%	品项数/个	品项数占比/%
多美滋	26	13	7
美赞臣	24	11	6
雀巢	12	19	11
惠氏	12	6	4
雅培	9	13	7
伊利	4	21	12
其他	13	93	53
合计	100	176	100

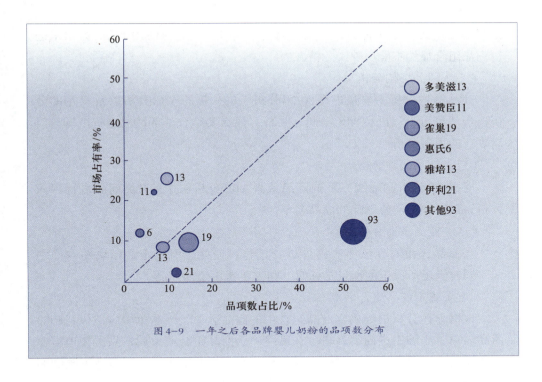

图4-9 一年之后各品牌婴儿奶粉的品项数分布

三、高效商品组合的步骤

高效商品组合的步骤如图4-10所示。

（一）数据准备

在开始进行某个品类的商品组合优化之前，品类经理需要进行相应的准备工作，包括了解该品类商品组合的现状，确认该品类预期目标，了解该品类目前的市场发展前景等。而这些信息来自对市场数据、零售商自有数据的整理和分析。对于数据的准备，不同的零售商根据其战略和系统的可行性略有不同。考虑品类的角色和策略，给重要经营指标（销售量、销售额、毛利等）以不同的权重。例如，目标性品类中销售量的权重可以较高，而便利性品类中利润的权重相对较高。在进行数据准备时，建议不要考虑太多的经营指标，这样会使重点不够明确，使分析变得过于复杂。有些指标可

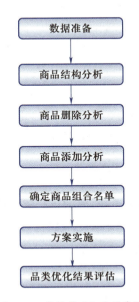

图4-10 高效商品组合的步骤

以在最终决定商品取舍的时候再进行考虑。同时，品类经理也要根据不同品类商品更新换代频率的不同，确定所需要数据的时间范围和时效性。例如，

饮料的更新换代频率很高，每周都有商品的进出，这时使用4周的数据来进行商品组合显然不能反映实际情况。

（二）商品结构分析

商品结构分析主要是进行80/20分析、进一步的ABC分析以及双ABC分析，当然也可以只进行ABC分析，另外，还需要结合外部情况进行市场与门店表现的象限分析。

（三）商品删除分析

对80/20分析删除线以下的商品或者ABC分析法中的C类商品进行深入分析，最终确定需要删除的商品名单。

（四）商品添加分析

当商品还没有在该零售商处进行销售，但处于所设定的市场覆盖面之内，同时满足所设定的衡量指标时，则需要考虑添加商品。

（五）确定商品组合名单

根据上述分析最终确定商品组合中的商品名单，该名单中应该包括删除商品名单、添加引进商品名单。在最终确认商品组合清单后，品类经理需要对商品组合清单最后的结果进行量化和预测。在此阶段，需要考虑不同的因素对新的商品组合带来的影响。这些需要考虑的因素包括：

（1）替代/吞噬效应。替代效应是指消费者在找不到其希望购买的商品时，会选购同类型、同品牌其他属性的商品，所以当门店删除某种商品时，该商品销售额的80%会转移到同类型的商品上，这就是替代效应。同样，当门店引进新品，而该新品在产生销售额的同时，会吞噬某些同类型老品的销售额，这就是吞噬效应。

（2）分布效果。商品在一家门店/店群所产生的销售额，和所有门店所产生的销售额是不同的。分布效果就是考虑到商品的不同分布所带来的业绩变化。

（3）趋势。品类经理会对商品的销售趋势进行分析，同时对即将进行促销商品的销售增长趋势有所分析，该趋势的设定将影响预测的销售数量。

所有这些参数将对预测的商品组合所改变的业绩数据产生影响。品类经理可以通过量化来衡量改变所带来的利益，并预测下个周期的业绩变化是否符合所期望的目标。如果不符合所期望的目标，可以在实施前就进行调整。

（六）方案实施

在方案实施过程中，会遇到一些问题或障碍。品类经理必须在领导的支持下尽量按品类管理的原则执行。实施过程中常见的问题是如何处理淘汰商品。对淘汰商品的处理，建议采取如下措施：能退货的商品尽量退给供应商；不能退货的商品采用货架外陈列（堆头或端架）做促销，尽快清仓。有条件的零售商可以将这些商品调到其他门店销售。

（七）品类优化结果评估

有效商品组合不是一个项目，它需要品类经理根据其商品变化和商品回顾的时间表来进行定期的分析、调整和回顾。同时，在确认商品组合后，品类经理需要及时更新商品状态，处理库存，调整货架，对新品的业绩进行实时跟踪。品类经理需要建立一个品类的商品组合发展计划，其目的在于将不同时间段、不同时期的发现和建议进行汇总，以便可以在下一阶段有所改进。建议每个月跟踪80/20报表，每季度进行商品组合的回顾与调整。当同时引进的新品较多时，可调整品类优化时间，以便及时更新排面。要适当控制新品的引进速度，否则商品组合会很快趋于不合理。品类优化结果的评估如表4-3所示。

表4-3　品类优化结果评估

评估项目		实施前	实施后	变化指数
购物者	缺货率			
财务状况	单品数 销售量 销售额 利润额			
产出效率	销售量 / 单品 销售额 / 单品 利润额 / 单品 库存天数 库存周转			

四、商品删除

（一）商品类型分析

处在删除线以上的商品或者C类商品并不建议全部删除，需要考虑对品类多样性的贡献及是否为新品、是否脱销、是否价格有问题或者陈列有问题等情况。如果做过双ABC分析，则CA类商品与CB类商品需要首先考虑删除。

（二）确保商品的多样性

为了确保删除的单品不影响品类的多样性，必须对品类按次品类、细分类进行深入分析，从不同角度了解商品的贡献，从而做出商品取舍的决策。

1. **按次品类商品排名**

按次品类对商品进行分类排名，避免淘汰某个次品类的过多单品。例如，口腔护理品类目前分为牙膏、牙刷、漱口水和专业护理商品4个次品类。漱口水次品类是口腔护理品类中销售量暂时不高，但极具潜力的次品类，要适当地保留一些商品以保证该次品类在货架上的可见度，从而促进该次品类的销售。如果删除全面输家中的漱口水，剩下的单品数只有3～4个，因此要考虑暂时保留这部分商品或引进新品。

2. 按细分类商品排名

细分类是指根据消费者需求进行的分类。例如，护肤用品可按功效分为滋润、美白、防衰老等；按目标市场可分为婴儿及儿童护肤品、男士护肤品和女士护肤品等。某些品类（如家具清洁和护理品）因消费者需求广泛而使细分变得复杂，而某些品类由于消费者对功能的需求不多会比较简单。按细分类进行排名后，要检查删除全面输家中的商品后是否对细分类有较大的影响。

3. 按价格带、规格等指标排名

按价格带、规格等其他指标进行排名，以从不同角度了解商品表现。

4. 确定要删除的商品名单

当删除重复性商品时，如果某品牌大部分单品都已列入淘汰名单，必要时就要考虑淘汰整个品牌，以利于提高整个供应链效率。

（三）考虑其他删除单品的原则

1. 消费者对商品的忠诚度

某些商品的销售量不高，但是部分目标顾客对它却有很高的忠诚度，即部分人习惯于购买该商品，且不会轻易更换品牌。这部分人同时会在门店里购买其他商品。所以，可以考虑删除一些排名稍前而没有卖点的商品，保留忠诚度较高的单品以提高商品的多样性。商品的忠诚度数据可以从供应商或专业调查公司获得。

2. 满足门店目标顾客需求

品类策略必须和门店策略一致，才能保证门店按既定目标快速、顺利地经营。例如，某会员店的目标顾客为高收入、有车的人群，其所有品类的商品组合都针对这部分顾客。为了满足整个门店顾客需求，门店需要保留一些不很理想，但是针对门店目标顾客群的商品，以增加目标顾客群的满意度和强化商店的形象。

3. 区别于其他顾客

在商品趋于雷同的情况下，有时候为了区别于其他竞争对手，零售商会开发自有品牌来区别于其他零售商，尽管自有品牌不一定产生高销售，但是有助于零售商的差异化，所以在删除的时候也要考虑该商品存在的战略意义。

4. 品类策略的需求

品类策略发生变化时，商品组合也需要随之发生变化。例如，衣物柔顺剂品类的忠诚度很高，使用过的人都会选择2～3升的包装。但销售数据显示3个人中只有1个人曾经使用过衣物柔顺剂商品，因此零售商将该品类的策略定为增加商品的试用率。为了配合该策略，零售商应引进或适当地强化小规格的商品以利于消费者购买和试用。尽管以往的销售数据显示小包装规格商品的销售业绩并不好，但零售商也应保留一些小包装规格以配合品类策略。

5. 零售企业品类SKU规划衡量

如果不是削减品类规模，那么根据企业SKU规划的"一进一出"原则，删除的单品必须由增加的新品来替代，如果没有规划增加新的单品，则不能删除这些商品。

五、新品引进

（一）高效新品引进的意义

高效新品引进，旨在高效引进有市场潜力的新商品并利用新商品的推广及其促销活动来获取最大的利益。高效品种组合（Efficient Assortment）主要决定最适合商店的经营品种目录，而高效新品引进则使得精简之后的经营品种组合的高效性得以保持。

每年上市的新品不计其数，丰富的商品为消费者提供了更多的选择，同时也加剧了商品之间的竞争。某国际市场调研公司曾经对32个品类的6万个新品进行了跟踪，发现其中1/4的新品在上市一年后均宣告失败。对零售商而言，商品的不断丰富使买方有了更大的话语权，但同时也增加了商品选择的风险性。新品选择的错误不仅会影响新品带来的额外生意增长和商店形象，还会导致现有商品组合的混乱和货架产出的降低。尽管如此，新品对零售商的吸引力还是巨大的，有以下几个原因：

（1）新品引入不仅能巩固零售商现有的地位，更可为经营带来新的契机。

（2）生产商对新品投入的资源大部分用于其推广期间，如何利用好这部分投入的资源推动生意增长对零售商至关重要。

（3）随着零售市场竞争的加剧，新品特别是具有市场潜力的新品已成为各零售商相互竞争的新焦点。

（4）研究表明，那些首先引进有生意潜力的新品的零售商将保持该新品在未来市场的较高生意份额。

（5）高效新品引进是维持高效品种组合的要素之一。某些零售商优化商品组合后又持续地大量引进新品，导致品种组合重新陷于混乱。

　　越来越多的零售商已意识到新品对门店的重要性，纷纷将新品作为商店和品类的重要策略。如何高效地引进有市场潜力的新品也相应成为零售商需要研究的一个重要课题。高效新品引进包含新品的引进和新品类的引进。如何才能做到高效地引进新品呢？首先，门店要依据对品类的分析，确定新品引进的目的，然后通过对市场上所有商品进行筛选，只有这样才能找到适合企业该品类的新品，从而进入新品营销过程。

　　（二）新品的来源

　　品类经理可以通过以下常用渠道获知潜在新品的信息：

　　（1）展会。定期参加展会，了解市场上品类发展趋势，以及找到新的可行性商品。

　　（2）制造商。与制造商定期沟通，了解其新品排程、计划等，从而确认新品引进的时间和范围。

　　（3）媒体、网络。通过媒体与网络等查找、搜寻，以了解国外行业信息，发现新品的来源。

　　（4）竞争对手。零售商可能没有销售某些市场上卖得好的商品，这时需要参考市场数据或竞争对手数据来引进新商品。将市场份额数据进行排名，检查市场份额前20名商品中是否有自己没有销售的商品。因为不同的零售商采取不同的策略，所以还需要针对次品类和细分类进行市场份额的排名，以挑选适合零售商的单品进行引进。例如，某零售商漱口水次品类发展缓慢，希望通过漱口水品类来树立专业口腔护理提供者的形象，就需要单独分析市场上漱口水商品的表现。

　　（三）如何评估新品

　　评估新品能否成功时建议考虑以下几个方面问题：

　　1. 品类的特点

　　品类的特点包括品类角色、品类规模、品类差异化及品类策略等。

　　（1）品类角色。品类角色不同，对商品组合的要求也会不同。例如，目标性品类要求商品的广度和深度，对新品的需求量相对较大。

　　（2）品类规模。品类规模指品类的市场容量、品类目前的单品数及品类在店内的货架空间。品类规模决定了一次引进新品的数量。如果引进新品太多，必然影响商品组合的结构。

　　（3）品类差异化。在众多的新品中，可以挑选一些特别的、能迎合自己目标购物群需求的商品。例如，某些大卖场会员店会专门引进一些进口商品，以满足其消费群的需求。

　　（4）品类策略。品类策略是能实现零售商差异化的一环。机会点不同，零售商的策略也应该不同，选品策略也理应不同。例如，某零售商牙刷的最大机会点在1.7～3元，而这一个价格点正是该品牌牙刷的强项。该零售商此时引进的牙刷就应该是该品牌而不是其他品牌的单品。

2. 商品的特点

符合品类要求的新品会很多，此时须进一步评估不同商品的特点。

（1）商品的功能。商品在满足消费者需求方面有什么特点？

（2）性能价格比。价格能否被消费者接受？

（3）消费者测试。商品试用效果如何？消费者如何评价？

（4）盈利能力。商品是否有足够的利润空间？

（5）销售潜力。根据该品牌或类似商品的表现预测其销售量。

3. 市场支持

新品的知名度和各种推广活动是新品被快速认知和快速购买的重要步骤。如果没有任何市场支持或活动配合，再好的店内支持所能达到的销售量都是有限的。

（1）媒体投入。媒体投入包括对电视广告、户外广告和报刊广告等的投入，对快速提高商品的知名度非常有效。不少消费者会在看了相关宣传广告后到商店里寻找该商品。

（2）样品派发或消费者试用活动。对于新品，消费者由于不了解其特点和效果，在购买时往往会有所顾忌。如果能在商品推出前后向消费者派发一些样品或举办消费者试用及试吃活动，将会达到更好的效果。

（3）消费者教育。对一些功能性比较强或概念比较新的商品，需要有消费者教育活动做配合。

（4）公关活动及专业协会认可。有影响力的公关活动和专业协会的认可都能提高商品的知名度和可信度，对推动新品的销售是非常有效的。

4. 店内推广活动

80%的购买行为是在店内做出的，所以店内的推广活动也至关重要。店内推广活动包括大型陈列、商品促销、店内演示、店内广告等。

5. 供应商表现及贸易条款

（1）供应商以往3个月的店内销售业绩。

（2）该（相关）品牌以往3个月的店内销售业绩。

（3）供应商分销推广新品的能力。

（4）付款期。

经过上面的准备工作后，零售商就可以决定是否引进新的商品或者新的品类。但高效新品选择的工作还没有完成，品类经理还需要通过一段时间的市场测试和检验才能真正了解到新品的表现能否达到新品引进的目的。在新品或者新品类引进后，品类经理还需要考虑对这些新品及新品类如何进行推广。

（四）高效的新品、新品类推广

1. 新品推广

由于新品替代该品类的某商品，所以销售模式可依据原销售方式执行。依据新品的品牌、价格带、毛利定位决定相应的陈列位置及陈列面积，建议在新品上架3个月内，给予较好的陈列位置及较大的陈列面积。通过3个月的销售考核后再视状况调整。给予必要的视觉标示，如新品推荐、功能说明、人员介绍等。新品上架第2个月后，执行2个月的促销计划，安排快讯、店内促销交互使用，除了让新品保持高曝光率外，更重要的是使采购人员了解。除了该商品正常价格的销售状况外，通过不同价格的促销，测试商品在各价位的销售状况，以利于采购人员在该新品进入正常销售时安排该品类的销售计划。对3个月的销售数据、贡献度达成状况进行分析追踪，并适时调整营销手段。

2. 新品类推广

由于是新引进的品类，采购人员对该品类的品类特性、商品来源、商圈定位、商品结构感到陌生，更无法提及陈列方式、陈列道具、销售模式等后续问题，所以一个新品类的引进通常要花很长时间准备、学习，仓促执行只会造成不佳结果，白白投入大量人力、物力及陈列面积。例如，某连锁药店为了增加药妆的新品类，对某家门店投资了近百万元装修费用用于整改，占用了20%的营业面积，最后3个月的考核却使业绩损失40%以上，不仅没有达到预估的效益，更严重打击了经营新品类的信心。所以对新品类的引进，更要完整地执行引进程序及评估。

（1）准备期。

第一，需要进行完整商圈调查、经营定位及市场区隔定位交叉分析，以确定品类定位。例如，某连锁药店整改的门店正好在百货公司附近，原本期望增加药妆这个品类以吸引百货公司的客流量，可是由于对商圈分析得不透彻，实施上出现问题。主要是由于其门店并非在百货公司的人流动线上，如果要吸引该商圈人流，必须有更完整的商品线或者与百货公司区隔的专注品类，否则以品类经营面积及同质性高的商品是无法与专业经营美妆的百货公司相比的，反倒模糊了原来的经营核心。如果当初能够理解商圈特性，对市场同质经营者做出经营区隔，避开百货公司的美妆品牌强项，商品集中在皮肤护理咨询、便利性流行彩妆及多样化彩妆工具上，或许能够与原商圈相辉映，达到借力使力的目的。

第二，需要进行新品类的学习、市场调查、供应商寻找及商品结构规划。一个新品类的经营，最重要的是采购人员对该品类的理解与专业培养，这样才能对市场上根据品类定位后的商品选择做大量的调查，否则面对市场上品类众多的商品无法整理出适当的商品组合。而且一个新品类的组合，必须包含三个以上的中分类，才能发挥品类的特性及吸引力，这都要靠找对人及长时间的培养才能做到。隔行如隔山，跨品类经营就相当于跨了一个行业，不能期望原来的短时间采购就能达到专业的经营水平。

第三，需要从经营模式、销售模式设计到顾客认知的经营定位改变。由于顾客已经习惯于原本的经营定位，对新品类的增加不一定能通过联想就接受，因此零售商除了建立适合企业原来经营定位的经营模式及销售模式外，还要找到与原来品类的结合点及切入点。例如，药店如果经营药妆，除了与药店特质相同的品类外，还需要具有专业医学知识的美容咨询顾问，才能使顾客与经营定位相连接，达到销售核心品类的目的，也才能发展后续的中品类。

第四，进行陈列、人员培训、道具管理、采购管理、物流设计。基于上述三点的确认，门店才能有依据地设计陈列动线、道具管理、人员培训、采购管理原则及物流流程的规划。

第五，6个月到一年的行销规划。由于新品类的投入远超过新品项的引进，所以最少要在初期设计出品类从引进期到成长期的营销计划，以使新品类从顾客对经营定位的教育，对商品形象、价格形象的认同，服务模式的导入，最后到促销的执行，通过营销方案得到完整的消费联想。

（2）导入期。若所有的准备都确认无误，也完成了销售培训及销售演练，就可以如同新品上市，开始上架、广告、销售等过程。

（3）考核期。如上面所述，新品类的推出耗费零售商大量的资源，启动销售以后必须通过考核分析，不断地修正与学习，使经营走入正轨。

（五）新品引进成功与否的指标

新品引进是否成功的衡量指标除了销售额、利润等财务指标外，还应包括执行效率方面的指标。执行效率方面的指标包括：

（1）新品存活期。该商品从引进到销售份额降到0.1%以下的时间或零售商从引进到淘汰它的时间。

（2）新品引进时机。引进新品的时间距离供应商推出该商品时间的天数。

（3）订单效率。确定引进新品到新品订单发出的天数。

（4）新品上架速度。新品到货后到分销到各门店的天数。

新品上架后要每周监控其销售情况，绘制其销售趋势曲线。如有问题，需及时调整。3个月后，对该新品进行一次全面的评估，评估内容如表4-4所示。新品应该带来额外的业绩增长，而不是侵吞其他商品的业绩，所以需要同时对品类的业绩状况进行分析。

表4-4 新品引进效果评估表

评估内容	第1个月	第2个月	第3个月
财务指标	新品销售量 新品销售额 新品利润 销售量份额 销售量份额平均值		
执行效率指标	新品存活期 订单效率 引进时机 上架速度		
品类	品类销售量 品类销售额		

<<<<<<<<<<<<< **同 步测试** <<<<<<<<<<<<<<<<<<<<<<<<<<<<<<<<<<<<<<<<<

一、单项选择题

1. 在商品淘汰的过程中，首先应该淘汰的是（　　　）。

　　A. 市场赢家　　　B. 全面赢家　　　C. 全面输家　　　D. 商店赢家

2. 一般来说，在超市业态，A类商品科学的单品数占比为（　　　）。

　　A. 3%　　　　　　B. 5%　　　　　　C. 10%　　　　　　D. 15%

3. 评估新品时，商品特点方面的评估不包括（　　　）。

　　A. 商品的功能　　　　　　　　B. 商品的性价比

　　C. 消费者教育　　　　　　　　D. 销售潜力

4. 下列商品需要进一步分析之后再确定是否保留的商品是（　　　）。

　　A. CC类商品　　B. CA类商品　　C. CB类商品　　D. AA类商品

5. 在零售店中通常（　　　）占比最高。

　　A. 常规性品类　　　　　　　　B. 目标性品类

　　C. 便利性品类　　　　　　　　D. 季节性/偶然性品类

二、多项选择题

1. 新商品的来源包括（　　　　）。

　　A. 展会　　　　B. 制造商　　　C. 媒体　　　　D. 竞争对手

2. 一般 A 类商品可能是（　　　　　）。

　A. 促销商品　　　　　　　　B. 应季商品

　C. 新品　　　　　　　　　　D. 一线品牌的主流商品

3. 新品引进的执行效率指标包括（　　　　　）。

　A. 新品存活期　　　　　　　B. 新品引进时机

　C. 订单效率　　　　　　　　D. 上架速度

4. 评估新品时，市场支持方面的评估主要包括（　　　　　）。

　A. 消费者测试　　　　　　　B. 消费者教育

　C. 媒体投入　　　　　　　　D. 公关活动

5. 高效商品组合的目标是（　　　　　）。

　A. 增加重复性　　　　　　　B. 减少重复性

　C. 增加多样性　　　　　　　D. 减少多样性

三、简答题

1. 简述高效商品组合的步骤。

2. 简述评估新品的考虑因素。

3. 如何保证新品类引进的成功？

4. 对位于删除线以上的商品或者 C 类商品要做哪些分析才能决定是否删除？

5. 简述 ABC 分析法在商品结构调整中的运用。

【学习目标】

素养目标

● 通过对商品陈列的规划增强学生的审美意识

● 通过商业空间规划的学习增强学生的安全意识

● 通过顾客动线的实地调研增强学生的劳动意识

知识目标

● 了解商品空间管理的相关概念

● 熟悉常见的门店布局方式

● 掌握商品陈列的原则和方法

● 掌握门店布局管理操作步骤

技能目标

● 能够选择合适的门店布局方式

● 能够为不同品类确定不同的空间位置

● 能够为不同品类分配不同的空间大小

● 能够对不同品类在卖场中进行合理衔接

● 能够根据消费者购买决策树制定陈列原则

● 能够通过业绩分析进行货架空间效率优化

　　FF公司决定在某大学校园内开设校园便利店，目前备选门店长12.5米，宽8米，公司要求小王结合已经规划好的商品组织结构表、品类角色的建议与门店面积，绘制卖场平面布局图。该门店卖场中没有柱子，也就是不需要考虑柱间距的问题，但是该平面布局图以及相应的文字说明中必须能够明确不同小分类所在的位置，同时，也需要明确所选用陈列道具的类型与具体尺寸。具体尺寸要求精确到厘米，同时选择一组货架，绘制该组货架的商品陈列配置表，小王又一次开始了新的任务。

　　【引思明理】 零售商最宝贵的资源是空间，零售商的每平方米都要付出高昂的成本，因此空间使用效率特别重要。门店布局实际上包含的内容非常多，既包括空间的功能分配、外立面的设计、动线规划、货位布局、氛围营造这些相对宏观的内容，还包括道具选择、商品陈列等相对微观的内容。在品类管理领域，品类经理更多地会从前面的内容中选取与品类管理最为密切的空间分配、货位布局和商品陈列等内容作为其工作内容的重点。

一、门店布局管理

（一）品类空间大小分配

　　利用有效的陈列空间来获取最大的经营绩效是每一个经营者所关注的。各种品类或者单品在卖场面积的配置是影响门店经营成败的关键环节，如果面积配置不当，会造成顾客想要的商品不多，不想要的却泛滥的现象，不仅占用了卖场空间，也积压了资金。所以门店经营的成百上千种商品按什么原则分配面积，是门店布局管理首要解决的问题。

微课：商品
陈列空间分
配

　　1. "货架份额=市场份额" 原则的含义

　　（1）"货架份额=市场份额" 原则概述。不同商品类别包括其中的每个单品应该分配多少陈列空间，不只是陈列的问题，而是涉及商品管理的问题。此处为了简化分析以单品为例。那么，每个单品应该分配多少面积呢？假如货架上有三种商品：超感白牙膏、全效牙膏和草本美白牙膏，很多连锁企业往往采取最省心省力的做法：平均陈列量，对它们平均分配陈列空间，各占33%的货架。然而它们之间的销售量却是不等的，假设超感白牙膏和全效牙膏的日销售量是一样的，都等于草本美白牙膏的1/4。这会造成什么样的结果呢？当草本美白牙膏售完时，超感白牙膏和全效牙膏只销售了1/4。此时，如果草本美白牙膏不补货，就会脱销造成销售损失。而连锁企业和供应商对补货时间或补货量都有一定的要求（如最小订单量），无形中加大了脱销的可能性。当超感白牙膏和全效牙膏销售完货架上的商品时，草本美白牙膏已经脱销3天或补了3次货。

如果采用上述分配原则，即以商品表现来分配陈列空间就可以避免这种情况。由于超感白牙膏和全效牙膏的销售量只有草本美白牙膏的1/4，所以其陈列空间也只有草本美白牙膏的1/4，这样3种商品会同时售完。上述分配原则不仅可以有效地减少缺货，而且可以提高运作效率，也就是按照商品的市场表现来规划陈列空间，让陈列空间分配与产品的市场份额保持一致，这种方式被称为"货架份额＝市场份额"原则。

（2）"货架份额＝市场份额"原则的不足。由于上述原则的产生主要来自一些大型的生产企业，它们最初提出的该空间分配标准是希望整个市场的变化与门店的变化一致，这样就能保障这些领先品牌在这些门店的利益，有利于巩固其市场地位，排除或者减少对其地位的潜在威胁。然而，这种分配方式也使很多中小品牌生产商和连锁企业提出异议：它们认为将营业空间的分配与销售直接联系是不合理的。

① 忽略了门店的空间弹性。"货架份额＝市场份额"原则忽略了门店的展示影响力，不可否认，展示空间的大小将会促进产品销售。但需要注意的是，销售空间与销售额之间并非呈线性关系。当一个商品部的销售处于饱和状态时，即使再增加销售空间也不会提高销售额。例如，一家门店的男士服装部每平方米的销售额高于鞋部，于是门店决定削减鞋部的销售空间，扩大男士服装部的销售空间，希望能够创造更多的销售额，但结果是男士服装部的每平方米销售额下降，鞋部的总销售额也随之下降。对于门店来说，陈列空间调整后，其商品的销售数量会有所不同，这就是门店的空间弹性。

例如，对于食盐类一类冲动消费较差的商品，只要不断货，陈列空间的变化对其销售数量不会产生明显的影响。而经常购买的早餐类商品，增加展示空间会产生显著影响，但是很快就又会恢复正常。例如，花生、瓜子等属于顾客偶尔购买的商品，由于大部分顾客不会特意去寻找这些商品，在展示空间逐渐增加时，销售量的增加速度会滞后，一直到陈列面积达到迫使顾客增加对它的注意，销售量才会猛增。

② 无法保证商家的经营利润。周转速度快的商品或者处于市场领先地位的品牌商品不一定能够为连锁企业带来最大利润。对于连锁企业来说，利润是第一位的。虽然有些市场的主导品牌能够带来一定的销售额，但是

由于这些商品的价格透明度较高，往往属于顾客的敏感商品，同时还容易引发商家的价格战，因此销售量大的市场主导品牌所能带来的利润是微乎其微的，甚至可能使连锁企业成为厂家的"免费搬运工"，这是连锁企业最不愿意看到的。

③ 可能因空间问题而无法展示。对于很多连锁企业而言，一些大型的生产制造企业的产品线往往是非常庞大的，其商品的包装可能存在从 50 g 到 5 kg 十几种商品规格。而门店的陈列面积有限，不可能将所有的市场领先商品进行全方位的陈列。即使门店进行了全品项的陈列，也未必能获得应得的最终效益，因为毕竟每个门店所面对的顾客群体不同，不同的顾客群体的购买需求也有所不同。

④ 可能会造成商品种类少而单调的印象。对于门店来说，如果仅仅陈列那些主导的市场品牌和周转速度快的商品，可能会减少大量的二线商品品牌，给顾客造成门店的商品种类少，单调乏味的印象。

⑤ 忽略了新品的影响力。对于门店来说，需要不断地更新自己的商品品种和商品结构。所有的商品都存在生命周期，因此，仅仅关注商品的市场绩效则容易忽略新品的增长，掩盖了新品的市场潜力，使得企业无法发掘出可能存在的优势商品。

2. 如何合理确定面积配置标准

（1）面积配置的影响因素。既然面积的分配标准不能以销售数量为依据，那么应当关注哪些指标呢？连锁企业往往会为这一问题担心：假如有两种饮料，在过去的 3 个月中都有 5 万元的销售额，那么，是否应该有相同的陈列空间呢？不一定，因为它们的利润不一样。又假设它们的利润一样，都是 1 万元，那么，它们是否应该有相同的陈列空间呢？不一定，因为两者的周转速度不一样。再假设它们的周转速度一样，都是每周 3 箱 72 个，那么，它们是否应该有相同的陈列空间呢？不一定，因为两者的产品大小不一样，可能一个是汇源大包装果汁，另一个是小瓶的露露，即前者的体积是后者的 4 倍。因此，即使它们过去 3 个月均为 5 万元销售额，1 万元利润，每周周转均为 3 箱 72 个，如果汇源大包装果汁的陈列排面为 2 个，则小瓶露露的陈列排面应该为 8 个，根据商品单位体积进行调整。再假设这两种饮料是承德露露和椰树牌椰汁，包装体积一样，但是，这两者的季节性变化特征不同，因是否促销、是否有替代产品等而异，所以，两者的陈列面积会出于各种原因而出现差别。

（2）PSI 值的确定。通过上述一系列分析，可以发现其实不能单纯依靠一种经营指标来决定空间的分配。连锁企业首先要根据商品的重要程度设定一个综合指标：商品重要度指标（Product Significance Index，PSI）。

通常情况下，先测量门店的实际陈列空间。例如，某门店陈列碳酸饮料共有10组货架，每组货架5层，每层的货架宽度是120 cm，那么可以用占整个货架的百分比及该种商品的门店销售业绩、利润、品牌知名度等的综合绩效考评结果进行估算，合理安排最适当的排面。

在制定商品重要度指标时，连锁企业可以根据本身的管理需求分析供应商的重要性、品牌价值、销售数量、毛利、长宽高尺寸、利润、销售额、周转率、新品推广、自有品牌、季节变化、区域人口特征等因素，这些因素都可能影响单品的重要程度。

诚然，没有一种商品重要度指标的定义和分析方法是绝对客观的。例如，对于奶粉品类来说，连锁企业的考核项目有三个指标：利润、周转率和销售额，不同的品类经理给出的权重比值可能有所不同，如甲经理认为权重比值为4∶1∶1，乙经理认为权重比值为3∶1∶1，丙经理认为权重比值为2∶1∶1，不同的权重比值会对商品的分析产生不同的影响。但是，一般而言，不会有品类经理将其设为0∶1∶1，这是因为奶粉品类主要考察利润。如果出现重大分歧，则品类经理需要讨论该品类在本企业中的定位。权重依据该品类的角色和策略来制定。品类角色与陈列空间及位置具有密切的关系。例如，目标性品类代表着门店的形象，起到吸引客流的作用，所以需要有最高的立方空间分配，并且陈列在显眼易见的地方。如果该品类的策略是提升利润，利润的权重可以稍高。但指标也不能太多，否则会失去重点。待基本方案确定后，可适当考虑一些其他因素（如营业外收入）进行微调。

（3）面积配置的其他注意事项。

①物流对面积的影响。有些企业从物流角度出发，要求商品的最低订购量是一个标准箱，当货架上只剩下几个商品时，必须再补一箱货，此时货架所需陈列数量就要多于一箱。因此，货架陈列的基本原则是最少要有一箱半的陈列空间。

②缺货状态对面积的影响。在陈列空间相对较少时，连锁企业需要依靠商品陈列空间的调整达到快速补货的目的，这是因为并不是所有缺货商品都能在本门店内找到替代商品。缺货现象的发生将会给顾客带来诸多的不便，而且缺货或断货并不是指货架中某品项的陈列量为零，而是低于陈列量的下限。对于生鲜品或其他日用品来说，低于陈列量下限，顾客立即会中止购买。例如，某品项的最低陈列量为3个，而当货架上只剩下一两个商品时，顾客会认为这是别人挑剩下的、陈旧的以及存在质量问题

185

的，或谁也不愿购买的商品。特别是顾客初次购买商品，这时他怀有很强的戒心或不安。但是当陈列3个商品时，顾客的心理就会发生变化。他会把这种陈列状态理解为补货之前的状态。出于这种理解，部分顾客会继续购买。因此，该商品陈列数量的下限为3个，当低于这个下限时，即使畅销品，其销售也会迅速停滞。这就是畅销品必须大量陈列的原因所在，是"货卖堆山"的心理基础。但是，高单价商品低于最低陈列数量时，顾客的不安感就会大大减轻，如高档服装、首饰、家用电器等。顾客会认为这是理所应当的。不过即便如此，有时为了打消顾客的不安，也需要售货员的现场解释。

③ 门店形象和定位对面积的影响。门店的空间分配方式和结果反映出企业的市场定位和形象，连锁企业应当避免给顾客留下什么生意都做的印象。至于定位，连锁企业可以利用地理信息系统（Geographic Information System，GIS）的相关数据，加上POS数据和管理知识，根据商圈环境的变化进行相应的调整。

④ 商品的获利性。在各类商品的陈列空间分配上，应当以满足顾客需求为目标，而不能以追求毛利为主导。如果因某种商品的直接商品利润较低就将其撤出，结果可能会导致顾客流失，所以在没有做购物篮分析的前提下做该项工作是非常错误的做法。

⑤ 其他情况。一是商品的销售弹性。在通常情况下，易使顾客产生冲动购物的商品的陈列空间要大于弹性小的商品的陈列空间。二是连锁企业战略规划的需求。往往连锁企业的自有品牌陈列空间要大于供应商品牌商品的陈列空间，战略合作伙伴的商品的陈列空间会大于关系疏远的供应商商品的陈列空间，具有一定价格优势的商品的陈列空间会大于其他商品的陈列空间等。

对于门店来说，无论规模大小，最了解门店市场环境和商圈顾客的是门店本身。因此，空间的分配应当由门店的管理层和信息管理系统共同决定，不可由连锁企业总部一刀切，这样不仅忽视了门店的个性化，而且会影响企业的竞争实力。

（二）品类位置确定

1. 品类位置确定的依据

（1）根据门店位置的优劣布局。

① 位置等级与商品配置。在门店中会有一些很奇怪的现象，有的地方无论放置什么商品，都会畅销，而有些地方恰恰相反，即使把最畅销的商品放在那里也会变得不好卖。在这里，将无论放置什么商品都畅销的地带称为

"一等地带"。所谓"一等地带"，主要有下列一些位置：门面附近、主通道沿线、货架的端部、展台、通路的尽头、楼梯间的平台、正对楼梯口的地方。也就是说，客流量多的地方容易成为一等地带。

反过来，无论摆放什么商品都不好卖的地方称为死角或者盲区。死角是由于卖场本身的结构所造成的，如楼梯下部、职员出入口附近、柱子的里侧、有凹凸的地方等，这些区域常常会被顾客冷落。对于多层门店来讲，每一楼层的价值也大不一样，随着楼层上升，楼层价值会因顾客的减少而下降。如果门店的营业场所是租来的，那么每层的租金是不同的。以三层门店为例，有些专家认为，不同楼层负担的租金应该是这样的：三层租金占15%，二层租金占30%，一层租金占40%，地下层租金占15%。

大多数门店在商品布局时，对商品的营利程度进行了分析，然后将获利较高的商品摆放在门店最好的位置上，以促其销售，而将获利较低的商品摆放在较次要的位置。不过，有时也有例外。例如，为了扶持或加强获利较小的部门商品，门店也会考虑将这些商品放置于最好的地点。还有一些门店将新品放置在最佳位置，以便引起顾客注意；另有一些门店为了让顾客形成良好的第一印象而将外表美观的商品放置在入口处。

②过渡区问题。如果用客流量作为划分位置等级的唯一标准，那么入口处生意相对较好，可是有时情况未必如此。顾客进门之后通常的表现是放慢脚步，调整眼睛以适应光线和距离的变化，开始关注视线所及的商品。同时，他们的眼睛、耳朵和神经末梢也正对其他环境因素做出响应。换句话说，虽然他们已经迈进了门店，但实际上要再过一会儿他们才算真正融入门店。

上述情况说明门店入口处是一个过渡区，如果在过渡区里卖商品，很难引起人们的注意，如果放广告牌，很难让人看清它。不仅如此，顾客从一个卖场、部门或品类走到另一个时，经常会发生思维滞后的现象，也就是所谓的过渡区。例如，顾客买完蔬菜（图4-11中的A部门），过渡到下一种商品（图4-11中的B部门）时，思绪往往还停留在刚才挑选蔬菜的过程中。在这个短暂的过程中，顾客会对刚才购买商品的使用目的、功能、质量、价格等进行评价和反思。虽然这个反思过程只有数秒，但在此期间，顾客可能已经走出1.2～2 m的距离，如图4-11（a）所示。这一段距离，也就是部门与部门连接点位置，常常被顾客忽略，一般商品即使在这里陈列，也近于浪费。这就是许多门店不愿意把商品陈列在部门与部门连接位置的原因。

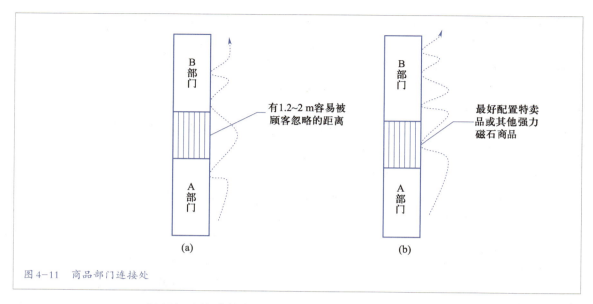

图 4-11　商品部门连接处

对过渡区的建议是：一是不要在过渡区安排重要的商品或活动，可以考虑陈列一些能引发冲动的特卖商品，或具有较强磁石效果①的商品，如图 4-11（b）所示。例如，某些超市会在出口处附近陈列饮料、洗涤剂、卫生纸等反复购买性商品，就是因为这些商品容易吸引视线，而且顾客对这类商品做出购买判断时，不需要花费太多的时间和精力。二是采取措施尽量缩小过渡区范围。

（2）根据商品性质进行布局。商品根据其性质特点不同可以分为三大类：方便商品、选购商品和特殊商品。方便商品大多属于人们日常生活用品，价值较低，需求弹性不大，顾客比较熟悉。购买这类商品时，顾客大多希望方便、快捷地成交，而不愿意花费长时间进行比较挑选，故这类商品宜放在最明显、最易速购的位置，如门店前端、入口处、收款机旁等，便于顾客购买以及达到促销目的。

选购商品比方便商品的价值更高、需求弹性更大、可挑选性更强，顾客对这类商品的信息掌握不够，如时装、家具、自行车等。选购这些商品，大多数顾客希望获得更多的选择机会，以便对其质量、功能、样式、色彩、价格等方面进行详细比较，因此这些商品应相对集中摆放在门店宽敞或走道宽度较大、光线较强的地方，以便顾客在从容的观察中产生购买欲望。

特殊商品通常指有独特功能的商品或名贵商品，如珠宝、名人字画、工艺品等，购买这类商品，顾客往往经过了周密考虑，甚至确定购买计划后才

---

① 磁石效果：是指利用特定的商品来吸引顾客进入店内消费的效果。这些特定的商品被认为是门店的"磁石"商品，门店希望通过这些商品促使顾客在店内停留更长时间，从而增加销售机会。

进行购买，因此这些商品可以放置在距离门店前端较远的、环境比较优雅的、客流量较少的地方，设立专门出售点，以显示商品的高雅、名贵和特殊，满足顾客的心理需要。

（3）根据磁石理论布局。该理论认为，商品都如磁石一般，对顾客有一定的吸引力，根据各种商品吸引力的大小，可以分为第一磁石商品、第二磁石商品、第三磁石商品、第四磁石商品和第五磁石商品。一般在布置门店时，把五种磁石商品布置在最合适的位置，将卖场设计成合理的导购磁场。卖场磁石分布如图4-12所示。往往第一磁石商品首先吸引顾客，由第二磁石商品吸引顾客到纵深处。下面以超级市场为例，来仔细阐述该理论。

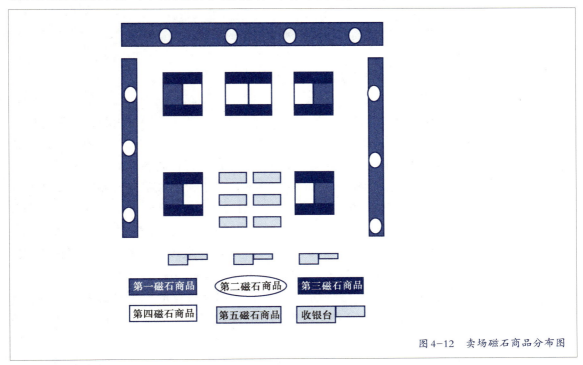

图4-12　卖场磁石商品分布图

　①第一磁石商品：主力商品。第一磁石商品位于主通道的两侧，是顾客必经之地，能拉动顾客至内部卖场的商品，也是商品销售的最主要的地方。此处应配置的商品为：一是消费量多的商品；二是消费频度高的商品，消费量多、消费频度高的商品是绝大多数顾客随时要使用的，也是时常要购买的，因此将其配置于第一磁石的位置以增加销售量；三是主力商品。

　②第二磁石商品：展示观感强的商品。

　第二磁石商品位于通路的末端，通常在超市的最里面。第二磁石商品承担引导顾客走到卖场最里面的任务。在此应配置的商品包括：

　一是最新的商品。顾客总是不断追求新奇。10年不变的商品，就算品质

视频：磁石
理论与动线
规划

再好、价格再便宜也很难出售。新商品的引进伴随着风险，将新商品配置于第二磁石的位置，必然会吸引顾客走入卖场的最里面。

二是具有季节性的商品。具有季节性的商品必定是变化多样的，因此，超市可借季节的变化做布置，吸引顾客的注意。

三是明亮、华丽的商品。明亮、华丽的商品通常也是流行、时尚的商品。由于第二磁石的位置都较暗，所以在此配置较华丽的商品来提升亮度。

四是顾客最关注的品牌商品。

③ 第三磁石商品：端架商品。第三磁石商品位于卖场中央陈列货架两头的架端位置。端架通常面对着出口或主通道货架端头，第三磁石商品的基本作用就是刺激顾客、留住顾客。通常情况可配置如下商品：特价品、自有品牌的商品、季节性商品、购买频率较高的商品、促销商品、高利润的商品等。端架可被视为临时卖场。端架商品需经常变化（一周最少两次）。变化的频率可刺激顾客来店采购的次数。

④ 第四磁石商品：单项商品。第四磁石商品位于辅通道的两侧，主要让顾客在陈列动线中间引起注意的位置。这个位置的配置不能以商品群来规划，而必须以单品的方法配合各种助销手段对顾客表达强烈诉求。在此应配置的商品包括热门商品、特意大量陈列商品、广告宣传商品。

⑤ 第五磁石商品：卖场堆头商品。第五磁石商品位于结算区域（收银区）前面的中间卖场，可根据各种节日组织大型展销，或设置为特卖的非固定性卖场，以堆头商品为主。其目的在于通过采取单独一处、多品种、大量陈列方式，造成一定程度的顾客集中，从而烘托卖场气氛。同时展销主题的不断变化，也给顾客带来新鲜感，从而达到促进销售的目的。

另外，磁石理论到目前一直是在平面上进行的分析，是否可以将它延伸到多层门店立体客流的调节中呢？现代百货商场很多时候在最高层设置快餐门店、娱乐门店、特卖门店，如果考虑到位置等级，此处位置不佳，理应配置相对次要的商品。对于很多顾客而言，逛大商场时，最少光顾的地方就是商场的高层了。一是逛到中间时已经累了，二是一般商场的布局都是把好卖的商品分布在低楼层，高楼层在商品大类规划上吸引人的商品不多。针对这一问题，有的商家在最高楼层想尽办法，以物美价廉的商品吸引顾客直奔最高层选购。随后，在最高层"战果辉煌"的顾客们会在先期低价格购买高质商品的刺激下，意犹未尽地向下逛其他楼层卖场。这样卖场的人流由上至下，业内形象地称为"喷淋式客流"。也许在高层利润较低，但目的在于增加人气。喷淋式客流设计，关键是商场最高层在经营大类上要有吸引力，除了名品特卖场，还可以考虑游乐场、小吃街等，或把做营销活动时的礼品台等多种部门设计在高层。此时在硬件设施的配备上必须有通往商场最高层的垂直电梯，并且做到在低楼层少停甚至不停，以方便带动客流直通顶层。

（4）根据顾客的购买顺序布局。顾客在店内挑选商品的顺序，实际上大致反映了顾客在实际生活中的使用习惯，以下以超市食品购买为例来分析该问题。在超市的食品售卖区，通常顾客基本的购买顺序是：生鲜食品—半生鲜食品—副食品—调味食品—休闲食品—非食品。这种购买顺序实际上是由顾客每日三餐的饮食习惯决定的，是顾客饮食习惯的一种直接反映。

在以上购买顺序中，生鲜食品和半生鲜食品是顾客进入超市必买的商品，而且这两项商品的购买内容如何，直接影响后几项商品的购买。例如，顾客进入超市后，发现今天肉馅特卖，便决定今天晚上吃饺子。当顾客决定了肉馅这种生鲜食品之后，就要考虑吃饺子时的配菜，因此开始考虑半生鲜食品或加工食品中的各种熟食或小菜。然后顾客会根据饺子及配菜的需求，开始关心相关的副食品、调味品，以及饭后的休闲食品等。当顾客购足今晚菜谱中所需的食品后，才开始关心其他非食品，因此通常超市会把某些日用杂货品配置在通往出口的辅通道附近，或靠近收银台的位置。鉴于生鲜食品和半生鲜食品在购买顺序中的重要位置，许多超市把这两类商品视为"战略商品"，并理所当然地将其配置在食品售卖区沿主通道两侧，将其作为第一、第二磁石商品。

市场营销学一直提倡从顾客需求出发，此处根据顾客的购买顺序与频率进行货位布局，恰恰就是从顾客需求出发的体现。然而，由于各地顾客需求不同，所以卖场货位布局从理论上来讲也应该不同，加之各企业还要出于自身管理上的便利对货位布局进行调整，所以货位布局只有基本原则，标准模板理论上是不存在的，都要根据实际情况分析定夺。

（5）根据顾客的其他心理因素调整。

① 顾客的价格防备心理。顾客购物时通常会经历这样一个心理过程：一开始，对商品心存怀疑；等到买好一两件商品之后，就会慢慢沉浸在购物的快乐中。所以对门店来说，研究如何攻破顾客的第一道防线、打消顾客的顾虑是非常重要的。在平时的购物中可以发现，顾客见到物美价廉的商品往往会毫不犹豫地掏出钱来，因为这笔钱数目很小，无须过多考虑。反之，顾客见到价格昂贵的商品就会心生犹豫："买它值不值呢？""花这么多钱给我带来多少便利呢？""这么贵的东西，万一用得不合适怎么办？"根据顾客的这种心理，门店在货位布局上可以在顾客最先经过的地方陈列价格便宜或家居生活中常用的商品，顾客一方面觉得非买不可，另一方面会想："好便宜啊，可以放心地挑了！"这样就突破了顾客的心理防线。

② 顾客的隐私心理。某些商品带有一定的隐私性，顾客不希望自己的购买行为暴露在众目睽睽之下。在购买这类商品时，他们做不到像买一盒饼干那样从容。在买之前可能要看看这类物品所在的区域，看看周围有什么人。如果这是一个喧闹的区域，有很多人走来走去，就会失去购买的勇气。

一些需要试用的商品也应当布置在比较隐秘的空间里。在购买床垫前，人们都希望通过坐一坐、躺一躺来感受一下，如果把它放置在一个公共的区域或者人来人往的位置，躺下的人会感到非常难堪，如把床垫放在门店的前面，外面的人很容易透过橱窗看见，而且，如果顾客是一位穿着裙子的女性，她的淑女形象可能会被破坏。所以应尽可能把床垫摆在避开公众视线的地方，给人以试衣间的感觉，这样就容易激发顾客对床垫的需求。

③ 避免购物干扰的心理。服务员可以做到根据顾客的需要不打扰顾客，但是在一家门店里不可能只有一位顾客，这些顾客能否和谐共处，就要仔细斟酌，因为有时候顾客之间是互相干扰、互相冲突的。顾客会在货架边停下来挑选，当他们被来来去去的人撞到一次或两次时，他们仍会接着购物，但如果再被推撞几次，大多数顾客就会离开门店。

2. 同一类别内部的配置

货位布局的基本思想是不同的商品大类布置在不同的位置，其前提是经营者很清楚商品的分类方法，可是有时会发现有些商品都不知道应该给它归入哪一类，接下来放入哪一个区域就更无从谈起了。第二个问题是，即使经营者清楚商品的分类方法，可是在一个商品大类内部也同样面临着进一步分区定位的问题。

（1）做好商品分类。

① 传统分类法。门店在组织商品的过程中，惯例一般是首先按照商品特征进行大分类，然后按照制造方法、功能、产地等标准来做中分类，最后再按用途、产地、成分、口味等来进行小分类，并且把同一类的商品陈列在一起。这种分类更多的是站在商品（或者供应商）的角度来划分，这给货位布局带来的结果就是各个区域的分布也是以商品为出发点的区域分布，如小家电区、果蔬区、纸制品区等。

② 现代分类法。传统分类法相对忽略了顾客的心理。其实，重要的不是商家认为它属于哪一类商品，而是顾客认为它属于哪一类商品，这就是现代分类法所关注的焦点。例如，在顾客心中，纸杯和玻璃杯、陶瓷杯一样，都属于容器类，都能满足顾客饮水的需求，它们之间具有可替代性，因此更应该被陈列在一起。

顾客所希望的是便于比较和选择，所以考虑某一商品应该放在哪一个区域，首先要看它究竟和哪些商品具有直接的替代性，那它就应该属于哪一类商品，就应该放入哪一区域。

（2）类别内部配置思路。

① 顾客的购买困惑。例如，很快进入炎热的夏天，李先生想在卧室安装一台空调，由于所住房间不大，并且李先生刚参加工作不久，购买预算不是太多，所以他计划购买一台2 000元左右、功率1.5匹的壁挂式空调。他决定去附近的一家电器卖场购买。进门后，李先生看到在空调区有海尔、志高、TCL、美的、格力等品牌。这家门店是按照品牌布局和陈列的，同一品牌的产品陈列在一起，每一品牌都有1匹、1.5匹到2匹等不同型号的柜机及挂机，基本上每个品牌都有满足李先生这种需求的产品。接下来李先生在心仪的几款产品中比较价格、功能、质量，但这几款空调机没有放在一起，其间跨度还不小，他不得不反复进行比较。李先生感到非常不解，难道门店就一定要按照品牌来进行布局陈列吗？

② 购买决策树的运用。其实，无论按照何种标准来做类别内部的货位配置，都必须围绕购物者的购物便利度来进行，需要考虑顾客是按照什么样的程序来选择商品，这才是最重要的。例如，购物者在购买婴儿纸尿裤时，会根据自己孩子年龄的大小优先考虑是买大号、中号的，还是小号的，然后才会考虑购买哪一个品牌。因此，如果一开始就按照品牌来陈列，就会给顾客选择带来不便，他们就需要在不同的品牌区域之间进行比较，就像李先生买空调的情况那样。如果在空调分类设计时，第一级分类是分体式、窗机和柜机等；第二级分类是按照空调的功率，如1匹、1.5匹、2匹等，这种分类法会更符合顾客的购买需求，并且有利于分析顾客需求，方便做出相应调整。

在利用购买决策树分析品类内部布局时需要注意如下一些问题：

一是购买决策过程是下意识的，购物者很难说出其中的步骤，利用调查所得到的购物者声称的购买决策中的重要因素，只有经过专业人员的综合分析才能得出最终的结论。

二是不同品类具有不同的购买决策树。如洗发水和纸尿裤以及空调，它们的决策树就各有特点，互不相同，所以它们的布局陈列分类就有所区别。

三是在很多品类的购买决策树中，品牌都占据重要的位置，如化妆品、服装、洗发护发类、口腔护理品类、妇女卫生用品品类。但品牌并非总是购物者做出购买决定的第一决定因素，品牌的重要性和所属的品类有很大关系。以洗发水和大米为例，购物者对洗发水品牌的偏好影响了对商品的选择，而购物者对大米品牌的了解不如对大米产地和大米品质的层面更关心，大米的品牌重要性就较低。

按品牌陈列商品，也是百货服装、化妆品区的习惯做法。购物中心只做商品大类的划分，如少女装、淑女装、运动装等，至于内部进行细分化的陈列就以品牌为单位了。这是因为百货店，尤其中高档百货店目前的一大特征就是品牌化经营，顾客在这种百货店就是受品牌影响，而且每一品牌的风格之间差异比较明显，从服饰搭配的角度，同一品牌内部更好进行。另外，不同品牌的目标顾客很明确，也有助于培养品牌忠诚，因此，出于使顾客得到便利的角度，按品牌陈列有其合理性。当然，这其中也包括一个渠道主导权的问题，一定程度上，中高档品牌商品渠道主导权还在供应商手中，越是一线品牌越是强势。品牌商通过店外的其他一系列方式塑造了其强大的品牌形象，牢牢地抓住目标消费群体，通过店内进场费等对门店进行渗透，于是就出现了这种供应商导向的品牌店中店，这一点在其他业态中也能看到。

3. 不同类别之间如何关联与过渡

（1）分类线与客动线的有效配合。所谓商品分类线，即门店里一个类别和另一个相邻的类别之间，按照一定的逻辑关系形成的某种关联性和连贯性，使每个相邻的类别都能衔接起来的清晰线路。分类线是有形的、直观的。所谓客动线，是指顾客在店内移动的点连接起来所形成的线路，这条线是无形的，只有顾客在门店流动后才能体现出来。

分类线和客动线是相辅相成的，良好的分类线能合理地引导顾客，使顾客移动的点连接起来所形成的线路与分类线吻合。分类线建设不好，不仅影响顾客的移动，而且不方便顾客浏览和寻找商品。以书店为例，如果书架分类陈列这样安排：养生保健—经济学—少儿类—古典文学，这些相邻的类别之间关联性不强，使人感到杂乱无章，自然影响了读者的浏览兴趣。

门店应该怎样建设分类线，让它来促进客动线的建设呢？此处需要注意三大原则：一是同一个大类的商品应相对集中在一个区域内，此问题在前述章节已做阐释；二是在同一区域内，考虑如何将相邻的两个小类别彼此相关联；三是在两个相邻的大区域之间的连接处，用两个各自区域里的小类别进行有机的对接。最后使整个门店每个相邻的类别之间都能互相关联，成为一体。后两个原则如下所述。

现在以书店的文学类书籍为例，说明在"文学区"内如何让相邻的两个小类别彼此相关联。文学类的图书可以先按文学理论和文学作品分为两大部分，再把中国文学和外国文学分为相关联的两部分。作品部分可以按某种顺序相关联，如中国文学按年代排列、外国文学按国家类别排列等，具体排列顺序是：文学理论—中国文学史—中国古代文学—中国近代文学—中国现代文学—中国当代文学—外国文学理论—外国文学史—美国文学—英国文学等。当然，同样是文学类的图书，每个书店可按照自己的特点设定不同的分类和重点。不管如何设定，每个相邻的类别应该相关联，让分类能连成一条线。

两个大类别之间相邻的图书类别如何实现分类线的自然过渡，让分类线能延续下去，可以从图书的内容或读者的特点来考虑。如文学理论、文学史图书，一般来说，这两个类别的读者以知识分子、学者居多，那么这些类别的图书就可以和学术类或大文化类的图书衔接，当读者浏览到文学理论类图书的时候，就很自然地过渡到学术类或大文化类等图书上，实现了自然过渡。这也是分类线促进客动线建设的一个方面。

（2）商品关联性的确定。只有能够确定各种商品之间的关联性，才会使商品在分类线上的过渡更加自然，而且会增加销售额，所以很有必要对商品的关联性进行分析。

① 根据用途判断关联性。哪些商品之间有相关性，可以考虑陈列配置在一起呢？人们总是依靠经验采取行动，当他们看到某种事物时，会根据自己的经验、知识进行联想，只要站在要买的商品附近问问自己：在这里还想要点什么？就能推测出应该在毗邻的地方放什么。在运动鞋旁边，不是需要一双很匹配的运动袜吗？枕头应该放在哪儿？当然是床上，让顾客在购买床单时很方便地选到合适的枕头。洗面奶、护肤霜品类旁可以考虑放置美容辅助品，如眉钳、粉扑等，而美容辅助品向外延伸，可以配置头部饰品，头部饰品旁再放置洗发护发产品。

总之，只要是相关性很强的，在使用时需要同时出现的商品，商家就可以放心陈列。这样做等于变相给顾客一个购买更多商品的理由，使他们不再因为害怕寻找商品太麻烦而放弃购物。事实上，顾客更加青睐于将整套物品带回家。

② 根据消费者或购买者判断关联性。在考虑商品关联性时，常会遇到这样一个问题：两个大类别之间很难从商品用途上找到一个关联点，使分类线自然连起来。这里提供另外一种思路，目标消费者或者顾客的一致性也是一种关联思路。以书店为例，如在考虑艺术类读物和生活类读物如何衔接时，则可以提出这样的思路：很多喜爱读艺术类图书的人是比较讲究时尚的，那么在安排艺术类的图书时可以把艺术类的综合读物放在分类线的最尾端，紧接着就和时尚类读物连接，这样就实现了自然过渡。而时尚总是和生活分不开的，那么在时尚类图书分类线的尾端，就很容易自然过渡到生活类图书。喜欢看生活类图书的读者中，已经有自己小家庭的女

士比例很高，那么生活类图书接下去可以安排幼儿类、儿童类、青少年素质教育类的衔接，而青少年素质教育类后紧接着就可以放课外辅导书之类的……这样能让分类线连续下去。这种思路进一步延伸，当顾客的这种趋势越来越明显时，门店就应该考虑是否需要将这些关联商品设立新的品类，并将其固定下来。

③ 利用购物篮分析判断关联性。支撑购物篮分析的是数据系统，只要看看收银台的流水记录，就可以知道购物者在购买一瓶洗面奶时，同时购买了哪些日化类产品和食品，多次汇总之后，通过这种购物篮分析甚至能够发现意想不到的结果。

最后，有时候某些类别之间确实没有合适的关联商品进行衔接，此时不妨考虑放中性商品在中间过渡，如书店的综合类图书。从某种意义来说，综合类图书内容涉及面是比较广的，在陈列时很难区分是属于哪个小类，正是因为内容涉及面的广泛性，使得综合类图书能和其他类别的图书很好地融合与衔接，这样就可以解决分类线不连贯的问题。例如，马列主义读物—中国革命史读物—综合读物—政治读物—外交读物—军事读物，这里的综合类读物在一定程度上起到了衔接作用，整个分类线就基本连起来了。

（三）全渠道门店配置设计

进入数字化时代，客户有可能在线下购物，也有可能在线上购物。他们可以通过美团、京东到家、饿了么访问就近的门店，购买自己需要的商品，由骑手送货上门；也可以通过零售商自己的 App 或者零售商的官方商城下单，选择送货上门。

把线下零售门店变成线上订单履约的仓库，是一种经济地扩张供应链网络的方式，与从遥远的仓库发货相比，它利用了现有的门店设施，提高了资源利用效率。由于电子商务的普及与推广，快速送货已经被客户认为是最基本的服务，而从门店发货能够让客户更快地拿到货。仓库虽然可以批量拣货、批量运送，整体成本更低，但它没有门店发货这样敏捷和快速。

国内大多数零售商按照多渠道的方式运营，即把线上订单履约路径和线下订单履约路径分开，线上订单由仓库中的线上订单发货区或者专门的线上仓库履约，而线下消费在门店完成。也有部分零售商实现了全渠道履约，即客户可以线上购买，由线下门店发货；或者线上购买，线下门店自取；或者线下购买，仓库发货。全渠道运营可以让客户有无处不在的、无缝衔接的购物体验。

随着线上与线下融合的趋势不断明显，未来全渠道运营会逐步普及。在全渠道场景下，门店的销售从实体门店扩大到电子商务（如美团、饿了么、京东到家等），为了应对这些电子商务客户的需求，门店要么从货架上拣货并包装好后通过骑手配送给客户，要么从门店后仓拣货并包装好后通过骑手配送给客户。对于线上的客户而言，门店并不是真实存在的，客户不再需要实体门店，只需要后仓即可。在这种情况下，其实门店就变前置仓，也被称为"Dark Store"，意思是虽然它是不对外营业的，但里面的布局像个门店，有货架和陈列的商品，便于拣选商品进行发货。但对于线下客户而言，必须有前店，他们无法在后仓里购物。电子商务的客户要求门店有"仓"的属性，线下客户要求门店有"前店"的属性，门店和后仓的面积比例划分问题变得更加复杂。

门店的订单分成线上订单和线下订单，当线上订单越来越多时，后仓的权重就越来越大，门店的权重就越来越小。如果门店也发货，对于门店客流比较密集的门店，线上订单履约和服务线下客户是有冲突的。一般来说，当线上订单数量占比超过20%时，对线上订单的交付会影响线下客户的购物体验。试想，门店里的工作人员拿着购物篮广泛地给线上的客户拣选商品，线下的客户跟他们在一个空间里面，这种拥挤和不便是无法避免的。线下购物大多是为了体验，客户往往不会很着急，而线上订单在门店履约追求的是高效率。

为了解决这个问题，有的零售商会在后仓专门放置两排"弹性货架"，前一天晚上预测第二天的线上客户计划订购的商品的数量，把需求集中且量大的部分商品从仓库里拣选出来，然后摆放到相应的货架上。第二天收到线上订单，这些订单中的大部分商品已经被摆在"弹性货架"上了。拣选完成后，对于客户要求送货到家的商品，直接交给配送人员。对于上门自取的订单，可以放在门店入口区域的无人货柜里，然后把取货码发给客户，让客户自助取件，这样做不仅减少了门店人员的工作量，也节省了时间。对于线上订单中占比小的冷门商品，因为拣货量不大，所以不会影响门店内客户的购物体验，可由门店内的工作人员在前店的货架上拣选。

以国内全渠道取得成功的盒马鲜生为例，它在门店天花板上安装了轨道和铰链。当有线上订单时，会在门店触发拣货单打印，打印完毕被贴在"拣货袋"上。然后工作人员手持终端设备，扫描件货单，接着按照App的指引在相应的门店货架上拣货，拣完后把"拣货单"挂在轨道的铰链上。铰链连着自动传送带，将拣货袋传到后仓。后仓把商品装到盒马的塑料袋里，然后把多个客户订单组合成一个批次，计算好路径后分配给骑手，骑手收到送货指令后就去送货。

（四）门店布局调整优化

1. 门店布局调整

门店布局产生后，并不意味着会一直执行下去。门店布局会根据品类的市场需求变化、季节性影响、企业策略的变化进行改变，但并不随着单一商品的变化而改变。门店布局的调整可以为零售企业带来以下好处：

（1）增加顾客购物新鲜感体验。经过调查发现，门店定期调整门店布局，可以让顾客对门店保持持续购物的新鲜感。

（2）增加门店收益。通过定期的门店布局回顾与调整，使得门店内品类空间管理得到优化，从而增加门店收益。

尽管零售商需要定期进行门店布局的调整，但是，门店布局变化的频率不会很高。这是因为一旦门店布局的变化很频繁、幅度很大，会使得零售商消耗大量的门店资源来进行调整，制作新的标识来提示消费者，同时会使消费者感到迷惑，另外也增加了零售商的管理难度。

门店布局的改变会有大小的区别。一般门店布局会进行周期性的回顾分析，如季度回顾，根据市场需求、品类季节性的因素对空间进行调整。例如，夏季软饮料的销售量高，空间会相应增加；冬天软饮料的空间会减少，而果汁的空间会增加。

同时，门店对于布局的维护和管理起到了很关键的作用。很多门店经理会根据门店的实际销售情况对门店布局进行调整，主要是调整不同品类的背数的多少，这可以快速反映当地的市场需求情况，但是会造成整个品类从计划到实施的脱节。所以，在门店自主进行布局空间的调整前，需要与相关的品类经理进行沟通，做出布局的必要修正。

2. 门店布局管理效率分析

对品类空间大小进行分析，并提出优化方案。例如，对单一品类在同一区域类同的门店的业绩数据进行分析，如综合业绩指标考虑法、商品或品牌数量的区间法、重点品类空间业绩分析等。通常使用销售/空间百分比法来进行门店内品类空间管理效率的分析。

在使用销售/空间百分比法进行分析的时候，品类经理需要整理门店各小分类的销售占比和空间占比数据，然后可以通过小分类空间占比和销售占比之间的关系图表来分析目前门店内各小分类的空间使用情况。图4-13列举了某零售商在个人护理分类下的各小分类空间和销售关系。从该图可以看出，化妆品小分类、指甲护理小分类的销售占比比较高，但是相对的空间占比比较小，而皮肤护理小分类、口腔护理小分类的销售占比不高，空间占比比较大。通过以上分析可知，在调整个人护理分类的小分类门店空间占比方面，可以减少口腔护理小分类、皮肤护理小分类的空间占比，提高化妆品和指甲护理小分类的空间占比。

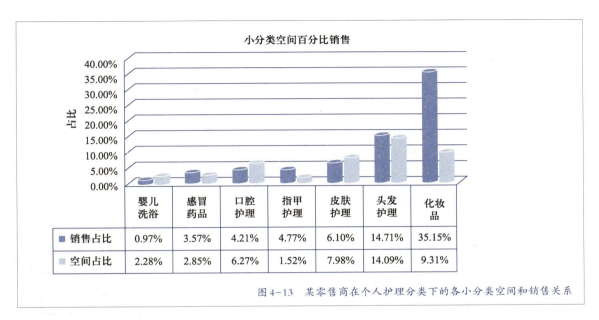

图4-13　某零售商在个人护理分类下的各小分类空间和销售关系

除了对门店布局中品类空间大小分析外，还可以通过对门店不同品类货架的效益分析，来合理调整门店内的人流动线。门店某品类销售最好的几组货架如图4-14所示。

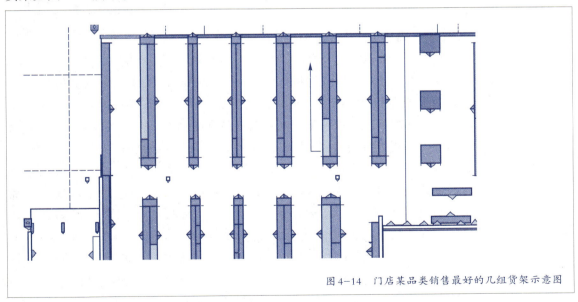

图4-14　门店某品类销售最好的几组货架示意图

在图4-14中，通过业绩数据，了解到门店中某品类标注为灰色的货架是综合产出最高的货架。那么可以根据实际的人流动线情况，将灰色货架上陈列的商品类别适当调整到该门店的靠内位置，以带动人流进入门店内部，从而带动其他货架上商品的销售。

二、货架空间管理

为了加强商品的货架空间管理，品类经理需要对整个品类中每个单品的货架空间效率和利用率进行分析，同时设定合理的陈列策略。这就需要品类经理首先了解货架空间管理包括哪些方面。以下列举了一些常用的货架空间管理内容。

（1）商品在货架上的摆放位置是否合理？

（2）商品的陈列面数量是否合理？

（3）商品在门店或货架上的库存是否可以满足销售需求？

（4）不同商品所占的空间位置同他们的综合业绩占比是否成比例？

（5）根据分析，如何进行商品位置的调整？

（6）货架装置上是否还有更好的选择？

（7）货架空间中还有哪些可以优化的方面？

由于货架空间陈列和商品组合息息相关，所以商品的替代频率将直接影响到货架陈列的调整和流程。货架空间管理的操作步骤如图4-15所示。

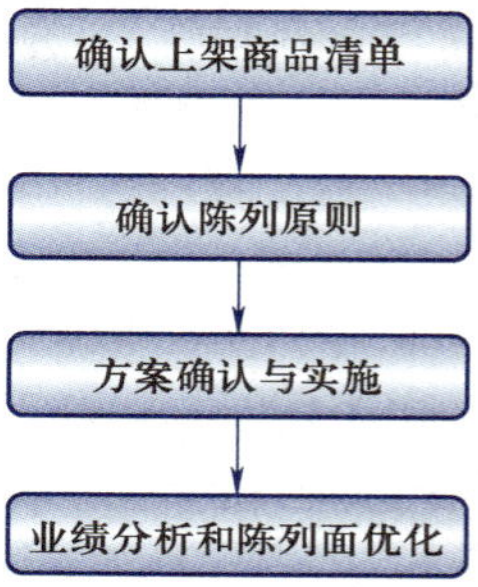

确认上架商品清单

↓

确认陈列原则

↓

方案确认与实施

↓

业绩分析和陈列面优化

图4-15　货架空间管理操作步骤

（一）确认上架商品清单

品类经理在开始进行货架陈列前，需要对不同类型的门店组合确定不同的需要上架商品的清单。这些商品清单可以从商品组合和选择的流程中确定。在确认上架商品时，品类经理往往会考虑到不同品类不同的商品替换频率。例如，饮料的商品替换频率应高于其他的食品品类。一旦替换了商品，货架规划图也需要进行调整，否则，门店的实际情况和计划就会有出入。通常商品的替换根据不同的周期分为小调整和大调整。

货架空间规划图的大调整包括季节性调整、品类的整体策略调整、整体品牌战略的调整、品类角色的调整等，这些调整都会影响该品类中20%～40%的商品的调整。大调整的频率较低，一般为每3个月至半年之间，根据不同的品类调整的频率各不相同。例如，冰箱的大调整可能一年只有两次，而学习用品的调整一年可能就需要四次。大调整的频率过低，会使得商品不能迅速反映市场上的大型需求趋势的变化，而频率过高，又会使人力成本上升。同时大调整可能还会涉及门店布局的改变。

货架空间规划图的小调整相对来说比较频繁。一般一个品类的调整周期为2～4周，也可以每周都进行调整。小调整往往是品类经理日常引进新品后，就需要进行的工作，新品引入货架示意图见图4-16。在小调整中，通常不存在门店布局的改变。由于货架空间有限，所以品类经理在进行商品替换的日常工作中，需要注意平衡好SKU的数量和空间的关系。周期性业绩回顾是通过一定周期来回顾商品的业绩，将商品进行重新组合，确定最优化的商品组合等，将商品组合的结果和货架空间的调整相结合，直接进行修改。对于小调整而言，如何快速调整货架的空间并将结果交给门店来实施是整个小调整流程推广的关键。在品类经理完成商品淘汰更换后，所有的信息可以在原有的陈列图中显示，提醒品类经理或空间分析员商品最新的状态，并体现在货架空间调整的需求上。

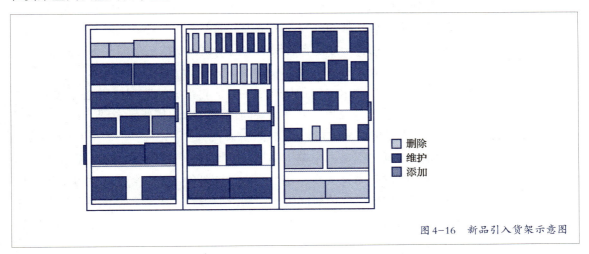

删除
维护
添加

图4-16　新品引入货架示意图

（二）确认陈列原则

确定准备上架的商品后，品类经理需要确认消费者的决策树和整体的陈列原则。对于不同的品类存在多种货架陈列原则。常用的陈列原则有以下几种：

（1）高价/高利润策略。将价格高/利润高的商品放置在黄金位置上来吸引消费者的视觉焦点。

（2）大包装陈列方式。将包装规格大的商品放置在货架的底部，可以方便营运并进行管理和补货。

（3）着重商品陈列。将最好卖的商品放置在货架的尾端，使消费者可以在查找该商品的同时，增加看到并购买其他商品的机会。

（4）相关品类商品陈列。将相关商品陈列在一起，使消费者购买一个商品的同时，增加购买相关商品的机会。

（5）相关品牌陈列。将商品以不同的品牌组合起来，以方便消费者去挑选其喜好的品牌的商品。特别是那些被消费者所熟悉的具有影响力的品牌。

（6）按消费者决策树陈列。按照消费者的消费习惯的研究结果进行陈列。该方法得到广泛接受和推广，但是，在陈列中还需要在此基础上考虑陈列空间的有效性和美观整齐。

除此以外，在货架陈列中，品类经理还需要考虑以下几方面：

一是该货架陈列是否提供了每个单品最优化的空间大小和库存的投资回报？

二是所分配的空间和陈列原则是否支持品类角色和策略？

三是陈列原则能否正确体现所制定的定价策略和促销策略？

四是对于自有品牌的陈列原则是否合理？

五是怎样使用货架才能在有限的空间中放入所决定的商品组合？

（三）方案确认与实施

品类经理在调整了空间货架规划图后，再次确认陈列原则是否落实，同时察看陈列效果是否理想。另外，要确保调整后的货架示意图上的商品及时到店，并对下架的商品进行行动方案的跟踪。

对空间的调整不是一个单一的项目，而是一个持续的流程。很多空间管理之所以最终没有完整实施，往往是由于商品的淘汰更换频率过快，而空间调整的整个流程所需要的时间过长，缺乏时效性。另外，空间分析需要对不同阶段的空间信息进行记录、保留和分析，需要投入大量的人力去维护，这也是实施难点所在。

面对市场区域的扩展，品类管理所需要分析的数据和空间调整的频率进一步扩大，如何最有效地完成整个流程，减少人工操作，在最短的时间内完成所有调整，并根据不同的区域或门店的不同商品进行空间优化，逐步成为大型零售商的需求。同样，在空间管理的推广和实施中，如何更有效地和门店进行实时沟通、反馈和分析，也是品类经理需要考虑的问题。

（四）业绩分析和陈列面优化

无论用哪种方法，有两个基本的陈列原则是保持不变的，即货架库存量与市场需求相匹配，该市场需求也是零售商的商品销售量，而商品放置位置则是由其综合的KPI和企业的陈列优先原则来决定的。对于陈列的业绩分析往往包含品类下的各个细分的空间效益、不同品牌的空间效益、供应商的空间效益、货架商品的周转天数、供应商的库存周转率、不同空间类型下的品类投资回报率、不同时期空间业绩效益分析等。

德 技并修

以人为本，商超无障碍环境建设有温度

无障碍环境建设是社会进步的重要标志。党的二十大报告指出：完善残疾人社会保障制度和关爱服务体系，促进残疾人事业全面发展。《中华人民共和国无障碍环境建设法》自2023年9月1日起正式施行，这是为了加强无障碍环境建设，保障残疾人、老年人平等、充分、便捷地参与和融入社会生活，促进社会全体人员共享经济社会发展成果，弘扬社会主义核心价值观，根据宪法和有关法律，制定的法律。它惠及的不仅仅是广大残疾人，还包括老人、孕妇、婴幼儿等所有行动不便的社会成员。

路口处的智能斑马线、顺畅无遮挡的盲道、方便进入各商场门店的坡道……无障碍环境建设专项行动开展以来，作为传统商业街区的代表——北京王府井商业街区发生不少改变，各种细微处的无障碍设施建设让王府井更有温度。

王府井大街南侧的盛锡福、步瀛斋、吴裕泰等门店门口改造空间有限，无法每个店都建设出入口坡道，于是加装了一体化坡道。一头一尾两个坡道，市民可以通达近10家门店，解决一排商店的无障碍难题。

在商场内，无障碍标识随处可见。残疾人可以坐着轮椅通过无障碍坡道进入商场，并乘坐无障碍电梯上楼购物。收银台高度从原来的130 cm降到了75 cm，让残疾人坐在轮椅上就能刷卡签字。商场设置无障碍服务台，配备轮椅、放大镜、助听器、手写板等设备，为有需求的人群提供贴心服务。此外，商场还设有无障碍卫生间，低厕位、低洗手池及专用扶手，并安装了紧急呼叫按钮应对突发状况。

残疾人李先生说："以前我感觉坐在轮椅上逛街不是很方便，所以平时很少逛商场。"现在他改变了过去的想法，"真不错，无障碍设施变得越来越人性化了，出行、购物越来越方便，从心底感受到了城市对我们的善意和温情。"

同 步测试 <<<<<<<<<<<<<<<<<<<<<<<<<<<<<<<<<<<<<<<<<<<<<

一、单项选择题

1. 商品的陈列面数量是否合理属于（　　　）。

    A. 门店布局管理　　　　　　B. 门店仓库管理

    C. 货架空间管理　　　　　　D. 门店商品组合管理

2．以下不是货架陈列原则的是（   ）。

    A．高价/高利润策略   B．大包装陈列方式

    C．着重商品陈列   D．单面陈列原则

3．以下属于小型超市常用的布局方式的是（   ）。

    A．环状式布局   B．自由式布局

    C．方格式布局   D．混合式布局

4．遵循"货架份额=市场份额"原则的结果不包括（   ）。

    A．会造成商品种类过多

    B．忽略了新产品的影响力

    C．可能因空间问题而无法展示

    D．无法保证商家的经营利润

5．以下属于一等地带的是（   ）。

    A．正对楼梯口的地方   B．楼梯下部

    C．职员出入口附近   D．柱子的里侧

二、多项选择题

1．高效的空间管理包括（   ）。

    A．门店布局管理   B．门店仓库管理

    C．货架空间管理   D．门店商品组合管理

2．以下属于货架陈列的原则的是（   ），相关品类商品陈列，消费者决策树陈列。

    A．高价/高利润策略   B．大包装陈列方式

    C．着重商品陈列   D．品牌相关陈列

    E．单面陈列原则

3．对商品关联性进行分析的角度包括（   ）。

    A．根据用途   B．根据消费者或购买者

    C．根据价格   D．根据购物篮

4．在进行门店品类位置设计的时候，最常用的理论是（   ）。

    A．品类关联理论   B．磁石理论

    C．消费者决策树理论   D．品类衔接理论

5．空间管理的工作范围包括的是（   ）。

    A．店内各层品类陈列位置、关联度

    B．空间资源在各品类的分配，品类陈列原则

    C．不同店铺在空间管理上的统一性和差异性

    D．空间效率分析

三、简答题

1. 简述门店空间管理的内容。

2. 简述门店布局管理的步骤。

3. 常见的门店布局的方式有哪些？

4. 简述货架空间管理的步骤。

5. 简述卖场磁石理论。

【学习目标】

素养目标

● 熟悉国家有关物价管理的相关规定，增强合规意识

● 通过商业道德的分析，增强学生诚信经商的意识

● 通过对生命周期定价调整方法的学习，培养学生的动态思维

知识目标

● 熟悉常见的商品价格策略

● 熟悉常见的定价方法

● 熟悉影响商品定价的主要因素

● 了解零售商价格形象打造的思路

● 掌握价格优化的常用方法

技能目标

● 能够选择合适的价格策略

● 能够维持良好的价格形象

● 能够熟练运用商品定价模型

● 能够科学进行商品定价优化

案 例导入

FF公司的市场调查员很勤奋，每天前往竞争对手的卖场抄价。经常碰到的情况是，本企业的市场调查员回来之后，经常向小王报告竞争对手的哪些商品价格比自己低，是否需要降价应对，如果不降价的话，消费者会认为本门店的价格形象有问题，从而导致销售额会下滑。作为品类主管，小王开始犹豫，到底要不要降价？降价意味着毛利率下降，不降价有可能对门店的价格形象产生影响，如何在门店价格形象和毛利之间寻求平衡？小王又陷入沉思。

【引思明理】 市场调查的目的不是只拣选比自己更便宜的商品，也不单单是降价，更多的时候是提高商品单价和毛利。有一些经验丰富的门店在制定商品价格之后，马上就出台详细的应对竞争的跟价指数。所谓跟价指数，是指本企业的价格与竞争对手价格之间的比例。比如，95%是指如果竞争对手的价格现在调低为10元，则本企业的价格直接调整为9.5元，这样就解决了门店在竞争的过程中应将价格调整到什么程度的难题。一般来说，跟价指数也是根据不同品类的商品分别制定不同的指数，它不一定要低于100%，如有的卖场C类商品的跟价指数高达130%。在制定跟价指数时，不同品类既要考虑品类角色，也要考虑商品的价格弹性等问题。

一、常用的商品价格策略

（一）高低价格策略

高低价格策略是指零售商制定的商品价格有时高于竞争对手，有时低于竞争对手，会出现波动，同一种商品的价格也会经常变动。高低价格策略的适用条件要比天天平价宽松得多，它不要求零售商有较强的成本控制能力和持续保持低成本的能力，这种价格策略越来越普遍被国内零售商所采用，尤其是一些新成长起来的零售商，往往会通过此价格政策同竞争者展开竞争。

高低价格策略解决了流行性商品的销售问题。上市之初，商品被以最高价格出售，主要销售给对价格不敏感和追求新奇的顾客。随着时间的推移，更多的零售商进入了市场，市场竞争加剧，同时喜欢讨价还价的顾客进入市场，寻求季末打折的商品。此时，零售商应通过低价促销将企业所有的库存商品全部卖掉。高低价格的最大优势在于灵活运用促销手段，在不同时间采用不同的价格，所以高低价格策略比天天平价更容易细分顾客，更容易刺激消费者的购买欲望，但此策略对零售商的运营能力也要求更高。例如，及时调整价格，快速组织促销商品，快速改变商品陈列。如果运用不当，如虚假打折、促销商品备货不足等，很可能导致顾客信任度的下降。

（二）稳定价格策略

稳定价格策略是指零售商基本上保持稳定的价格，不过度开展价格促销。主要包括每日低价策略和每日公平价格策略。

实施每日低价策略的零售商总是尽量保持商品低价，也许有些商品不是市场最低，但大部分商品的价格给消费者留下的印象都比较低廉。每日低价的策略因为减少了大幅度减价和频繁削价引起的需求波动，使零售商可以更加稳定地管理其库存，库存不足的现象大大减少。购买需求比较强烈的顾客会更加满意这种价格制定策略。因为这样能够保证商品存货供给，很少有缺货现象发生。虽然门店的整体毛利水平较低，但是也可以通过大量的商品销售保证企业的获利能力。

每日低价策略之所以能够长时间在零售巨头企业内部推广，也是因为其市场定位是基于普通消费者对于快速消费品的需求，这类商品的一个特点就是需求数量相对比较稳定。由于消费者对于这类商品的价格相对也较敏感，实施每日低价策略确实能够稳定一部分顾客的购买行为。同时，每日低价策略由于其稳定的价格特点，使得消费者的需求比较平稳，消费者会根据自己的消费需求定期购买某些商品，这一点不像服装或者鞋帽，在年底大减价促销时可能会大量购买。随着消费者需求和购买量的平缓增长，一些零售巨头企业在商品的销售预估和订单管理上也变得更加简单，可能只需要稍微调整一下自己的订货参数，不用像那些实施高低价格策略的零售商要不断地估算价格敏感参数和弹性系数，否则随时都可能会出现商品缺货的现象。

实行每日低价策略的零售商必须在顾客和其他竞争对手相比较的商品上实行低价，每日低价策略不可能应用到门店的所有商品品类之中，而是在日常生活用品如报纸、糖果、面包等商品上保持低价。每日低价也有其局限性。例如，每日低价的单一性和固定性不利于刺激消费者的随机购买欲望和拓展新的客户群，不利于促进季节性、时尚性较强商品的销售。

每日公平价格策略是指将价格长期维持在一个稳定的、合理的水平，此策略主要适用于卖场中一些高值的品类，如高端家电、化妆品等，以及便利性品类，如鲜花、日化用品等。这些品类的价格与市场一致，有时可能会做一些非价格性的促销，如赠品、会员日等。

（三）混合定价策略

商品成本、人力资源成本、能源成本的增加，给零售商的价格调整带来了前所未有的挑战。一些大型零售商开始实施混合定价策略并强调其在市场上的差异性。所谓混合定价策略，即有些关键商品仍以天天低价的形式在所有门店进行销售，同时通过在不同的门店使用不同的商品进行促销来获取门店销售的10%～15%的市场份额。

二、零售商价格形象

（一）价格形象模型简介

零售商价格形象决定了门店能否吸引消费者。但是，大力度的促销和天天低价并不是维护价格形象的全部内容。

先来了解一下消费者是如何识别某门店的价格形象的。消费者对价格的理解是比较价格而不是绝对价格。这一点容易理解，关键是他们都比较什么，又是如何比较的。消费者在决定去哪家门店买东西时，并不是要比较所有商品的价格，也无法比较要买的商品的具体价格，而是根据过往经验得出的各门店的价格形象来做决定。可见，决定门店的价格形象的因素，并不是人们想象的商品的绝对价格，甚至也不是部分零售专家所说的"旗帜价格"。

著名的Diller价格形象模型（见图4-17）显示，影响门店在消费者心目中价格形象的因素主要包括以下三个方面：价格优势（Price Advantage）、性价比（Price quality）、价格诚实度（Price Honesty）。

（1）价格优势，是指商品的绝对价格，通常是相同商品在不同卖场的价格比较。

（2）性价比，是商品性能与价格之间的比例关系，指的是买到的东西是否物有所值。具体公式为：性价比=性能/价格。通常不会在同一性能基础上比较或比较的机会较少。性价比应该建立在对产品性能要求的基础上。也就是说，商品先满足性能要求，再看价格是否合适。性价比是一个比例关系，它存在着适用范围和特殊性问题，因此不能一概而论。

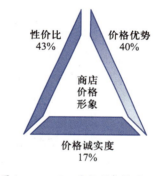

图4-17 Diller价格形象模型

（3）价格诚实度，指的是该门店在价格方面是否诚实可信。如果零售商用低价把消费者吸引到门店，结果却发现特价商品早已经卖空，这时候零售商的价格诚实度就会在消费者心中大打折扣。

这三个方面对价格形象的影响在不同地区、不同时间对不同的消费群体有所不同。一项针对中国消费者调查的结果显示，影响商店价格形象的三种因素权重如下：性价比43%，价格优势40%，价格诚实度17%。出乎意料的是，代表绝对价格的价格优势排在性价比之后。从图4-17的Diller价格形象模型可以看出，只有当三条边都取得优势时才能在消费者心目中获得最佳的价格形象。如果只是追求价格优势，忽略性价比和价格的诚实性，则无法获得消费者青睐。道理很简单，如果每次去的时候海报商品都已售罄，是提早去排队，还是选择其他方式？所以即便没有绝对的成本优势，无法在价格优势上体现"天天低价"，零售商在改善价格形象上还是大有可为。

（二）性价比

在购物时，消费者最关心的就是花钱买来的商品是否物有所值或物超所值。所以为顾客精心挑选价廉物美的商品是建立价格形象的第一步。在商家开展价格竞争的今天强调采购物美价廉的商品有点过时，但是它的确是价格形象的基础。只有如同"统一超商"那样建立严格的质量监督体系，采购和门店主管身体力行才是行之有效的方法。

如今，购物已经不是买到商品那么简单的事情，消费者还会关心购物体验。他们希望这种体验是：想要购买的商品从不缺货；总能在这家门店发现最新的商品；这家店的货架陈列便于选择和购买；销售人员很友善地提供服务；在这家商店购物很便捷。

消费者这种期望的实现程度决定了他们对这家商店的性价比的评分。在库存和货架管理、新品种引进、商品布局和陈列、销售人员的服务和收银设施等方面做得更出色都能有效提高性价比得分。消费者收入越高，对性价比的重视程度就越高，而这部分消费者正是很多商家梦寐以求的。

（三）价格优势

品类经理在考虑价格优势时，主要基于以下几个因素：价格水平、优惠价格、促销次数、特别优惠促销、促销质量、降价程度。

利用降价或变相降价来吸引消费者购买是商家的常规做法，但他们在使用这种武器之前需要明确两个问题：

一是哪些人是自己想要吸引的消费者。自己周围的消费群体特征是决定目标消费者的最重要因素。低收入的消费者对绝对价格的关心度最大，对价格促销最感兴趣。但是由于消费能力问题，他们所进行的关联购买非常有限。高收入消费者更关注商品质量、服务和性价比。家庭成员的组成也是影响消费的重要因素。消费者调查显示，有0～3岁婴幼儿的家庭花费最多，对门店的贡献率最大。

二是采用哪种价格策略。前面提到的"旗帜价格"的确存在，并且在消费者评判价格优势时起决定性作用。这种商品往往有以下特点：消费者使用频繁，花费较多；商品相对简单，价格容易记忆；可以是品类、品牌，甚至可以是某一单品；往往是市场上该品类的第一品牌。

大米、食用油、可乐、洗发水、香皂、洗衣粉都是旗帜价格商品。消费者收入水平不同，旗帜价格商品也会不一样。低收入的消费者更关心生活必

211

需品。如果促销大米，可能门店涌来的消费者80%都是年长者；如果是婴儿纸尿裤大减价，来的消费者就多是年轻的妈妈。同时，门店可以根据自身的采购优势，建立自己的旗帜价格，把消费者对某一名牌商品的敏感度转移到整个品类。此外，"价格弹性"是想通过降价促销来获取更多利润时需要考虑的问题。它通常由购物者的购物习惯、消费能力和品牌忠诚度决定。一个消费者一般只会买一瓶洗发水，但卷纸可能会购买20卷；一个使用某品牌洗洁精20年的人很难去选择其他品牌的洗洁精。但是，若是把零食和果汁摆上堆头、打上特价，销量就会大增。

（四）价格诚实度

品类经理在考虑价格诚实度时，主要基于以下几个因素：稳定价格、售后保障、明确的价格标示和商品的质量保证。

要维护消费者的价格诚实度至少要注意以下三方面：不让消费者担心假货；不让消费者担心实际收款和标价不符；让消费者容易退换货品。当然，价格诚实度的建立并不容易，需要长时间的积累。在这个过程中，有力的公关活动能加深消费者对商品的印象。

三、影响商品定价的因素

一般来说，影响商品定价的因素包括以下几个方面：

（一）零售商在市场上的价格角色

要根据零售商制定的价格角色采取相应的价格策略。如果零售商实施的是高低价格策略，那么在选用定价策略的时候要有所取舍。对某些价格敏感商品需要采取低价方式进行定价，另外，对一些特有商品或者价格不敏感商品采用相对高价或者平价方式进行定价。零售商根据各自不同的特点，建立自己的市场价格角色。不同的市场价格角色决定了零售商在品类管理方面的差异性。

（二）品类角色对定价的影响

不同的品类角色和品类策略也决定了品类经理选用不同的价格策略。品类角色与品类定价的关系如表4-5所示。

表4-5　品类角色与品类定价的关系

品类	目标性品类	常规性品类	偶然性品类	便利性品类
价格策略	代表零售商的形象，采用竞争性价格	主要品牌的价格与竞争对手接近或者持平	价格接近竞争对手或者与其持平	采用平价或低价方式
实例	华润万家的生鲜、永辉超市的熟食	大米、食用油、可乐、洗涤用品	棉拖鞋、空调等	口香糖、小包装巧克力等

目标性品类代表零售商的形象，是消费者在该零售商的首选品类，其价格必须具有竞争性。例如，华润万家的生鲜，其敏感单品的价格一定比其他零售商低，大部分商品需要采取天天平价。而对于常规性品类，其价格与竞争对手接近就可以了，大部分商品不需要采用低价销售。对于价格敏感商品，可以采用高低价格结合策略以刺激购买和建立商店低价形象。对于季节性商品和偶然性商品，在商品的销售旺季获取适当的利润，过季之后必须采取降价清仓的策略，所以适用高低价格策略。便利性商品是零售商的补充性品类，是为了满足消费者一次性购买相关商品而销售的，其价格往往不是很敏感，不需要采用煽动性价格，可以采用基本合理的平价或低价方式。

根据品类角色确定价格可以深化到次品类，甚至次品类中的品牌，以帮助零售商获得更高的客单价和更多的利润。例如，口腔护理类中的牙膏、牙刷、漱口水及其他口腔护理类商品也可以采取不同的价格策略。64%的购物者只会购买牙膏，即牙膏类似于目标性品类，其利润可以适当调低。而牙刷的购买频率较牙膏低，其价格敏感性也低，类似于常规性商品，其毛利率可以偏高。漱口水和其他口腔护理产品的销售量很小，类似于便利性品类，可以采用每日合理价格以维持较高的毛利润。

从品类管理的角度来看，品类策略与品类角色一样影响着零售商对商品价格的制定。一些品类策略与商品定价的关系如表4-6所示。

表4-6　品类策略与价格策略的关系

品类策略	价格策略
带动客流量	穿透性价格
提高购物金额	竞争性价格
高利润额	一般性价格
提高现金收入	一般性价格
刺激额外收入	竞争性价格
提升门店形象	利润性价格
保持门店经营	竞争性价格

（三）消费者对价格的敏感程度

一般来说，影响消费者价格敏感程度的因素主要包括三大类：商品因素、零售商营销策略和消费者个体因素对于同一件商品或同一种服务的感知差异。

1. 商品因素

商品是消费者与零售商发生交易的载体，只有当消费者认为商品物有所值时，商品的销售才有可能得以实现。商品的自身特性影响消费者对价格的感知，名牌、高质量和独特的商品往往具有很强的价格竞争优势。

（1）替代品的多少。替代品越多，消费者价格敏感度越高；替代品越少，消费者价格敏感度越低。手机等电子商品的价格竞争，就是因为替代品过多的缘故。

（2）商品的重要程度。商品越重要，消费者价格敏感度越低。当商品是非必需品时，消费者对这种商品的价格不敏感。某些商品的零部件非常贵也是利用了这个原理。

（3）商品的独特性。商品越独特，消费者价格敏感度越低；商品越大众化，消费者的价格敏感度越高。独特性可以带来溢价，新品往往具有独特性，所以厂商在推出新品时，往往制定一个很高的价格，当类似商品出现时再进一步降价。在 IT 行业和医药行业，这种行为很常见。

（4）商品本身的用途多少。商品用途越广，消费者价格敏感度越高；商品用途越专一，消费者价格敏感度越低。用途广代表可以满足消费者的多种需求，因此，价格变动更易引起需求量的变化。

（5）商品的转换成本。商品的转换成本高，消费者价格敏感度低；转换成本低，消费者的价格敏感度高，因为转换成本低时消费者可以有更多的商品选择。通信公司的多数用户不愿意转网，就是因为手机号码已经成为个人的一种私有财产，变换号码可能会使自己的社交网络发生断裂，尤其对于商务人士更是如此。

（6）商品价格的可比性。商品价格越容易与其他商品比较，消费者价格敏感度越高；商品价格越难与其他商品比较，消费者价格敏感度越低。在超市，商品的标签一目了然，摆放在一起的同类商品使消费者更易进行价格比较，此时诱人的价格可以引发消费者的购买欲望。

（7）消费者对某一品牌越忠诚，对这种商品的价格敏感度越低，因为在这种情况下，品牌是消费者购买的决定因素。消费者往往认为，高档知名品牌应当收取高价，高档是身份和地位的象征，并且有更高的商品质量和服务质量。品牌定位将直接影响消费者对商品价格的预期和感知。

2. 零售商营销策略

零售商经常利用价格调整的手段来引导商品的销售，相对于商品策略和价格而言，营销策略表现得更直接，也更为有效。

（1）价格变化幅度。价格变化幅度与基础价格的比例越高，消费者价格敏感度越高；价格变化幅度与基础价格的比例越低，消费者价格敏感度越低。

消费者对价格的感受更多地取决于变化的相对值，而不是绝对值。比如，对于一辆自行车，降价200元会有很大吸引力；而对于一辆高级轿车，降价200元并不会引起消费者的关注。另外，价格在上下限内变化不会被消费者注意，而超出这个范围消费者会很敏感；在价格上限内一点点提高价格比一次性较大幅度提高价格更容易被消费者接受；相反，如果一次性将价格降到下限以下，比连续几次小幅度的减价效果更好。

（2）参考价格。参考价格为消费者设置一个对比效应，从心理上影响消费者对商品的价格感知。参考价格通常是消费者评价商品价格合理性的标准，也是企业常用的一种价格策略。影响参考价格形成的主要因素包括上次购买价格、过去购买价格、消费者个人感知的公平价格、钟爱品牌的价格、相似商品的平均价格、推荐价格、价格排序、最高价格、预期价格等，这些因素都是可以直接用货币衡量的。还有一些无形因素可以影响参考价格的形成，主要包括企业形象、品牌价值、购物环境、购物地点以及口碑宣传等。在零售商有多种商品时，参考价格的设置就显得更加有意义。比如，将某种商品或某种服务的价格定得比较高，可以提高整个商品线（服务种类）的参考价格，其余商品（服务）就显得比较便宜，牺牲这种高价商品（服务）可以增加低价位的商品或服务的销售，从而提高零售商的总体利润。

（3）商品促销。用降价的方式进行促销往往会取得立竿见影的效果，但是过于频繁的价格促销会提高消费者价格敏感度，使消费者只在商品降价的时候才产生购买欲望。全国性的广告可以降低消费者的品牌价格敏感度，这是因为用全国性广告树立起来的品牌价值更高，消费者更容易将高价值和高质量相联系。店内广告可以提高消费者的品牌价格敏感度，这是因为店内广告更容易让消费者进行价格比较。用实物促销能降低消费者价格敏感度，这是因为实物更容易引起消费者的兴趣。

3. 消费者个体因素对于同一件商品或同一种服务的感知差异

对于某些商品的价格，有些消费者认为昂贵，有些消费者认为便宜，而另一些消费者则认为价格合理，这种价格感知上的差异主要是由消费者个体特征不同造成的。个体特征既包括个体人口统计特征，又包括个体心理差异，具体包括以下几个方面：

（1）消费者的年龄。一般来说，消费者年龄越小，价格敏感度越低；消费者年龄越大，价格敏感度越高。

（2）消费者的商品知识。消费者商品知识越丰富，购买越趋于理性，价格敏感度越低，因为消费者会用专业知识来判断商品的价值。消费者的商品知识越匮乏，对价格的变化会越敏感，尤其是对于技术含量比较高的商品，普通消费者只是以价格作为质量优劣的判断标准。

（3）消费者的收入。高收入人群有更多的可支配收入，因此对多数商品的价格不敏感，而低收入群体往往对价格敏感。

（4）消费者对价格变化的期望。消费者对价格变化的期望越高，价格敏感度越高；消费者对价格变化的期望越低，价格敏感度越低。这是因为对价格变化的期望影响消费者的购买计划，消费者买涨不买落也正是这种心理。

（5）消费者对实付成本的感知。消费者对实付成本的感知比对机会成本的感知更敏感。实付成本被视为失去了已经拥有的财产，而机会成本被视为潜在的放弃的所得，这是因为消费者认为机会成本有更多的不确定性，当消费者在考虑获得一种利好时，常常不愿意冒风险。消费者的这种心理对于一些家电企业有重要的启示，比如，尽管一种家电商品具有省电的优势，但在销售中不如折扣较大同时耗电量较大的同类商品销售得快。

消费者对商品价格的感知不是决定其购买行为的唯一因素，消费者的购买决策更多地依赖于商品价值和付出成本的比较，只有当商品价值不小于付出的成本时才会发生购买行为。其中，获得的价值包括商品价值、服务价值、人员价值和形象价值，商品价格是这些价值的综合反映。付出的成本则包括货币成本（商品价格）、时间成本、体力成本、心理成本和精力成本。

（四）竞争对手的反应

在制定市场价格时，应充分考虑竞争对手的反应。在制定临时清仓价格时，要做好完整的信息传递，避免引起竞争对手的价格反击，造成双输的局面。如果企业的定价策略导致了竞争对手的报复性反应，零售商也不必慌张，应该正确、冷静地面对。零售商可以建立情报收集系统，对竞争对手的一切行为做全面监控，并画出轨迹变化图，做出尽可能的全面分析。对于零售商收集到的竞争对手的价格情报，要通过其他渠道再求证，以求达到准确无误。了解竞争对手价格背后的促成因素，避免反应过激，对企业造成不必要的资源浪费和伤害。

作为零售商竞争战略的手段之一，将价格措施纳入其长远的发展规划之中，将定价建立在科学、全面分析的基础之上，避免零售商跟在竞争对手后面，处处被动，以致损害企业的未来发展。不论是企业采取降价还是涨价的销售手段，都要与企业营销战略规划的目标相配合。在产品设计、功能设计、服务、促销、人员、渠道等多方面与竞争对手形成差异，避免雷同，使得客户能更快、更好地识别、接受本企业。

四、商品价格优化

根据在不同产品生命周期对商品的不同策略和流程的不同，商品价格优化可以分为两部分：基础价格优化和降价销售价格优化。

（一）基础价格优化

基础价格优化的流程如图4–18所示。

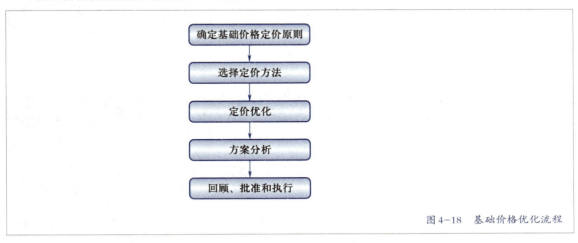

图4–18　基础价格优化流程

1. 确定基础价格定价原则

品类经理在确定基础价格定价的原则时，往往考虑到整个品类的目标和目前对于定价的上下限制，如图4–19所示。

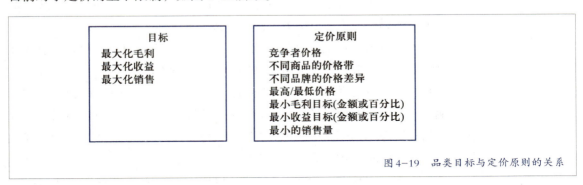

图4–19　品类目标与定价原则的关系

2. 选择定价方法

（1）差异化毛利定价法。这种方法在品类管理的定价制定中比较常用，因为该定价方法首先需要明确品类、次品类、品牌、单品的角色，然后根据不同的角色制定毛利率，从而确定价格。这样定价既能保证零售商获得较高的利润，又能起到强化价格形象的作用。表4–7和表4–8列举了传统定价方法和差异化毛利定价的品类管理定价方法。

表4-7　传统定价方法

次品类/品牌/单品	成本价/元	毛利率/%	建议零售价/元
A	5	10	5.5
B	3	10	3.3
C	25	10	27.5

表4-8　品类管理定价方法（差异化毛利定价法）

次品类/品牌/单品	成本价/元	毛利率/%	建议零售价/元
A	5	5	5.3
B	3	15	3.5
C	25	25	31.3

（2）成本导向定价法。这种方法是依据成本来进行商品定价的方法。成本导向定价法就是在商品成本上增加一定比例的预期毛利，其计算公式如下：

$$商品零售价格＝商品进货成本×（1＋毛利率）$$

成本导向定价法优点是简单明了，可以保证零售商的利润率。其缺点是注重成本与毛利，忽略了市场需求情况，缺乏灵活性。

（3）需求导向定价法。这是依据购买者对产品价值的理解和需求强度进行定价的方法。需求导向定价法可以包括以下几种方法：

一是需求差异定价法。需求差异定价法是针对同一种商品在不同时期、不同地点进行不同的商品定价，以满足不同消费者的需求。通过不同的定价在满足消费者需求的同时，也使得零售商的利润最大化。例如，针对大客户和普通客户进行的差异定价就属于需求差异定价法。

二是需求导向辅助定价法。前面提到的声望定价法、招徕定价法、习惯定价法等都属于需求导向的辅助定价方法。

三是销售价格倒扣定价法。这种方法根据消费者对商品价格感知确定其可以接受的价格来进行定价。

（4）竞争导向定价法。这是指根据竞争者的价格来定价。这种方法可以在竞争中减少风险，并协调同行业间的关系。竞争导向价格调整主要看竞争者是否随市场定价。表4-9列举了竞争导向定价的因素分析与竞争导向定价方法。

表4-9　竞争导向定价的因素与竞争定价方法

定价的因素	竞争导向定价方法的选择		
变项	定价＜市价	定价＝市价	定价＞市价
地段	不便的地段	靠近竞争者，无地段优势	没有强大的竞争者，地段优势显著
服务	自助服务，员工商品知识贫乏，无商品陈列规则	提供适当的帮助	高水平的服务，有推销技巧，送货上门
花色品种	集中于畅销货	花色品种相对齐全	花色品种丰富
店内环境	廉价的固定装置	店内环境一般	环境舒适，大量陈列
专门服务	现购自运	不提供专门服务或者向顾客收取额外费用	服务费用包含在价格内
品牌	他人的商标	名牌商品	独家经营的商标

3. 定价优化

通过统计计算，根据不同的成本计算方式确定成本，同时由于是基础定价，则需要根据目标毛利率、预计的销售额，计算符合品类标准的原始价格。在没有系统的前提下，定价的优化通常采用制定多种不同定价方案的办法来实现。同一家门店中，同一个定价目标通常可以制定几种不同的定价方案，但是不同的定价目标则不能采用相同的定价方案。为了保证零售店商品定价的正确性，一般应该多拟定几种备选方案，以供有效选择，从而提高门店价格决策的成功概率。

4. 方案分析

拟订好价格备选方案后，价格决策的关键是对备选方案进行详细的分析和比较，并且进行最后的抉择。通常需要进行三个具体方面的分析与比较。

（1）进行定价目标的实现程度比较。可以说，提供给决策人员进行分析、比较和选择的各个不同的价格备选方案，都有助于零售店定价目标的实现，但是，各个价格备选方案在实现定价目标的程度上各不相同。这样一来就可以把每个价格备选方案可能产生的结果和可以实现的程度，与零售商预期的定价目标进行分析和比较，以便从中寻找出最佳的备选方案。

（2）进行成本与效益分析比较。成本与效益分析比较是指零售商将各个价格备选方案实施的可能成本，与各个价格备选方案实施后可能带来的预期收益进行比较分析，并将预期收益减去可能成本之后的余额从高到低排序，取其余额最高的方案作为最佳方案的参考方案。

（3）进行价格敏感度分析比较。价格敏感度分析比较是指零售商对各个价格备选方案在实施过程中可能遇到的意外情况做出反应和调整，以及能够承受该意外情况造成的冲击能力强弱的评价。一般而言，价格敏感度与承受冲击能力成反比关系。零售商应该选择那些价格敏感度较低、承受冲击能力比较强的备选方案作为最佳的参考方案。

通过以上三个方面的分析和比较后，根据优胜劣汰的原则，选择出符合条件的最优方案。

5. 回顾、批准和执行

品类经理在经过多方面的综合比较分析，并且从几个价格备选方案中选择确定了最佳价格方案后，通常应先试销一段时间。试销既是零售店市场营销活动的一部分，又是本店商品销售价格决策正确与否的信息反馈过程。通常，零售商通过定价试验来检验定价策略正确与否。例如，某个商品的成本是50元，那么在不同的零售价格下产生的试验结果如表4-10所示。

表4-10　价格试验

门店名称	实验前	实验后
门店1	销售 10 个单品，单价 100 元	销售 21 个单品，单价 80 元
	毛利润 =500 元	毛利润 =630 元
门店2	销售 12 个单品，单价 100 元	销售 13 个单品，单价 100 元
	毛利润 =600 元	毛利润 =650 元

以表4-10的价格试验为例，品类经理可以通过价格试验来确定最符合价格目标的零售价格。如果价格目标为销量最大化，那么选择80元的零售价格；如果价格目标为利润最大化，那么选择100元的零售价格。这个步骤就是对价格的回顾阶段。在对价格回顾后，要确定合适的价格并批准。一旦批准，门店就可以下载更新的商品价格，打印价格标签，将商品陈列在货架上。

（二）降价销售价格优化

1. 降价目前所面临的问题

零售商面临的挑战是何时开始对一个商品进行降价销售，以多大的折扣开始，在何时需要调整折扣以达到预期目标。大多数品类经理是凭感觉做出降价决定的。如果没有得到正确的管理，那么一个不可测的降价流程可能造成毛利的损失，同时也不能降低库存成本，特别是对于那些生命周期较短的流行性商品。

2. 降价销售定价流程

降价销售定价流程如图4-20所示。

（1）确定标准。降价行动就是在基础价格或者促销价格的基础上向价格更低的方向调整，从而使商品低于原来的基础价格或者促销价格。零售商进行降价的主要原因包括以下几个方面：

图4-20　降价销售定价流程

① 采购过程的原因。由于零售商在商品采购的过程中出现错误（如商品已过时或商品质量不符合消费者需求等），导致商品不符合目标消费者的需求，从而造成库存大量积压，影响企业的资金周转。

② 销售过程的原因。商品在销售过程中出现的失误也会导致商品的清仓降价销售。比如，商品的定价过高，消费者难以接受，或者竞争对手降价等。

③ 商品本身的原因。如果商品已经到了其衰退期，即使使用再多的促销手段或者促销方式也不能带来明显的销售量增加。

通过以上分析可知，商品的降价是由很多因素决定的。以下列举了一些考虑点，来帮助品类经理思考某些商品是否已经到了应该降价的阶段。

① 按照零售商商品上市时间规划，该商品即将下架或者即将过季。

② 某种商品库存过多，库存天数过多。

③ 某种商品即使促销，仍然销售缓慢，促销销售的效果已经不明显。

④ 预测和实际比较差距过大，即该商品选择错误，或者促销方式选择错误。

（2）建立降价策略。

① 早降价。这是商品在销售旺季时进行的降价销售策略。如商品销售出现明显停滞或者商品存储时间超过了一定界限，应该采取早降价策略。有较高存活周转率的零售企业经常采用此种战略。由于降价时商品需求还十分活跃，降价策略的实施一方面可以促进商品销售，另一方面同旺季过后再降价相比降价幅度更小。实施早降价还可以为新商品腾出空间进行销售，加速资金周转。

② 迟降价。这是保持最初的销售价格到销售期末后才采取的降价策略。迟降价通常是一次性的、幅度很大的降价，这样做的目的就是清空所有库存。迟降价可以使商品有充足的机会按照原价销售。

③ 自动降价。这是通过有计划地确定降价时间与降价比例制定的降价策略。自动降价不顾及商品的销售情况。在自动降价计划中，降价的金额和时间选择是由商品库存时间长短决定的，这样可以有效保证库存更新和早降价。

目前，很多时尚性商品的零售商使用自动降价来进行服装、鞋帽的有规律自动降价。这是因为这些商品受潮流、季节等因素的影响，商品生命周期相对短暂，零售商必须考虑在有限的时间段内尽快将所有商品销售完毕，迎接下一季节的到来。

在优化降价方面，提供以下几种建议：

① 尽量选择合适的降价时间，来保持零售店形象。

② 通常可以选择换季时降价、节假日降价、店庆降价。选择这些时间降价的原因在于，既达到降价的目的，维护企业的价格稳定形象，同时也不会让消费者起疑心而乐于购买。

③ 注意降价的频率，保持价格在一段时间内相对稳定。

采用降价策略时，同一商品的降价次数不宜太多、太频繁。这种频繁降价会使消费者对商品质量失去信心，使较早购买的消费者感到失望，使目前暂未购买的消费者继续等待下去。

另外，在确定好商品降价的时间后，品类经理还需要确定商品降价的幅度。降价幅度没有什么特别的规则，但是过大的降价幅度直接影响到零售商的利润。比如流行性、季节性商品在流行期末或者季末，需要大幅度降价；如果商品在基本定价阶段留有足够的毛利空间，那么在降价阶段可以适当考虑大幅度降价，来实现商品清仓等；早降价的商品可以采取小幅度降价，迟降价的商品应该采取大幅度降价。

通过以上降价规划，品类经理可以确定商品应该选择的降价时间和降价幅度，从而建议商品的降价策略。

（3）评估建议。门店经理可以对降价的建议进行审核，同时将市场计划中的商品和降价商品进行综合考虑，最后确定需要降价的商品和价格。品类经理在确定了商品的降价策略后，还需要对已经确定的商品降价策略进行评估和分析。例如，分析该商品的降价策略是否能够满足该商品的毛利指标，是否可以满足商品降价的目的，如商品清货、同竞争对手竞争等。

（4）批准。品类经理对结果进行回顾后，对决定进行批准，该商品的价格将进入下一步的执行中去。在降价执行的过程中，还需要根据市场的变化，及时调整降价策略。

<<<<<<<<<<<<<<  <<<<<<<<<<<<<<<<<<<<<<<<<<<<<<<

一、单项选择题

1. 豪华轿车、名人字画、珠宝古董适合的定价方法是（　　）。

A. 尾数定价法 B. 整数定价法

C. 声望定价法 D. 招徕定价法

2. 跟价指数一般来说会（ ）1。

A. 大于 B. 等于 C. 小于 D. 不确定

3. 企业把创新产品的价格定得较低，以吸引大量顾客，提高市场占有率，这种定价策略称为（ ）。

A. 撇脂定价 B. 渗透定价 C. 目标定价 D. 加成定价

4. 一般情况下，目标性品类的价格与竞争对手相比（ ）。

A. 更高 B. 一样 C. 更低 D. 无法确定

5. 价格战的根源是（ ）。

A. 商店的同质化 B. 争夺顾客

C. 打压对手 D. 行为习惯

二、多项选择题

1. 零售商常用的价格策略包括（ ）。

A. 高低定价 B. 每日低价 C. 每日平价 D. 混合定价

2. 零售商的价格形象主要取决于（ ）。

A. 绝对价格 B. 性价比 C. 价格优势 D. 价格诚实度

3. 商品本身特性影响消费者对价格的感知，包括（ ）。

A. 替代品的数量 B. 商品的独特程度

C. 商品的用途 D. 商品的转换成本

E. 商品的重要程度

4. 降价这种促销方式的优点主要是（ ）。

A. 操作方法简单 B. 见效快

C. 强化商店低价形象 D. 提高客单价

5. 影响消费者价格敏感程度的因素主要包括（ ）。

A. 商品因素 B. 零售商营销策略

C. 竞争对手 D. 消费者个体因素

三、简答题

1. 简述品类角色和定价策略之间的关系。

2. 请列举品类策略与品类定价策略的关系。

3. 简述影响消费者价格敏感度的因素有哪些。

4. 简述商品价格优化的类型与流程。

5. 影响商店价格形象的因素有哪些方面？

【学习目标】

素养目标

● 通过对促销领域不良行为的抵制树立良好的商业道德

● 通过对新媒体形式的动态分析培养学生的创新思维

● 通过对促销效果的量化评估培养学生的大数据思维

知识目标

● 了解促销的目的和意义

● 熟悉常见的促销方式

● 熟悉促销方式的影响因素

● 掌握商品促销的流程

技能目标

● 能够选择合适的促销方式

● 能够做好合理的促销选品

● 能够对促销的流程提出合理化建议

案 例导入

　　FF公司举办元旦品类折扣节，开启2023开年钜惠，万余种商品低至5折。参与折扣的品类很多，洗洁精/进口食品5折，酱油醋/散装零食/纸品/洗衣液6折，还可参与微信满200元减20元活动叠加享受优惠，相当于折上9折。还有不少热门商品，价格优惠力度也非常大！原价13.9元的1.18 kg的生姜洗洁精只要6.95元！原价15.9元的简约组合无芯卫生纸10卷只要9.54元！原价27.9元的生抽酱油1.9 L只要16.74元……这样的促销活动看上去非常吸引眼球，但最后的促销效果如何？作为品类主管的小王，考虑的不仅仅是进行什么样的促销活动，最关键的是要分析这次的促销活动是高效促销吗？

　　【引思明理】 零售人员要注意促销的效果，不要为了促销而促销，一次有效的促销活动一定是围绕促销目标的实现展开的。促销目标因商品类策略的不同会有所不同，它不仅促进销售量的提高，还可能促进购买该品类人数的增加、品类客单价的增加、品类连带购买量的增加等。门店要制定清晰的促销目标，同时基于促销目标，无论是促销主题的策划、促销形式的选择、促销选品、信息触达，还是整个促销过程的实施控制，以及最后的促销效果和促销目标之间的比较都是小王需要评估的着眼点。

一、促销概述

　　促销是指在商业活动中，商家通过各种方式将商品或服务的有关信息在市场上传播，帮助消费者了解产品，认识商品，使消费者对商品产生兴趣，进而刺激其购买欲望，促使其采取购买行动的系列活动。大量的低效率促销活动的存在迫使供应商和零售商开始追求促销的质量而不仅仅是数量。高效促销需要具备以下特点：达到促销目标、提高忠诚顾客数量、提高销售量、系统成本最低。

（一）达到促销目标

　　促销目标按照时效可划分为短期促销目标和长期促销目标。促销目标视零售商品类策略的不同会有所不同，销售量和利润是最终目标，在评估促销效率时，零售商更应该关心的是实现促销目标的过程和方法，如图4-21所示。零售商的市场份额是渗透率、忠诚度和花费量指数综合作用的结果。零售商在不同时期的机会点会有所不同，其促销目标也会不同。例如，如果商店某段时间的问题在于渗透率低，那么这段时间商店和品类促销的主要目标是增加访客数。如果商店渗透率不错，希望能提高顾客忠诚度，那么这时的促销目标便是增加顾客的到店次数或增加顾客的每次购买量。促销目标不同，采用的促销方法也不同。例如，如果促销目标是增加客户每次购买量（客单价），采取的方法就不会是特价时段，而应是促销大包装或促进连带购买等。

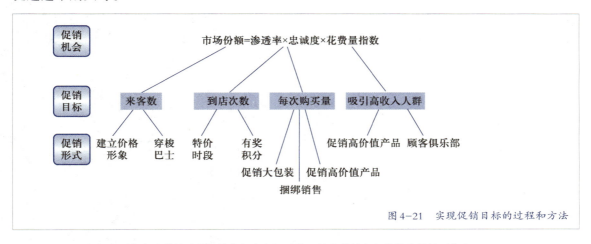

图4-21　实现促销目标的过程和方法

注：市场份额：零售商或其某品类的销售额占市场（某区域或某城市）整体容量的百分比。

渗透率：在某时间段内曾到零售商商店购物或购买某品类的家庭户数占该商圈总家庭户数的百分比。

忠诚度：本店的购物者在本店的某品类的总花费金额与本店的购物者到本地所有商店的某品类方面的总花费金额之比。

花费量指数：零售商或其某品类的购物者的平均花费相较于市场（某区域或某城市）平均花费的指数。指数大于100表明该零售商的购物者消费能力高于市场平均水平；指数小于100意味着零售商的购物者消费能力低于市场平均水平。

促销目标不同，评估的指标也会不同。例如，提高来客数的评估指标是客流量的增加，对品类来讲，是到该品类处购买的人数的增加。如果简单地用销售量去评估，便会因目标不明确而迷失了方向。要客观地评估促销是否达到促销目标，必须首先对促销目标有深刻的认识。

（二）提高忠诚顾客的数量

促销是为了回馈顾客，从而提高顾客对门店的忠诚度。所以，对目标顾客的把握是至关重要的。很多零售商仍然不知道自己的目标顾客是谁，或者只知道自己的目标顾客是某一类群体。在市场不断细分的今天，门店的目标顾客也需要细分。一切促销活动应该以吸引、满足目标顾客为核心。

顾客通过对促销海报的简单分析，便可制定一张高效的购物路线图。例如，星期一乘A零售商的免费购物车去A商店买桶花生油，星期二乘B零售商的免费购物车去B商店买袋洗衣粉，星期三乘C零售商的免费购物车去C商店买点水果……对零售商而言，这部分顾客为商店带来了客流，但他们不能成为商店的主要服务对象。促销结束后，顾客满意度应该增加，更多的顾客愿意到该门店购物，更多的人愿意将他们的购物费用在该门店上。这样的促销才是成功的促销。

（三）提高销售量

促销的目标是让品类健康地成长，而不是仅仅为了促销周期内销售量的增加。因此，理想的促销结果应该是，促销期间销售量大幅度增长，促销结束后销售量较促销前有较大幅度提高，如图4-22所示。否则，促销便只是销售量的重新组合而已。

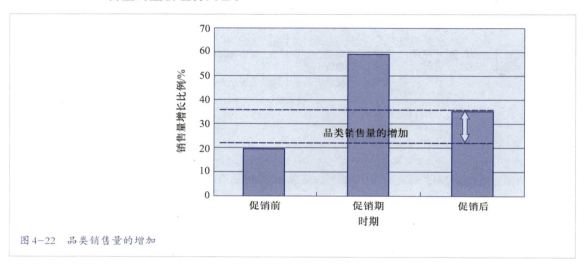

图4-22 品类销售量的增加

品类销售量的提高可能来自几个方面：

（1）来自消费者对该品类的认同。例如，新年巧克力促销后，消费者对巧克力的喜好程度增加，从而增加了对巧克力这类产品的购买量。

（2）来自购物者对该商店的认同。例如，零售商在新年期间营造了很好的购物氛围，别出心裁的巧克力陈列和促销活动让顾客感到在这家门店购物非常愉快，从而增强了选择这家门店购物的意愿。

（3）品类中子品类的连带性购买。例如，商店里牙膏牙刷产品的联合促销和陈列促进了牙刷小分类的销售，从而促进了口腔护理品类的销售量增长。

（4）品类使用量的增加。例如，门店中不断传递的每次应使用2克牙膏、每3个月应更换一次牙刷的教育理念，提高了消费者对牙膏和牙刷的使用量，从而提高了品类的销售量。

（四）系统成本最低

促销的目标主要是获取高于不做任何促销的正常经营时的利润。除了新店开张、自我保护等特殊时期外，促销都是以获取更多的利润为出发点的。

二、商品促销方式

（一）促销方式分类

1. 降价式促销

降价式促销就是将商品低于正常的定价出售。常见的降价式促销方式有库存清仓、节庆优惠、每日特价商品等方式。

（1）库存清仓，即以降价的方式促销换季商品或库存较久的商品、滞销品等。

（2）节庆优惠，即新店开张、逢年过节、周年庆时采用促销方式，是折扣售货的大好时机。

（3）每日特价商品，即由于竞争日益激烈，为争取顾客登门，推出每日一款或每周一款的特价商品，让顾客用低价买到既便宜又好的商品。低价促销如能真正做到物美价廉，容易引起消费者的抢购热潮。

2. 有奖式促销

顾客有时总想试试自己的运气，所以抽奖是一种有良好效果的促销活动。抽奖活动一定会准备一大堆奖品，这样的奖项是容易激起消费者参与兴趣的，可在短期内对促销产生明确的效果。通常参加抽奖活动必须具有某一种规定的资格，如购买某特定商品，购买某一商品达到一定的数量，在店内消费达到固定金额，或回答某一特定问题答对者。另外，需要注意的是，举办抽奖活动时，抽奖活动的日期、奖品或奖金、参加资格、如何评选、发奖方式等务必标示清楚，并将抽奖过程公开，以增强消费者的参与热情和信心。

3. 打折式优惠

门店一般会在适当的时机，如节假日、店庆、换季时节等打折出售商品，使消费者获得实惠。

（1）设置特价区，即在店内设定一个区域或一个陈列台，销售特价商品。特价商品通常是应季大量销售的商品，或为过多的存货，或为快过保质期的商品，或为外包装有损伤的商品。注意不能鱼目混珠，把一些变质损坏的商品卖给顾客；否则会引起顾客的反感，甚至会受到顾客投诉。

（2）节日、周末大优惠，即在新店开业、逢年过节或周末，将部分商品打折销售，以吸引顾客购买。

（3）优惠卡优惠，即向顾客赠送或出售优惠卡。顾客在店内购物，凭手中的优惠卡可以享受特别折扣。优惠卡发送对象可以是由店方选择的重点顾客群，也可以是到店购物次数或数量较多的熟客，出售的优惠卡范围一般不定，这种促销目的是扩大顾客群。

（4）批量作价优惠，即消费者整箱、整包、整桶或较大批量购买商品时，给予价格上的优惠。这种方法一般用在周转频率较高的食品和日常生活用品上，可以增加顾客一次性购买商品的数量。

4. 竞赛式促销

竞赛式促销是融合动感性与参与性为一体的促销活动，通过比赛来凸显主题或介绍商品，除了可提高商品的知名度以外，还可以增加销售量。此外，还可举办一些有竞赛性质的活动，如卡拉OK比赛等，除了可提高门店人气之外，也可借此加深顾客对门店的印象。

5. 免费品尝和试用式促销

在促销之时，零售店可以在比较显眼的位置设专柜，顾客可以免费品尝新包装、新口味的食品。非食品和其他新商品实行免费赠送、免费试用，鼓励顾客使用新品进而促使其产生购买欲望。例如，许多连锁百货店设有美容专柜，免费为愿意试用新品牌化妆品的顾客做美容。商场的香水柜台也常常进行免费试用活动。

6. 集点赠送式促销

为吸引顾客持续购买，并提高品牌忠诚度，集点赠送是一种非常理想的促销方式。这一促销活动的特色是消费者要连续购买某商品或连续光顾某零售店数次后，累积到一定积分的点券，便可兑换赠品或折价购买。

7. 展览和联合展销式促销

在举办促销活动时，商家可以邀请多家同类商品供应商，在所属分店内共同举办商品展销会，形成一定声势和规模，让顾客有更多的选择机会；也可以组织商品的展销，如多种节日套餐销售等。在这种活动中，通过各供应商之间相互竞争促进商品的销售。

8. 主题促销

主题促销既可以采用不同的节庆为主题进行促销，也可以对季节性的商品进行促销。在促销期间，门店中的某个区域将所有有关该主题的不同品类的商品进行联合促销。主题促销不可过于频繁，否则对门店的运营会带来影响，同时会使消费者陷入疲劳，从而对此促销模式不敏感。在进行主题促销之前，需要品类经理进行合理的计划，同时进行不同品类和不同部门的协调、统一。因此，往往在主题促销开始前3个月，相关的品类经理就要开始对市场的大小、商品的选择和主题的布置进行跨部门的项目合作。

9. 网络促销

网络促销是指利用现代化的网络技术向虚拟市场传递有关产品和服务的信息，以启发需求，引起消费者的购买欲望和购买行为的各种活动。虽然传统的促销和网络促销都是让消费者认识商品，引起消费者的关注和培养兴趣，激发他们的购买欲望，并最终实现购买行为，但由于互联网强大的通信能力和覆盖面积，网络促销在时间和空间观念上、在信息传播模式上以及在顾客参与程度上相比传统的促销活动都发生了较大的变化。以商品流通为例，传统的商品销售和消费者群体都有一个地理半径的限制，网络营销大大地突破了这个原有的半径，使之成为全球范围内的竞争；传统的商品订货都有一个时间的限制，而在网络上，订货和购买可能在任何时间进行。这就是现代电子时空观。时间和空间观念的变化要求网络营销者随之调整自己的促销策略和具体实施方案。信息技术提供了近似于现实交易的表现形式：双向的、快捷的、互不见面的交易形式。这些交易形式将买卖双方的意愿表达得淋漓尽致，也留给对方充分思考的时间。在这种环境下，传统的促销方法显得软弱无力。在网络环境下，消费者直接参与生产和商业流通的循环，他们普遍大范围地选择和理性地购买。这些变化对传统的促销理论和模式产生了重要的影响。

（二）选择促销方式的影响因素

1. 品类角色

品类管理的核心就是按照目标客户的喜好，将商品分为常规性品类、偶然性/季节性品类、目标性品类、便利性品类。品类角色不同，促销的要求也会不同。对于目标性品类，可以选择较多的品类进行促销，以强化目标性品类的形象及其对消费者的吸引力。而目标性品类内部也需要进行细分，如前30%的单品有更多的促销机会。便利性商品没有必要经常促销，如书籍、鲜花等，很少会被零售商选作海报商品。

（1）目标性品类：要组织较高的促销频度。这是因为目标性品类是零售商吸引顾客来店消费的品类。通常顾客对零售商的目标性品类价格十分敏感。所以，针对目标性品类的高频度促销能够有效地带来客流量，增加销售金额，提高零售商在这些目标性品类的竞争力，并且提高顾客对这些目标性品类的忠诚度。

（2）常规性品类：组织一般水准的促销频度。常规性品类的商品因为其品类差异性不大，并且占到零售商全部品类的60%左右，所以针对常规性品类不需要组织高频率的促销，只需要在适当的时候进行一定的促销即可。

（3）便利性品类：很少进行促销。便利性品类是零售商为消费者提供购买便利而提供的品类，其商品数量往往十分有限，针对便利性品类的促销并不能带来大的客流和销售金额，所以，零售商很少对便利性品类进行促销。

（4）偶然性/季节性品类：进行临时性、季节性促销即可。偶然性/季节性品类的特点决定了它不是长期在店内销售的品类，只是由于偶然性或季节性的需求而出现在店内的品类。例如，春节、中秋、端午和国庆节等。他们没有固定的位置，多出现在应季时在主通道、端架、堆头或者网篮进行陈列的短期销售。只需要在当季组织临时性的或者季节性的促销即可。

2. 品类策略

品类策略不宜经常变动，建议每年回顾一次，每半年进行一次微调。品类策略是目标，促销是实现品类策略的方法之一。因此，在设计促销前，采购人员和相关供应商都应该有一致的、清晰的品类策略，商品的选择和促销方式都应该为品类策略服务。例如，洗发护发品类的策略是提高系统性购买，即鼓励消费者购买洗发水的同时购买护发素。促销时就应该考虑如何实现这一策略，如考虑是否在每次促销时候都尽量考虑到两者的关联性，是否将两类商品同时在堆头上陈列等。

不同的品类策略同样应该选择不同的促销方式。常见的品类策略促销方式包括以下几种：一是吸引人潮，即采取商品折扣。如果某个小分类的品类策略是吸引人流，那么一定要想办法提高该品类的销售数量和销售金额。最直接的办法就是选择商品价格折扣的促销方式来带动门店客流量，从而实现该品类的销售数量和销售金额的提升。二是创造交易。低价商品与高价值商品搭配。三是制造惊喜，采用定期或限时抢购的方法吸引顾客。

3. 促销目标

促销目标是影响促销组合决策的首要因素。各种促销工具——广告、人员推销、销售促进和人员推广——都有各自独有的特性和成本耗费，营销人员必须根据具体的促销目标选择合适的促销工具组合。

具体的促销目标包括：

（1）促销活动怎样才能实现市场开拓的目标？

（2）需要投入多少金额？

（3）所要采取的促销手段是否利于市场开拓？对于那些大型零售商是否合适？此项计划是否具有推广价值？

（4）此项促销计划是希望取得速效、产生短期效应，还是希望持久以取得一个长期的市场效应？

（5）促销计划目的是想向顾客展示商品的可靠性，从而使商品得以热销，还是用来刺激零售商多多进货，尽早售卖？

（6）当预算制定时就应把以上问题搞清，以便使决策者知道此项预算是否是经过认真分析、思考和对比而制定的。

4. 促销投入产出

不同促销方式所要求的投入不同，在选择促销方式前，需要明确促销投入的预算有多少，期望促销带来的收益有多少。如何平衡促销投入与促销产出，根据促销投入产出来选择合适的促销方式变得十分重要。在平衡促销投入产出方面，品类经理需要考虑以下几点：

（1）本次促销预算是多少？

（2）本次促销可以为企业带来哪些方面的收益？

（3）此项促销计划是希望取得速效、产生短期效应，还是希望持久以取得一个长期的市场效应？

5. 消费者喜爱程度

不同品类适合不同的促销方式。例如，薯片等休闲食品做货架外陈列的效果好于降价促销，化妆品更适合做特别展示，食品较适合采用免费试吃的方法。究竟哪一种促销方式更有利于某品类，需要采购人员和供应商人员进行不断的分析、积累和总结。

三、促销活动规划

促销必须有明确的目的和整体安排。企业的促销活动必须根据年初制定的策略做整体的安排，如安排投入多少资源进行促销、在哪个时间段进行、要留出多少资源来应对意外的变化，以及要安排多少资源用以增强竞争优势。具体来说，促销活动规划可从以下几个方面来考虑：

（一）供应商的促销策略

随着零售环境的变化，供应商对不同业态零售商的服务和策略也有所改变，具体表现在对大卖场、超市、便利店等会提供不同的商品和促销品供应。对某些庞大的零售商，供应商甚至会提供客户化的营销方案。但对同一业态的零售商，大部分供应商会采用相同的促销方案。因此，对零售商而言，必须清楚供应商在某季度、某月的促销安排。

（二）根据商品本身的销售规律，以促销实现淡季和旺季的平衡

不少商品都有淡旺季的区别，如空调、电扇、电暖器等。强烈的淡旺季落差会使企业生产能力、资金调度难以协调，所以需要利用促销来尽量平衡淡旺季。具体的做法是：可以通过在淡季给予经销商较为优厚的销售政策，吸引经销商帮助分担库存压力和提前打款，也可以进行适度的反季节销售来刺激消费者的购买热情。

另外，我国幅员辽阔，不同区域气候差异较大，淡旺季的时间差也非常明显。企业要学会利用时间差，制定销售政策时要有必要的灵活性，如总体上处于淡季时，对于仍处旺季的区域给予特殊的政策和资源支持，提升其在总销售量中的比例，从而平衡公司的销售节奏。

（三）在重要的时间段造势，帮助提升品牌影响力

在我国，重要的节庆是零售市场的旺季，但并不是每一种商品在节庆日都旺销。在节庆日，消费者购买热情高涨，常常会有意识地去搜集各种促销信息。另外，像企业的纪念日、店庆日都是开展促销的时机，这时开展促销的目的并不仅是提升销量，还可以让消费者更多地了解零售商，相信零售商的实力，此时往往是"促销之意不在'量'"。与其说是在"促销"，不如说是在进行"推广"。

经过整合供应商促销计划、商品淡旺季与重要时段，每个零售商都可以制订出自己的全年促销计划或某时间段的促销计划。如某些大型零售商甚至在年初就会和主要供应商分享其促销计划并寻求供应商在促销产品上的支持。例如，1月份第一档海报的主题是快乐新年，第二档海报的主题是欢乐春节，2月份第三档的主题是迎接春天……供应商根据零售商的促销主题提供促销单品建议，零售商整合所有供应商的建议后形成自己的促销选品方案。

（四）配合新品推出促销活动

不断地推出新品是企业得以长久发展的基础，因为新品最终会替代老品成为企业收入的主要来源。相当多的企业对于新品上市不太重视，悄无声息地就上市了。有的企业虽然也十分重视新品上市，希望通过大力度的促销来帮助消费者尽快认识和接受新品，但是以这样的指导思想来设计促销，往往局限在买赠、品尝、试用等常规做法。从更深的层次考虑，高调推出新品除了促使消费者尽快购买之外，还包括以推出新品为契机宣示企业的理念、目标和研发实力。在新品上市时策划大力度的促销活动实际上是企业整体推广策略的一部分，这时为迎接新品上市进行的促销活动就不仅仅是增加销售量了。所以，这些更深的企图还必须获得企业的营销人员理解。促销策划人员也必须善于以更高的眼光来安排促销活动。

（五）根据竞争对手的促销活动，有针对性地安排促销活动

有时，竞争对手采取的促销活动取得良好的效果，形成了好的销售势头，本企业必须紧急采取应对行动。这种情况会经常发生，有些营销人员只习惯于按照预先的安排行事，对突发的变化不敏感，或者虽然看到竞争对方的活动，但由于事先没有准备预案，一时无法有力地反击，仓促中采取的行动效果不明显。在市场竞争中，不是处于主动就是处于被动，只有时时掌握主动才能游刃有余，提升业绩。这也要求营销人员熟悉各类不同的促销活动，能够很快拿出应对方案。另外，零售商在进行促销规划时，要保留部分预备资源在关键时刻使用。而且零售商必须意识到，任何严密的计划都有不足之处，同时必须设想一旦出现了最不愿意看到的情况该如何应对的预案，只有做好了各种准备，才不会在突如其来的变故前手足无措。

促销是企业整体营销策划中重要一环，零售必须全盘规划促销活动，使整个促销活动相互衔接，形成整体的力量，避免为了促销而促销，把每次促销活动搞成了单一的互不关联的促销。营销人员必须牢记，整体性和目的性

是成功策划促销活动的两个基本点。

四、促销商品的选择

选择促销商品主要目的是树立零售商的平价形象、增强竞争优势、促进销售等。因此，在考虑商品组织结构合理性的原则下，品类经理应根据不同的促销时段、促销主题、促销目的选取需要参加活动的商品。一般来说，促销商品有以下几种选择：

（1）节令性商品。节令性商品即季节性商品或者特定时段的商品。例如，夏季沙滩玩具、充气玩具等，冬季滋补食品、火锅食品、调料等，开学时（通常为每年3月、9月）零售商针对学习文具品类进行主题促销。

（2）敏感性商品。敏感性商品一般属必需品，市场价格变化大且消费者容易感受到价格的变化，如鸡蛋、大米。选择这类商品作为促销商品，在定价上不妨稍低于市场价格，就能很有效地吸引更多的顾客。

（3）众知性商品。众知性商品一般是指品牌知名度高、市场上随处可见、容易取代的商品，选择此类商品作为促销商品往往可获得供应商的大力支持，门店的促销活动与大众传播媒介的广泛宣传相结合，如化妆品、保健品、饮料、儿童食品等。

（4）特殊性商品。特殊性商品主要是指零售商自行开发、使用自有品牌、市面上无可比较的商品，这类商品的促销活动主要应体现商品的特殊性，价格不宜定得太低但应注意价格与品质的一致性。

（5）新品。新上市的商品，需要一定的促销支持打开市场。通常这类促销会有供应商的促销支持。

（6）库存较大的商品。存在库存压力的商品需要考虑加入促销清单。

（7）供应商提供促销支持的商品，如送赠品、买一送一等。

（8）与其他品类促销可以结合的商品。

（9）以往促销业绩良好的商品。

除了以上几种选择，品类经理在选择促销商品时，还应该考虑以下问题：

（1）选择的促销商品是否易于树立企业形象。

（2）选择的促销商品能否吸引顾客，促销价格是否具有优势。

（3）选择的促销商品毛利是否有足够的毛利空间，可以达到公司要求。

（4）如果毛利过低，是否可以结合其他关联性促销商品，弥补毛利损失。

（5）所选促销商品是否库存充足。

（6）所选促销商品是否适宜在门店摆放或者展示（比如，户外用品太阳伞、家用游泳池等）。如果不适合，如何解决等。

（7）竞争对手在该品类中选择了哪些促销商品。

综合考虑以上因素后，品类经理就可以选择所需要进行促销的商品进入促销商品清单。

促销商品的三个层次

零售商依据不同的品类角色定位，一般把促销商品分成三个层次，即门店级促销单品、品类级促销单品和常规级促销商品，对这三个层次的促销商品应采取不同的选品策略。

1. 门店级促销单品

门店级促销单品的品类角色定位是为全店拉动客流和提升销售额，是该档期促销的核心推动力。因此，门店必须调动全店的资源来管理和维护，确保促销取得成效。具体有三个要素：一是前台、后台毛利全额投入，也就意味着要求零毛利或负毛利销售，形成价格冲击力。二是生产商、分销商全力配合，确保供应链环节的顺畅。采购人员必须与供应商提前制定并达成联合行动方案，要保证获得有力度的促销进货价并保证门店最低到货量，同时要做好缺货预案并选好替代商品。要争取尽可能多的厂家促销人员参与和供应商跨渠道资源的投入。三是陈列位置要在黄金通道，陈列标准要一品多位，这是要保证所有来到门店的顾客都能够看到这款商品正在进行大力促销。门店级促销商品在每档期的促销中一般有3～5种。

2. 品类级促销单品

品类级促销单品的品类角色定位是拉动该品类的客流量和提升销售业绩。每个品类都有自己的定位，品类级促销单品必须服务于门店级的经营策略，因此选品必须符合整个门店的促销安排，并考虑与其他品类促销商品的关联度。品类级促销需要关注三个要素：一是前台毛利全额投入，后台毛利不高于3%，建立价格优势；二是确保供应商提供有力的促销进价，以及门店最低到货量，防止缺断货；三是商品要陈列在品类所在区域主通道上的核心位置，起到吸引顾客进入品类区域购物的作用。品类级促销商品在每档期的促销中一般为35～45种。

3. 常规促销商品

常规促销商品往往有不同的促销目的，其品类角色定位也比较复杂。有些商品是季节性商品，为了平衡销售业绩，按照顾客的购买需求安排的配套促销商品；有些是依据与供应商签署的年度销售合同，对该品牌商按计划安排的促销商品；有些是零售商为了完成后台收益而选择参加的推广商品；还有一些是为了扩展新品市场份额而进行市场宣传的商品，等等。这类商品有些要求整个零售商的所有门店均要参与促销活动，有些则仅仅是部分门店参与的店内促销活动。

这类常规促销商品与前两种促销商品互相促进，形成一种强烈的购买氛围，可以带动整个门店的销售增长。在促销选品阶段，应主要控制好促销单品的资源投入，这一点必须有较高层级的主管和营销人员一起研究和协调，制定出明确的促销选品策略，才能保证实施效果。

五、促销方案制定

经过上述分析，促销方案的雏形已经浮现出来。制定促销方案时，为了确保促销方案与商店策略和品类策略相呼应，必须要求采购人员将促销方案与品类策略的关系在促销方案书上描述出来。也就是促销方案书不能仅仅包括做什么促销，还应包括品类是什么、为什么要选择该促销方式，以及该促销方式能带来多大的销售量增长和需要多大的成本投入，如表4-11所示。

表4-11　促销方案书

促销目的（品类策略）				
活动细节	促销 1	促销 2	促销 3	促销 4
促销计划	促销产品 促销形式 促销时间 促销价格 陈列地点			
促销投入	活动成本 人员要求			
促销好处	定量 定性			

在促销方案制定中，还有一个重要的环节是促销信息的传递。商店设计的促销活动如何让消费者了解、认同并产生购买行为呢？为此，必须认真考虑与消费者的沟通与交流方式。与消费者沟通的方式很多，如发布在社群中的快讯、店内海报、醒目的价格签、促销人员介绍等。这些方式被很多零售商所熟知并采用，但实施效果因一些细节问题而大相径庭。常见宣传方式的比较如表4-12所示。

微课：促销
信息精准触
达

表4-12 常见宣传方式的比较

宣传手段	优点	缺点	建议
快讯	内容详细，针对性强，效果明显，成本低	局限于部分购物者	多用于提高购物者忠诚度，提高客单价
报刊广告	覆盖面广，易于提升门店形象	无针对性，成本高	多用于新店开张、大型庆典时提高知名度，增加客流量，较电视、电台广告更适合零售商
电台广告	较易覆盖学生、老人、司机等群体，成本较低	覆盖人群有限	选择某些电台做一些有针对性的广告
电视广告	覆盖面广	无针对性，成本高	多用于新店开张、大型庆典时提高知名度，增加客流量
灯箱路牌广告	针对性强	地点固定，内容不能经常更新	可在商圈内做一些形象宣传
商店外的大型条幅	针对性强，刺激购买	到达商店的部分购物者才能看到，信息有限	
店外大型活动	吸引购物者驻足，活跃气氛，刺激现场购买，提升商店形象	成本高，仅对促销品牌产生直接影响	大型节日或换季时商店组织有利于提升整体形象的活动，周末及节日供应商组织活动以活跃气氛，刺激购买
车身广告	流动性好，对乘坐该线路的乘客及该线路经过地方的消费者产生直接影响	局限于部分购物者，内容不能经常更新	多用于新店开张、大型庆典时提高知名度，增加客流量
各种形式发放的传单	针对性强，内容详细，成本低	有效性差	门店大型活动宣传、新品推荐等有较多信息需要传递时较有效

六、促销活动执行与效果回顾

（一）促销活动执行

当品类经理经过分析、预测、完成其促销计划后，并不意味着对促销活动的管理任务结束。品类经理要跟踪该促销计划真正获得实施。该部分往往被一些品类经理所忽视，他们认为计划完成后，门店自然可以按计划去实施，而实际上存在多重的沟通问题，其中之一是如何将计划变成消费者真正可以感知的促销信息和促销活动。可以是快讯商品广告海报、店内卖点广告、导购进场、堆头/端头出样等多种方式。但实际上实施的效果却会由于一些细节出现问题。例如，如何将海报设计得清晰明了，突出重点，吸引消费者是零售商需要考虑的问题。要保证促销方案的实施必须做好下列工作：一是各环节都应明确责任部门及责任人，二是围绕促销方案实施促销，三是重视团队协作。

团队协作对计划实施的成功是非常重要的。如果各个部门不相互交流、沟通，不对其行动进行协调，没有任何计划会顺利完成。只有团结协作，才能使购买者和公众看到促销所打造的企业形象的一致性和连贯性。

同样，在促销实施中，会牵涉不同的部门，整体的协同性需要得到相应的提高。除了以上的快讯商品广告海报、店内卖点广告等制作的细节，还需要考虑到门店促销的空间位置的限制、促销位置的影响、门店促销调整的人员限制、促销期的订货和配送、促销员是否可以按时进场，甚至还会牵涉到供应商的付款。品类经理在做完计划后，还需要和不同的部门进行良好的沟通。所以，在促销的前期、中期和后期，品类经理都需要定期查看不同的进程和每个部门的沟通反馈。总的来说，在促销实施时，注意以下工作重点：

（1）与供应商进行谈判。与供货商确定促销商品的促销价格、促销数量。

（2）促销商品组织。促销商品的订货、进货、仓储、物流配送准备。

（3）货架优化及相关的陈列方法。货架空间的规划、促销商品的上架陈列及搭配商品的选择。

（4）促销宣传品的应用。快讯商品广告的设计、制作、发放，店内卖点广告的制作、悬挂。

（5）相关人力资源管理，如促销人员的准备。

此外，在促销活动开始后，品类经理还需要协助市场部门进行促销中期评估，通常称为事中评估。评估方法是消费者调查。调查内容分三个方面：

（1）促销活动进行期间消费者对促销活动的反应。可以通过现场记录来分析消费者参与的数量、购买量、重复购买率、购买量的增幅等。

（2）参与活动的消费者结构，包括新老顾客的比例；新老顾客的重复购买率；新顾客数量的增幅等。

（3）消费者意见，包括顾客参与动机、态度、要求、评价等。

综合上述几方面的分析，就可大致掌握顾客对促销活动的反应，客观评价促销活动中期的效果。

（二）促销效果回顾

每次促销活动结束后，品类经理都需要对活动进行回顾和评估分析，从而总结经验，寻找不足之处，为改进促销工作提供依据，同时发现促销结果和预测之间的差距，也为企业今后的促销工作提供宝贵的经验。促销效果评估的基本方法分为三种：前后比较法、市场调查法、观察法。

1. 前后比较法

前后比较法即对开展促销活动之前、促销活动之中和促销活动之后三段时间的销售额（量）进行比较来测评效果。这是常用的消费者促销评估方法。促销前、促销期间和促销后商品的销售量变化会呈现出几种不同的情况，这说明促销产生了不同的效果。通常可能出现以下四种情况：

（1）初期奏效，但在促销中期销售量就逐渐下降，到结束时已恢复到原来销售水平。这种促销冲击力强，但缺乏实质内容，没能对顾客产生真正的影响。主要原因可能是促销活动缺乏长期性，策划创意缺乏特色，促销管理工作不力。

（2）促销期间稍有影响，但促销后期销售量低于原来水平。这时促销出现后遗症，这说明由于商品本身的问题或外来的其他因素，使该品牌的原有消费者构成发生动摇，而新的消费者又不愿加入，从而在促销期满后销售量没有上升。其中主要原因可能是促销方式选择有误，主管部门干预，媒体协调出现问题，消费者不能接受，竞争者的反攻生效。

（3）促销期间的销售情况同促销前基本一致，但促销结束后又无多大变化。这说明促销无任何影响，浪费促销费用。这种情况说明该品牌基本上处于销售衰退期。主要原因可能是企业对市场情况不熟悉，促销方式缺乏力度，信息传播方式、方法出现问题，商品根本没有市场。

（4）促销期间销售有明显增加，且促销结束后销势不减或略有减少。这说明促销明显，且对今后有积极影响，这种促销方式对路。促销商品的市场销售量上升，其原因是促销对消费者产生吸引力。在促销活动结束后的一段时期内，称为有货消耗期，消费者因消耗在促销期间积累的存货而没有实施新的购买，从而商品销量在促销刚结束的时候略有下降，但这段时间过后，商品销量比促销前上升，说明促销取得了良好的效果，使商品的销售量增加。

2. 市场调查法

市场调查法是一种零售商组织有关人员进行市场调查分析确定促销效果的方法。这种方法比较适合评估促销活动的长期效果。市场调查法包括确定调查项目和市场调查法的实施方式两方面内容。

（1）确定调查项目。调查的项目包括促销活动的知名度、消费者对促销活动的认同度、销量增长（变化）情况、企业的形象在前后变化情况等。

（2）市场调查法的实施方式。一般来说，采用的方法是寻找一组消费者样本和他们面谈，了解有多少消费者还记得促销活动，他们对促销的印象如何，有多少人从中获得利益，对他们今后的品牌选择有何影响等。通过分析这些问题，就可以了解到促销活动的效果。

3. 观察法

观察法是通过观察消费者对促销活动的反应，从而得出对促销效果的综合评价。主要是对消费者参加竞赛与抽奖的人员、优惠券的回报率、赠品的偿付情况等加以观察，从中得出结论。这种方法相对而言较为简单，而且费用较低，但结论易受主观影响，精确度较低。

德 技并修

规范网络直播营利行为，促进网络直播行业规范健康发展

党的二十大报告指出：健全网络综合治理体系，推动形成良好网络生态。2022年3月，国家互联网信息办公室、国家税务总局、国家市场监督管理总局联合印发《关于进一步规范网络直播营利行为促进行业健康发展的意见》（以下简称《意见》），着力构建跨部门协同监管长效机制，促进网络直播行业规范健康发展。

近年来，网络直播在促进灵活就业、服务经济发展等方面发挥了重要作用。同时，网络直播行为也存在网络直播平台管理责任不到位、商业营销行为不规范、偷逃缴纳税款等问题，制约行业健康发展，损害社会公平正义。

对此，《意见》提出，强化信息共享、深化监管联动，着力构建跨部门协同监管长效机制，加强对网络直播营利行为的规范性引导，鼓励支持网络直播依法合规经营，切实推动网络直播行业在发展中规范，在规范中发展。

在网络直播平台更好落实管理主体责任方面，《意见》提出，要加强网络直播账号注册管理和账号分级分类管理。网络直播平台应当每半年向所在地省级网信部门、主管税务机关报送存在网络直播营利行为的网络直播发布者个人身份、直播账号、网络昵称、取酬账户、收入类型及营利情况等信息。

在规范网络直播营销行为，维护市场秩序方面，《意见》明确，网络直播平台和网络直播发布者销售商品或者提供服务，采用价格比较方式开展促销活动的，应以文字形式显著标明销售价格、被比较价格及含义。网络直播平台和网络直播发布者等不得通过造谣、虚假营销宣传、自我打赏等方式吸引流量、炒作热度，诱导消费者打赏和购买商品。

在规范税收管理，促进纳税遵从方面，《意见》要求，网络直播平台、

网络直播服务机构应依法履行个人所得税代扣代缴义务，不得转嫁或者逃避个人所得税代扣代缴义务，不得策划、帮助网络直播发布者实施逃避税。网络直播发布者开办的企业和个人工作室，应按照国家有关规定设置账簿。各级税务部门要优化税费宣传辅导，促进网络直播平台、网络直播服务机构、网络直播发布者的税法遵从，引导网络直播发布者规范纳税、依法享受税收优惠。要依法查处偷逃税等涉税违法犯罪行为，对情节严重、性质恶劣、社会反映强烈的典型案件进行公开曝光。

《意见》明确，保护网络直播平台、网络直播服务机构、网络直播发布者依法规范开展生产经营活动的各项合法权益，对依法依规经营、积极承担社会责任、诚信纳税的，各有关部门依法依规评先树优给予鼓励支持。对存在违法违规营利行为的网络直播发布者，以及存在违法违规行为或者纵容、帮助网络直播发布者开展违法违规营利行为的网络直播平台，依法予以处罚；构成犯罪的，依法追究刑事责任。对违法违规造成恶劣影响的网络直播发布者，由相关部门依法依规纳入严重失信主体名单。

<<<<<<<<<<<< 同步测试 <<<<<<<<<<<<<<<<<<<<<<<<<<<<<<<<<<<<<<<<<<

一、单项选择题

1. 促销工作的核心是（　　　）。

    A. 出售商品　　　　　　　　　　B. 沟通信息

    C. 建立良好关系　　　　　　　　D. 寻找顾客

2. 药店促销适合下列哪种促销方式（　　　）。

    A. 抽奖促销　　　　B. 主题促销　　　C. 导购推广　　D. 打折促销

3. 促销的目的是引发刺激消费者产生（　　　）。

    A. 购买行为　　　　B. 购买兴趣　　　C. 购买决定　　D. 购买倾向

4. 目标性商品的促销频度是（　　　）。

    A. 临时性促销　　　　　　　　　B. 一般促销频度

    C. 高度促销频度　　　　　　　　D. 较少促销频度

5. 直播营销主要解决了零售的（　　　）。

    A. 商流　　　　　　B. 物流　　　　　C. 信息流　　　D. 资金流

二、多项选择题

1. 下列会影响到促销的因素包括（　　　）。

    A. 品类角色　　　　B. 品类策略　　　C. 促销目的　D. 促销投入产出

2. 高效促销需要具备的特点包括（   ）。

    A. 达到促销目标   B. 增加忠诚消费者或购物者

    C. 增加销售量   D. 系统成本最低

3. 促销组合和促销策略的制定其影响因素较多，主要应考虑的因素有
（   ）。

    A. 消费者状况   B. 促销目标

    C. 产品因素   D. 市场条件

4. 通常促销的效果评估的方法包括（   ）。

    A. 宏观分析法   B. 前后比较法   C. 市场调查法   D. 观察法

5. 品类销售量的增加可能来自（   ）。

    A. 消费者对该品类的认同   B. 购物者对该商店的认同

    C. 品类中子品类的连带性购买   D. 品类使用量的增加

【学习目标】

素养目标

● 培养系统思维，从供应链的视角认识品类管理

● 培养辩证思维，认识新零售、品类管理与供应链之间的辩证关系

● 培养战略思维，从供应链主导权角度认知新国货崛起的战略选择

知识目标

● 了解供应链和供应链管理的概念

● 熟悉需求预测的基本知识和步骤

● 掌握合理补货的影响因素和步骤

技能目标

● 能够正确描述某企业的供应链

● 能够进行比较简单的需求预测

● 能够进行比较简单的补货计算

案 例导入

　　FF连锁超市蔬果部计划在8月25日至8月31日进行"甜美葡萄节"促销活动。该促销活动计划在促销期内"葡萄"这一产品的销售额同比增长120%。为弥补超市在促销中的毛利损失和产品损耗，供应商同意供货特价日期调整为8月22日至9月3日。根据销售数据显示，上年同期门店日均销售葡萄重量为400 kg。作为蔬果部品类主管的小王，在促销期订货时要注意哪些因素才能顺利实现既定的促销目标？

　　【引思明理】 超市订货量的确定通常需要考虑以下几个因素：1.需求量：销量预测是供应链优化的重要环节之一。根据历史销售数据、季节性、促销等因素，预测未来一段时间内的需求量；2.存货成本：要考虑到存货成本，即不要囤积过多的货物，避免库存积压，浪费资金；另外，如需冷藏库保鲜，则要考虑库房的容积，是否能承受；3.供应商的供货周期和最小订购量：要根据供应商的供货周期和最小订购量来确定订货量，确保及时供货。

　　本任务中，蔬果区的产量和品项受季节、气候与产地的影响较大，因此订货作业是较难把握的工作。订货要控制达到"质量好，鲜度足"。卖场生鲜区、蔬果区必须掌握各种农产品的生产季节、产地、各种保鲜方法、鲜度判断方法、市场价格变化等产品因素，同时还要考虑当日库存数量、库存天数及保鲜要求，这些都是订货管理中必须做好的工作。

一、供应链管理概述

（一）供应链概念

　　中华人民共和国国家标准《物流术语》（GB/T18354—2021）对供应链（Supply Chain）的定义是：生产及流通过程中，围绕核心企业的核心产品或服务，由所涉及的原材料供应商、制造商、分销商、零售商直到最终用户等形成的网链结构。供应链示意如图4-23所示。

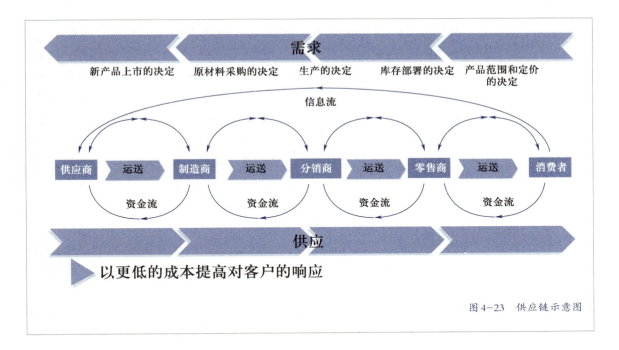

图4-23　供应链示意图

供应链贯穿于整个商品的流通过程，包括原材料从供应商出发，到生产，到零售商仓库，再到各个门店进行商品上架和供应，最终被消费者所购买并为消费者提供相关服务的所有流程，并且包括由于某些原因与上述商品流向相反的逆向流程（如商品的回收、消费者的退货等）的整个过程。在这个过程中，所有的环节都是从消费者的需求出发来逐步完成的。在这个过程中的每一个环节出现脱节，都会对整个供应链造成不利影响。

（二）供应链管理概念

中华人民共和国国家标准《物流术语》（GB/T18354—2021）对供应链管理（Supply Chain Management）的定义是：从供应链整体目标出发，对供应链中采购、生产、销售各环节的商流、物流、信息流及资金流进行统一计划、组织、协调、控制的活动和过程。

从连锁企业角度来看，供应链管理是指以连锁企业作为整条供应链的主导企业，通过改善上下游供应链关系，整合和优化供应链中的信息流、物流、资金流，使之快速响应客户需求，以正确的数量、正确的品质，在正确的地点、正确的时间，以最佳的成本和合适的价格进行商品的生产和销售。

对于连锁企业来说，供应链管理可以实现以下目标：增加销售量、降低库存、提高效率、缩短资金回收时间、有效地利用空间、提高利润。

在过去的十年时间内，有大量研究报告表明供应链流程效率高的企业往往可以获取更高的利润、更低的库存投入并缩短了资金回收的周期，同时，利用这些有利因素使其在市场上确定了其与竞争对手的差异性。中国连锁经营协会开展的中国商品缺货率调查显示：零售企业平均缺货率在10%左右，特别是一些销售速度快的商品，从而造成大量的销售损失，而销售不佳的商品则大量堆积库中，造成现金流的紧张局面。同时，在零售商和供应商的合作中，双方往往会在供货和补货的协调方面花费大量的时间。如何进行更有效的、互相协作的供应链管理被提上日程。

（三）协同式供应链库存管理技术

1. 协同式供应链库存管理技术的定义

CPFR（Collaborative Planning Forecasting and Replenishment）即协同式供应链库存管理技术，它在降低销售商的存货量的同时，也增加了供应商的销售额。

CPFR的形成始于CFAR（Collaborative Forecast and Replenishment，共同预测和补货），是指利用互联网，通过零售商与生产商的合作，共同对商品做出预测，并在此基础上实行连续补货的系统。CPFR是在CFAR的基础上，进一步推动共同计划的制订，即不仅合作企业实行共同预测和补货，同时将原来属于各企业内部事务的计划工作（如生产计划、库存计划、配送计划、销售规划等）也由供应链各企业共同参与。

全渠道零售供应链

在移动通信技术的带动下，新型零售形态蓬勃发展。从平台电商、手机App，再到社交电商、直播电商、无人零售、新零售，这些新型零售形态给客户购物带来了极大的便利，客户足不出户即可买遍全球商品。消费者可以在手机App上搜索和了解一个自己感兴趣的商品，接着去线下门店体验这款商品。

不管是何种零售形态，按照消费者与零售商的触点的不同，都可以分为线上零售（消费者在线上与零售商和商品接触）、线下零售（消费者在线下与零售商和商品接触）、线上线下融合（线上和线下都可以接触）。全渠道即线上线下融合，它是指多个销售渠道协同一致并融合交汇，满足客户从了解商品、体验或感受商品、购买商品到商品送达全过程的零售形态。简单来说，传统线下零售是单一的渠道，如果一个零售商既有线下零售又有线上零售，但线上零售与线下零售是完全独立的，这就是多渠道。如果零售商的线上零售和线下零售是融合连通的，那么就是全渠道。

在全渠道模式下，消费者与商品的触点是多样化的，可以无缝切换。客户可以先在线上了解商品，然后在线下门店体验或感受商品，并在线上购买，最后选择自己去门店取货。线上零售的发展晚于线下零售，其客户群体与线下零售有所区别，消费者在不同渠道购物时对商品和价格的偏好差别很大。实践中，国内的多数零售商往往采用的是多渠道，即线下和线上独立经营，融合和协同作用非常弱。

线上和线下融合的程度主要取决于这两个渠道消费者群的偏好的重合程度，比如线上消费者是价格敏感型的，只购买99元以下的商品；而线下消费者是品质敏感型的，偏向于购买199元及以上的商品，这时就很难用同样的商品组合来满足两拨客户。一旦融合，会造成线下消费者对品牌形象的判断出现偏差，线上消费者对品牌的价格定位出现偏差，最终导致客户流失。这样就是很多零售商在线上线下使用两个团队运营的原因。

相反，餐饮行业的融合程度是最高的，这是因为餐饮产品必须在现场加工，不能在仓库储存，开展全渠道运营后，线上和线下的商品绝大多数都是一样的。从零售商的角度来看，线下消费者从门店里选购商品，门店只能覆盖周边的客户。它的供应链由线下门店所覆盖的客户的需求驱动，零售商围绕这些客群进行商品组合、门店补货、仓库补货(采购)、供应商管理、物流运输等活动。线上消费者在网店、手机 App、微商城、直播电商、社交电商等线上渠道购买商品，零售商从所谓的"电商仓库"给客户发货，便捷的快递使得线上零售能覆盖全国各地的客户。它的供应链由网店的客户需求驱动，围绕网店的商品组合、电商仓库的补货（采购）、供应商管理、物流配送展开。对于全渠道运营来说，消费者在线下门店或者线上门店选购商品，可以选择在门店自取、从门店发货、从仓库发货，它既能覆盖门店周边的客户，也能覆盖离门店很远甚至全国各地的客户。

如果从品牌商或者渠道商的角度来看，对于品牌商直供（直接发货）的情况，品牌商从自己的仓库直接发货给大型零售商、平台电商（仓库或最终客户）、自建电商（最终客户）；对于品牌商非直供（通过渠道商发货到终端）的情况，渠道商、B2B平台从品牌商处购买库存，然后分销给中小零售商、中小批发商。最终，客户通过线上渠道（电商自营网店、自建电商商城）、线下渠道（大型零售商、中小零售商等）购买品牌商的商品。

2. 协同式供应链库存管理技术的特点

（1）协同。从CPFR的基本思想看，供应链上下游企业只有确立共同的目标，才能使双方的绩效都得到提升，取得综合性的效益。这种新型的合作关系要求双方长期承诺公开沟通、信息分享，从而确立其协同性的经营战略。

（2）规划。CPFR需要考虑合作规划（品类、品牌、分类、关键品种等）以及合作财务（销量、订单满足率、定价、库存、安全库存、毛利等）。此外，为了实现共同的目标，还需要双方协同制订促销计划、库存政策变化计划、产品导入和中止计划以及仓储分类计划。

（3）预测。任何一个企业或双方都能做出预测，但是CPFR强调买卖双方必须做出最终的协同预测，如季节因素和趋势管理信息等，无论是对服装或相关品类的供应方还是销售方都是十分重要的。这类信息的共同预测能大大减少整个价值链体系的低效率、死库存，更好地促进产品销售，节约使用整个供应链的资源。

（4）补货。销售预测必须利用时间序列预测和需求规划系统转化为订单预测，并且供应方约束条件，如订单处理周期、前置时间、订单最小量、商品单元以及零售方长期形成的购买习惯等都需要供应链双方加以协商解决。

3. 协同式供应链库存管理技术的目的

（1）以消费者为中心，对消费者需求有统一的理解。

（2）各个环节集成的计划、优化、分析和执行。

（3）对市场状况和消费改变能快速反应。

（4）提高可预见性和生产力。

（5）提高和优化全体的物流能力。

4. 协同式供应链库存管理技术的实施步骤

CPFR的运行共有9个步骤，分为3个阶段：计划阶段、预测阶段和补货阶段。其中，计划阶段包括第1步和第2步，预测阶段包括第3步至第8步，补货阶段是第9步。这9个步骤如下所述：

步骤1：供应链上的合作伙伴共同建立一个通用业务框架协议，包括合作的指南、目标、任务与职责、业务规则、绩效评测、保密协议和资源授权等内容。它是一个所有业务活动的总纲领。

步骤2：合作伙伴建立合作伙伴关系战略，定义分类任务、目标和策略，并建立合作项目的管理细节（如订单最小批量、交货期、订单间隔和提前期等）。

步骤3：合作双方根据因果关系，利用零售商POS或其他有关预测数据与事件信息进行预测，由预测来驱动各自单独的和共同的业务，完成一个支持共同业务计划的销售预测创建。

步骤4：识别和判断分布在销售预测约束之外的事件。每个事件是否为例外都需要依据在步骤1中得到一致认同的准则来进行判断。

步骤5：合作处理销售预测中的例外事件，共同解决销售预测中的例外情况，并将产生的变化反馈给步骤3的销售预测的创建。

步骤6：通过合并POS数据、因果关系等和库存策略，产生共享销售预测和共同业务计划的订单预测，并通过产品及接收地点反映库存目标。订单预测周期内的短期部分用于产生订单，长期部分用于计划。

步骤7：识别订单预测中的例外事件。根据在步骤1中已建立例外准则来识别和判断例外事件。如果是例外事件，到步骤8去处理这些事件，否则转入步骤9生成订单。

步骤8：通过查询共享数据、采用各种交流方式调查研究订单预测例外情况，经过协商，共同解决订单预测中的例外情况，并将产生的变化反馈给订单预测步骤6。

步骤9：生成订单。将订单预测转变为已承诺的订单，订单生成可由生产厂家或分销商根据自己的资源、能力和系统来完成。这样，就完成了补货工作。

上述9个步骤完成了从贸易伙伴框架结构的建立到产生订单和实现补货的CPFR全部过程。CPFR通过反复交换数据和业务情报提高了制订需求计划的能力，建立了一个企业间的价值链运行环境，得到了一个基于POS的消费者需求的单一的和共享的预测，来协同供应商与零售商的供给业务，优化了供应链库存，改善了客户服务。

5. 实施协同式供应链库存管理技术应注意的问题

（1）全方位的通力合作。在CPFR的框架下，价值创造基于供需双方持续的相互依赖，建立在信任基础上的合作性跨组织文化是CPFR实施过程的最大挑战。能否将对方连接到自己的内部运作流程中，是否在跨组织运转达成协同管理等问题时刻出现在合作企业的面前。只有做到真正的相互信任，供需双方才能共同做出业务规划，实现双方价值链各个环节的无缝对接。所以，CPFR的联合供应链体系需要供需双方在各个层面展开通力合作。

① 决策层。主要是合作企业的领导层在前期就联合供应链协议达成一致，包括制定企业共同的目标和战略、明确组织间的业务流程、进行信息共享和共同决策。

② 运作层。主要负责企业间合作流程的运作，包括制订联合业务流程的计划，建立共同的需求预测、共担风险和平衡企业合作的能力。

③ 内部管理层。供需双方都需要在各自企业内部宣传，营造合作、共享的氛围，理顺内部管理和流程的秩序。没有内部管理的配合，仅仅希望依靠一套CPFR系统或者其他信息管理系统来解决供应链问题只能是空想。各个

职能部门包括库存管理、后勤、客户服务、市场营销、生产、分销等活动都应该围绕联合供应链规划的行动方案来开展。

（2）意外事件的管理。在实施CPFR的过程中，由于供需双方事先不可能把所有可能的销售库存情况都纳入协议框架，而且双方在经营理念、资源能力、价值观方面必然存在差异，协同方案的设定是双方协同妥协的一种安排，因此意外事件的界定和管理对于CPFR的顺利实施尤为重要。通常来说，在CPFR实施中出现意外事件的情况主要有订单延迟（提前）、物料短缺（过剩）、响应需要、订单延迟（提前）预警、绩效测度五种。

（3）建立和完善信息系统。由于CPFR涉及企业间数据信息的频繁流动，如果由手工处理这些数据不仅需要大量的人力、物力，而且出错的概率很高，通过信息系统、互联网、局域网或者EDI连接协调整条供应链是未来供应链管理的基本要求。另外，不同企业各自拥有的EPR系统很可能在使用的运行平台、数据格式等方面都有很大的差异，因此为CPFR的实现开发一个共享的信息系统是合作企业必然的选择。

二、需求管理

（一）需求预测概述

1. 需求预测的重要性

零售商的供应链需求管理主要指预测客户即将购买的产品数量。预测是供应链管理中需求管理的重要内容，是供应链运作的源头与基础，也是供应链优化的起点。如果销售预测与实际的需求差别太大，将会对供应链运作带来巨大的影响，会增加供应链运作成本，同时降低客户满意度。特别是那些产品随市场流行趋势变化大，品牌营销与市场动态的联系紧密，受季节、广告、促销等因素的影响较大的行业。因此，需求预测环节对整个供应链的运营与优化具有关键的作用，必须有优化、灵活与准确的预测方法来帮助企业更好地把握需求，做好供需匹配和资源优化。

一旦供应链上的某个企业提高了预测的准确性，并且制订了一系列稳定的业务计划，它就能开始平稳地开展销售、生产、配送或其他运营如库存、发货、运输、逆向物流、服务等业务，并提高效率。在生产企业，每天都要消耗原材料与零件，然后从供应商那里接收补货，平稳的计划确保了生产商能够持续地生产商品，平稳生产能将某个计划阶段的总订单量分到各个阶段中。而零售企业每天要卖出商品，要从生产商或批发商等供应商那里补货，同样需要平稳和准确的计划以确保持续地销售商品。

准确预测也确保了供应商具备满足需求的能力。平稳的供给能力保证了每天都能提供充足的供应，供应商能够确切地知道生产商在某个时间需要什么，当供应链上的成员都能按照平稳生产进度经营时，整个供应链就达到了一种和谐，供需关系也实现了平衡。

2. 需求预测的方法

目前大多数品类经理会以历史的数据作为需求预测的依据，也会以为品类或商品所做的计划为依据，如把促销计划所带来的影响置于需求预测中。但是，判别不同的品类在不同的市场、门店、群组的预测信息往往很难，而且在运用这些海量的信息时，往往会迷失方向。零售商需要为市场需求建立一个历史的模型，其中包括：① 品类的特性，如季节性、发展趋势、产品生命周期等；② 营销行为，如调价、促销、广告等；③ 市场推动力，如竞争、经济环境的影响等。所以品类经理往往会认为市场的需求是不能或很难被预测的。

品类经理也往往被问及以下几个问题：

（1）能够准确地预测消费者的购买行为吗？

（2）能将驱动需求的因素量化从而提高销售量和营销效率吗？

（3）能否预测消费者未来的需求以避免在供需方面耗费不该发生的成本？

（4）能否在企业内部或者与企业外部交换信息并发布达成共识的需求预测？

品类经理逐渐意识到，供应链管理应建立在准确和及时的数据分析和预测的基础上，他们需要一种工具或方法来帮助其完成对市场消费者需求的预测，可以预测到单品、位置和不同的时间点，以便获得销售最优化的效率和最小化库存成本。

对于那些销售历史比较长而且销售量比较稳定的商品，可以用定量预测技术来分析销售历史，从而确认其发展的趋势和未来的需求，可采取的方法包括移动平均法、二次移动平均法、指数平滑法等。还可以采用商品分组整合预测来提高需求预测的准确性。但是，如果试图预测某一种没有销售量历史记录的创新产品的销售额，则可以利用定性预测方法来进行预测，如消费者调查法、德尔菲法、相关分析预测法等。不管用什么方法得到的预测结果，最好和那些跨越供应链各个层面的生意伙伴一起紧密合作来提高预测的质量。

（二）需求预测的基本流程

需求预测的基本流程包括建立分类需求模式、创建基本预测、管理促销和事件信息、建立一致的需求计划，以及执行计划、回顾业绩五个步骤。

1. 建立分类需求模式

品类经理需要考虑到不同商品、不同的顾客和不同地方有不同的需求预测模型，从而建立不同层级的需求预测模型，如图4-24所示。例如，对某家零售商的一个饮料品类，该零售商所设立的需求模型。

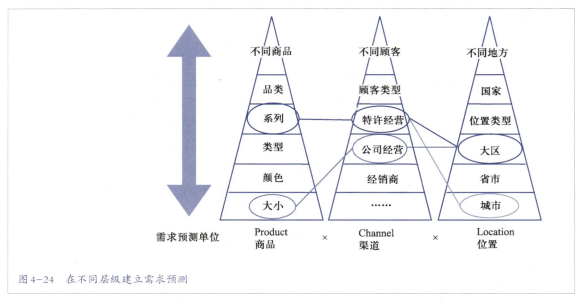

图 4-24　在不同层级建立需求预测

2. 创建基本预测

品类经理需要根据所设定的需求预测模型，运用统计方法和历史数据，得出基本的预测：根据不同品类的特性选择不同的计算模型，对其历史数据进行运算推测，从而得出不同商品在不同区域或门店中的系统初步预测的市场需求量（如图 4-25 左侧所示）。

3. 管理促销和事件信息

许多市场因素对预测结果的影响较大，如季节性因素、促销因素、某些事件因素等。例如，食品、服装等商品的促销甩卖、应季商品的季节性刚性需求增长、某些重要事件对相关商品需求增加的影响等。这就要求零售商做预测时必须对基本预测进行调整，如在基本预测之上加入促销信息、季节信息、周期信息、竞争信息、吞噬效应等的影响（其预测结构如图 4-25 右侧所示）。

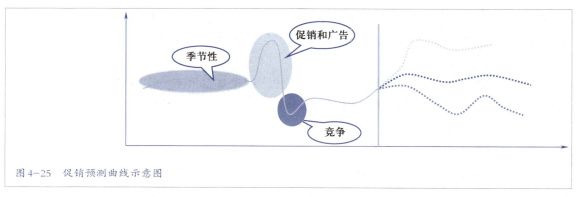

图 4-25　促销预测曲线示意图

4. 建立一致的需求计划

在第三步基础上，将所得到的需求预测数据和零售商所制定的采购指标和长远计划，和企业内部营运、补货等部门的计划进行统一和协调，完成企业内达成共识的预测数据，再根据此共识的需求预测数据，制订一致的和优化的需求计划。在制订需求计划的过程中，也要不断地与其他相关业务部门、供应链上的其他商业伙伴进行协同，形成一致共识的需求计划，而后分享给外部的供应商和其他合作伙伴。

该需求计划在制订时还需根据一定的优化规则，考虑所有需求的轻重缓急情况。因此企业在进行需求满足和资源分配时，就能同时根据需求的重要性和资源的稀缺性来合理地分配资源，实现资源的优化配置。

在此期间，品类经理需要对一些异常变动或在预测基础上的大幅度变化进行及时的管理和调整，并定期对预测进行分析和调整。

5. 执行计划、回顾业绩

在制订好一致的和优化的需求计划后，需要执行该计划。但由于市场的多变性，需求也是瞬息万变的，在执行计划的过程中要适时地根据实际需求情况对预测进行调整，并不断地根据执行的情况来回顾和检查执行的效果，在不断反馈、不断修正中实现逐步优化，为后续业务提供准确的数据和优化的基础。

仅仅凭借人工的工作是很难准确地完成销售预测的。而对于那些没有安装信息管理系统的小型零售商而言，则可以根据平均销售量和该品类中的商品的平均缺货率来进行简单的销售预测分析。但其准确率偏低，也很难对市场的变化进行及时调整。因此，如果零售企业需要精准的预测，必须借助一些信息化工具来完成，如供应链管理软件解决方案可以帮助企业实现精准的需求预测和优化的管理。

三、补货管理

（一）补货管理概述

当品类经理最终确定了将来的需求预测之后，合理的补货就提上日程。零售商的供应链补货管理是指以最有效率的方式，在正确的时间提供正确的数量并将正确的产品运送到正确的地点。也就是用最低的成本将正确的产品迅速补充到货架上，同时保持适量的库存以满足每家商店的需求变化，从而减少缺货，维持较高的客户服务水平，满足消费者的需求。合理补货是利润增长的重要源泉，也是获取竞争优势的重要保证。

（二）合理补货应考虑的问题

要进行合理的补货，品类经理往往被问及以下几个问题：

（1）当商品在供应链中移动，业务部门是否掌握它们未来可能的情况？

（2）能否消除不必要的库存并最小化仓储成本？

（3）在考虑可用库存和订交货时间的同时，能否通过提高库存流动的效率从而有效地减少运输成本？

除了以上需要考虑的问题外，还需要考虑以下几点：

（1）供应链网络多层级补货；

（2）同步补货推荐（优化的供应商订单和建议门店送货）；

（3）配送中心补货需求（各下游门店的需求合计）转化为采购订单；

（4）计算供应商需求时考虑其最小采购量；

（5）基于单品或仓储的单品，计算配送中心的安全库存量；

（6）基于客户服务水平的等级来计算配送中心与仓库的安全库存量；

（7）基于每天的实际销售情况来实时地模拟与计算出动态的安全库存量；

（8）考虑库存仓储策略（最小发货量、安全库存、经济订单批量等）；

（9）考虑库存存储策略（根据客户服务水平、缺货率、库存指标等）；

（10）考虑配送中心与仓库在供应链网络上的分布来优化资源配置；

（11）考虑供应链网络上的负载平衡情况；

（12）考虑资源如何最大限度地满足需求并实现成本最低；

（13）考虑库存与资源调拨情况，实现快速响应的同时保证成本最低；

（14）结合配送中心到门店的订交货时间；

（15）送货约束（送货/收货日历，卡车承载量）；

（16）维护并保持门店安全库存水平；

（17）结合不同订送货时间来计算门店、配送中心的库存需求。

（三）建议补货量的计算

目前，很多零售商的主业务系统支持自动补货的计算。因此，当谈及补货时，大部分零售商考虑的是建议补货量/自动补货。

建议补货量与库存控制目标密切相关，公式如下：

$$建议补货量=库存控制目标（ICO）-有效库存$$
$$有效库存=现有实物库存+在途库存-销售承诺$$

案例分析

　　某超市对康师傅方便面7天订货一次，其分销商送货时间为2天，该店的康师傅方便面平均每天销售量为2箱，该店设定安全库存天数为3天。估计康师傅方便面缺断货水平有25%。商店现有库存4箱。昨天商店用电话订购了9箱，并将于明天到货。今天早上有一个集团的客户向该商店预订了8箱康师傅方便面。问：今天应该补多少货？

　　解答：ICO天数=订单间隔+送货时间+安全库存天数=7+2+3=12（天）

> ICO箱数=ICO天数 × 预测每天销售量=12 × 2/（1−25%）=32（箱）
> 有效库存=现有实物库存+在途库存−销售承诺=4+9−8=5（箱）
> 建议补货量=库存控制目标（ICO）−有效库存=32−5=27（箱）

建议补货量公式中各指标的定义和计算方法如下：

1. 库存控制目标

库存控制目标（Inventory Control Objective，ICO）是零售商为满足持续的需求而控制的理想库存总数量。库存控制目标的制定建议根据过去8周平均每周销售量计算。计算公式如下：

$$ICO天数=订单间隔+送货时间+安全库存天数$$
$$ICO箱数=ICO天数 × 预测每天销售量$$

 **案 例分析**

某商店对蜂花牌护发素的需求是7天订货一次，分销商送货时间为2天，该商店的蜂花牌护发素平均每天销售量为0.5箱，同时该店设定安全库存天数为7天。那么，蜂花牌护发素在该商店的库存控制目标是多少？

解答：ICO天数=7+2+7=16（天）

ICO箱数=16 × 0.5=8（箱）

2. 安全库存天数

安全库存天数（Safety Inventory Day）是零售商为满足波动的需求而在未来销售预测中添加的保险库存天数。影响安全库存天数的因素包括促销库存、季节影响、价格调整、提前购买等。计算公式如下：

$$安全库存天数=过去8周销售量的标准偏差$$

案 例分析

某零售商过去8周的销售量如表4–13所示，请计算安全库存。

表4–13　某零售商过去8周的销售量

周	1	2	3	4	5	6	7	8	平均
销售量/件	10	8	10	8	10	8	10	8	9
偏差/件	1	1	1	1	1	1	1	1	1

解答：安全库存天数=（1+1+1+1+1+1+1+1）/8=1（天）

3. 每天销售量预测

每天销售量预测要考虑到以往货品的缺断货水平。计算公式如下：

$$每天销售量预测 = 以往每天销售量 / (1 - 平均缺货率)$$

案例分析

　　某商店过去8周的雕牌洗衣皂的销售量为84箱。由于种种原因，这家商店在过去8周的雕牌洗衣皂缺断货水平为10%。请问：雕牌洗衣皂潜在的每天销售量预测是多少？

　　解答：每天销售量=84÷（8×7）=1.5（箱）

　　潜在的每天消费需求（每天销售量预测）=1.5÷（1-10%）=1.67（箱）

4. 缺货率

缺货率用于衡量终端缺货的程度。缺货率指标用来衡量对客户的服务水平，缺货率越低，则客户服务水平越高。缺货率的计算公式如下：

$$缺货率 = 缺货的单品数 / 总销售单品数 \times 100\%$$

（四）自动补货的关键参数设置

在进行系统自动补货参数设置时，通常考虑这些关键参数的设置：服务水平设置、安全库存、送货周期、商品保质期（特别是对于生鲜、奶制品等保质期较短的商品）、货架存量的限制值。

1. 服务水平设置

门店缺货率越低，服务水平越高。这意味着服务水平越高，所带来的商品投资成本越大。因此没有一个零售商可以达到100%完美的服务水平。零售商需要把握服务水平和零售商自身库存成本之间的平衡。

2. 安全库存

根据所设定的服务水平来设定安全库存标准。对于不存在投资成本压力的企业，可以将服务水平设得高一些，安全库存数量也会走高。对于希望控制库存的企业，相对安全库存的数量会相应低一些。一般设定安全库存时，可以用标准偏差法进行计算，而后再乘以服务水平。同时，在设定安全库存天数时，也需要考虑到促销、季节性商品、价格调整、团购等因素的影响所导致的销售曲线的变化。销售波动对安全库存的影响如图4-26所示。

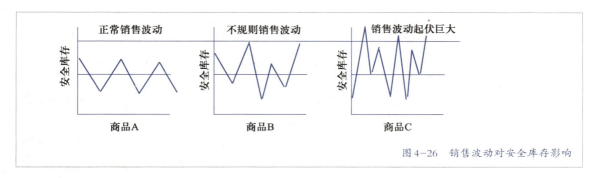

图4-26　销售波动对安全库存影响

3. 送货周期

下好订单后，不同的商品分配方式所产生的送货周期也不同。一般有3种不同的分配方式：大仓配送、供应商直接送货和门店转运。一般而言，对于快速消费品，大多数零售商会采取大仓配送的方式。因为零售商往往会考虑到这些商品的高流动性，进行大宗采购进入大仓，而后由大仓统一配送。一般大仓配送的送货周期不会超过5天。对于一些低流动性的商品，往往会采取门店间的转运或由供应商直接送货，一般送货周期不超过14天。

4. 货架存量的限制值

货架存量的重要性往往体现在零库存管理模式中，即没有后仓库存。该方法可以在减少缺货的基础上来降低库存（但其前提是需要提前按照销售历史安排合理的商品货架陈列量）。在使用该方法时，也需要考虑到季节性、促销和价格变动对其影响。

根据不同的计算和考虑点，应察看商品目前的订单数量和目前的库存数量（见表4-14）。

表4-14　目前库存情况

单位/件

时间/周	Wk1	Wk2	Wk3	Wk4	Wk5	Wk6	Wk7	Wk8	…	Wk17
需求量	88	94	108	160	180	120	88	152	…	1 660
计划到达	0	200	0	200	200	0	200	200	…	1 600
现有库存	182	288	180	220	240	120	232	280	…	190
计划订单	200	0	200	200	0	200	200	0	…	
安全库存	100	100	100	100	100	100	100	100	100	100

 例分析

自动补货环境下建议补货单的计算

背景知识：

（1）自动补货：系统根据一个特定的规则和算法，给营运部一张建议补货单（Order Proposal List，OPL）。

（2）平滑系数（Smooth Float）：用于预测下一期DMS的参数值，一般以历史的日均销量（Daily Mean Sales, DMS）90%进行参考，以今日销量的10%作为参考。

（3）OPL天数=两个OPL之间的天数+送货期+安全天数+1

（4）建议订货量=OPL天数×DMS−库存量−在途量（普通订单）

（5）DMS=昨日DMS×（1−平滑系数）+今日销量×平滑系数

【案例】某饮料公司供应罐装355 ml饮料，超市以6罐/组方式售卖，包装为24罐/箱。最小订货数量为400组。OPL出订单设定为0000100（每一个数字代表1天，0表示这一天没有举措，1表示这一天有举措。7个数字构成周一到周日，共7天），供应商备货时间为6天，安全天数为2天，OPL送货设定为0010000，OPL订货周期为1周。此供应商自2022年起运行OPL订单(平滑系数为10%)，经查本周四（2月5日）营业结束后库存有218组，在途订单有200组，假设周三（2月4日）DMS为30组，周四（2月5日）销售量为100组，本周五零点（2月6日）适逢出OPL订单。

1. 计算周五（2月6日）的日均销售量

周五（2月6日）的DMS值

= 周三的DMS×（1−平滑系数）+周四的销售量×平滑系数

= 30×0.9+100×0.1=37（组）

2. 计算OPL的天数

用以下表示OPL的天数：

第一周周五出订单：□□□□■□□

第二周没办法送货：□□□□□□□

第三周要考虑周期：□□□□□□□

第四周周三才收货：□□■□□□□

计算OPL的天数：

=3天（第1周）+7天（第2周）+7天（第3周）+3天（第4周）+2天（安全天数）=22天

要点A：因为供应商备货时间为6天，第1周周五出订单，第2周周四才

能备好货，要到第3周周三才能交货。

要点B：因为OPL周期为1，即一周出一次订单，下一次出订单是在第2周周五，第4周周三交货。因为前后两张订单之间不能缺货，就需要多订一周的货，所以要计算到第4周周三的订货量。

3. 计算OPL的建议订货量

建议订货量＝计算天数 × 日均销量DMS－库存数量－在途订单数量

$$=22 \times 37-218-200=396（组）$$

4. 计算OPL的订货箱数

考虑物流因素，取整：396 ≈ 400（组）

换算为箱数：400/24/6=100（箱）

面对竞争的压力，大部分零售商都采用了多重的送货和补货模型，零售商希望在保证商品库存的同时，可以将库存投入最小化。但是多重的补货层级比单一补货层级复杂得多，以图4-27为例，零售商数量越多，所跨区域越多，不同层级的大仓也就越多。那么，当商品需求数量确定后，需要去确定由哪个大仓配送，如没有足够的商品，是否由其他大仓按时送到，还是由区域大仓配送大仓，再由大仓送门店。在这之间，将会有不同的选择。

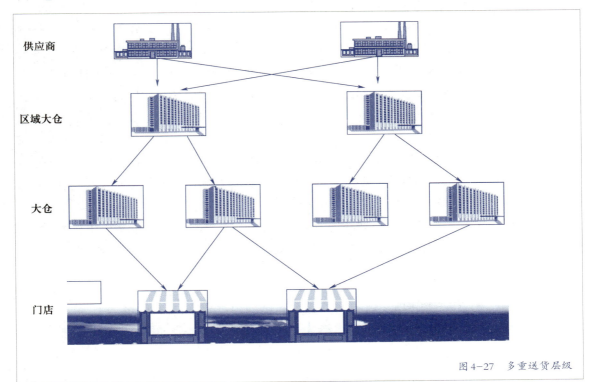

图4-27　多重送货层级

目前大部分零售商往往会采取单一的考虑方式，如果大仓没货，则直接向直属区域大仓订货，而不会考虑此时其他大仓是否有积压的库存可以使用，是否可以出车。这往往会引发以下矛盾：一方面，区域大仓达到安全库存底线，而向供应商订货；另一方面，可能积压了相当大的库存。此时往往需要系统的提醒和建议。

 德技并修

我国首部现代流通体系建设规划公布　畅通经济循环迈出新步伐

2022年1月底，国家发展改革委会同交通运输部、商务部等部门研究制定的《"十四五"现代流通体系建设规划》正式对外公布。这是我国现代流通领域的第一份五年规划。

流通一头连着生产，一头连着消费，在国民经济循环中起到重要的基础性作用。据悉，"十四五"时期流通体系建设的重点，将从流通环境营造、流通空间优化、市场主体培育、现代化水平提升四个方向发力，即发展有序高效的现代流通市场，营造良好流通环境；构建内畅外联的现代流通网络，优化空间布局；培育优质创新现代流通企业，打造具有国际竞争力的市场主体；加快创新绿色发展，提升流通现代化水平。

商贸流通体系作为现代流通体系的重要组成部分，在繁荣市场、扩大消费、服务民生和服务就业中发挥着重要作用。"十四五"时期，商贸流通体系建设将既注重硬件，更注重软件；既注重发展规模，更注重发展质量。

从商贸流通的网络布局看，注重与产业布局和交通规划等相衔接，合理布局商品集散中心和交易市场，重点补齐农产品流通短板。在城市，要重点推动大型连锁企业下沉社区，以大带小，打造一刻钟便民生活圈。此外，要鼓励引导商贸流通企业抢抓现代信息技术发展新机遇，加快数字化、智能化改造和跨界融合，积极发展新业态新模式新场景，大力发展绿色流通，引领消费和产业升级。

商贸流通的发展和创新为消费者更好实现消费提供了多样化和便利化的选择空间，也提高了商品交换的效率、降低了全社会的交易成本。

<<<<<<<<<<<<<<<<< 同步测试 <<<<<<<<<<<<<<<<<<<<<<<<<<<<<<<<<

一、单项选择题

1. 伴随新零售模式逐步推进，消费者对物流及时性及服务性诉求不断提

升，目前的物流模式是（　　　　）。

    A. 全国仓网＋标准快递　　　　　　B. RDC/城市仓＋落地配

    C. 有限品类下点对点即时配送　　　D. 店仓一体下全品类即时配送

2. 供应链是贯穿于整个商品的（　　　　）。

    A. 运输过程　　　　　　　　　　　B. 上架过程

    C. 流通过程　　　　　　　　　　　D. 供应过程

3. 供应链的所有环节都是从（　　　）的需求出发来逐步完成的。

    A. 供应商的需求　　　　　　　　　B. 消费者的需求

    C. 零售商的需求　　　　　　　　　D. 制造商的需求

4. 供应链管理（Supply Chain Management，SCM）是一种集成的管理思想和方法，它执行供应链中从（　　　）的物流的计划和控制等职能。

    A. 供应商到零售商　　　　　　　　B. 制造商到零售商

    C. 零售商到最终用户　　　　　　　D. 供应商到最终用户

5. 连锁企业供应链管理以（　　　）作为整条供应链的主导企业。

    A. 连锁企业　　　B. 零售商　　　C. 供应商　　　D. 制造企业

二、多项选择题

1. 新零售模式下未来物流供应服务商主要包括（　　　　　）。

    A. 运力提供商　　　　　　　　　　B. 基础设施提供商

    C. 供应链整合商　　　　　　　　　D. 零售商

2. 供应链流程效率高的企业往往（　　　　　）。

    A. 有更高的利润　　　　　　　　　B. 有更低的库存

    C. 缩短资金回收的周期　　　　　　D. 确定其与竞争对手的差异性

3. 零售企业的供应链需求管理主要指预测（　　　　　）。

    A. 零售商将要订购的产品数量

    B. 制造商将要生产的产品数量

    C. 供应商将要提供的产品数量

    D. 客户将要购买的产品数量

4. 对于那些销售历时比较长而且销售量比较稳定的产品，可以用（　　　　）来分析销售历史，从而确认其发展的趋势和未来的需求。

    A. 移动平均法　　　　　　　　　　B. 指数平滑法

    C. 德尔菲法　　　　　　　　　　　D. 相关分析预测法

5. 影响安全库存天数的因素包括（　　　　　）。

    A. 促销库存　　　　　　　　　　　B. 季节影响

    C. 价格调整　　　　　　　　　　　D. 提前购买

三、简答题

1. 什么是连锁企业供应链管理？
2. 实施 CPFR 的主要目的是什么？
3. 简述需求预测的基本流程。
4. 合理补货应关注哪些问题？
5. 阐述建议补货量计算公式与计算方法。

参考文献 <<<<<<<<<<<<

[1] 程莉，郑越. 品类管理实战[M]. 4 版. 北京：电子工业出版社，2020.

[2] 马慧民，高歌. 智能新零售——数据智能时代的零售业变革[M]. 北京：中国铁道出版社，2019.

[3] 杜凤林. 新零售：打破渠道的边界[M]. 广州：广东经济出版社，2017.

[4] 董永春. 新零售：线上＋线下＋物流[M]. 北京：清华大学出版社，2018.

[5] 乔一凡，刘克. 无界零售：新零售落地整体解决方案[M]. 北京：民主与建设出版社，2019.

[6] 周永庆，吴礼勇. 新零售：打造商业新生态[M]. 北京：中国铁道出版社，2018.

[7] 苏广文，雷刚跃. 移动互联网产品策划与设计[M]. 西安：西安电子科技大学出版社，2018.

[8] 翁怡诺. 新零售的未来[M]. 北京：北京联合出版公司，2018.

[9] 刘东明. 智能＋：AI赋能传统产业数字化转型[M]. 北京：中国经济出版社，2019.

[10] 百胜智库. 企业中台：成就智慧品牌[M]. 北京：中国经济出版社，2019.

主编简介 <<<<<<<<<<<<

李卫华，江苏经贸职业技术学院工商管理学院院长，教授，江苏省教学名师，中国连锁经营协会特聘专家，国家职业教育连锁经营与管理专业教学资源库课程项目负责人，品类管理1+X职业技能等级标准执笔人、商务部《零售业品类管理指南》执笔人，《品类管理岗位标准》《零售数据分析岗位标准》等行业标准执笔人。多年连锁行业从业经历，曾经为30多家企业提供过咨询、培训及流程再造服务，主要研究方向为品类管理、零售数据分析、数字化营销、店铺开发与设计等。发表论文30余篇，主编职业教育国家规划教材4部。

郭玉金，中国连锁经营协会常务副秘书长，商务部全国商业职业教育委员会委员，教育部全国普通高校毕业生就业创业指导委员会委员，教育部连锁专业骨干教师培养特聘教授。主编《零售数据分析与应用》《连锁企业品类管理》《商品管理》等教材；牵头完成《连锁经营管理师职业技能等级标准》的撰写工作；主持完成《零售专业店店长岗位标准》《中国连锁企业培训体系建设标准》《品类管理岗位标准》《零售数据分析岗位标准》《零售业直播带货操作指南》等行业标准起草工作。

读者意见反馈

为收集对教材的意见建议，进一步完善教材编写并做好服务工作，读者可将对本教材的意见建议通过如下渠道反馈至我社。

咨询电话　400-810-0598

反馈邮箱　gjdzfwb@pub.hep.cn

通信地址　北京市朝阳区惠新东街4号富盛大厦1座　高等教育出版社总编辑办公室

邮政编码　100029

防伪查询说明

用户购书后刮开封底防伪涂层，使用手机微信等软件扫描二维码，会跳转至防伪查询网页，获得所购图书详细信息。

防伪客服电话 （010）58582300

网络增值服务使用说明

授课教师如需获取本书配套教辅资源，请登录"高等教育出版社产品信息检索系统"（http://xuanshu.hep.com.cn/），搜索本书并下载资源。首次使用本系统的用户，请先注册并进行教师资格认证。

高教社高职连锁经营与管理专业QQ群：182096389